Leadership ohne Vorurteile

Georg Harald Zawadzky–Krasnopolsky

Leadership
ohne Vorurteile

Beobachten statt Behaupten

Gerling Akademie Verlag

Die Deutsche Bibliothek – CIP Einheitsaufnahme
Ein Titeldatensatz für diese Publikation ist bei
Der Deutschen Bibliothek erhältlich

Copyright © 2002 Gerling Akademie Verlag GmbH,
Amalienstraße 77, Gartenhaus, 80799 München.
Alle Rechte, insbesondere das Recht der Vervielfältigung
und Verbreitung, vorbehalten
Umschlaggestaltung: Claus Seitz, München
Titelabbildung: Camille Flammarion:
Aufbruch in ein neues Weltbild,
Holzschnitt, 1888
Satz: Fotosatz Reinhard Amann, Aichstetten
Druck und Bindung: Clausen & Bosse, Leck
ISBN 3-932425-44-8

www.gerling-academy-press.com

Inhalt

5 Über Glück und andere unglückliche Umstände 64

6 Empfindungen, Gefühle und Emotionen 89

7 Sex, Gender, Lust und Liebe 111

Mehr Gender als Sex in unserem Leben 111 · Sexualität unterliegt eigenen Regeln 112 · Der Teufel – ein Mann in der Frau? 113 · Biblisches –
Wie alles kam!? 114 · Was bekam Eva wirklich von der Schlange? 114 ·
Emotionale Lilith – einsamer Adam 115 · Der Preis der Zweisamkeit –
Lust in beiden 116 · Woher hatte Moses, was er aufschrieb? 117 · Apostel Paulus' gestörte Beziehung zu Frauen 118 · Behauptungen neigen
zu Gewalt 119 · Paulus' Unterscheidung zwischen Mensch und Frau 119
· Das Weibliche ist körperlich – das Männliche ist geistig!? 120 · Gender betrifft Frauen und Männer 121 · Sexualität schließt ein – Gender
schließt aus 122 · Rollen richten sich nach dem Kontext 123 · Unser
›größtes‹ Geschlechtsorgan ist das Gehirn! 123 · Eindeutige Weiblichkeit oder Männlichkeit sind Hirngespinste! 125 · Beobachten statt Behaupten 126 · Gesellschaftliche Vorgaben oder persönliche Bedürftigkeiten und Fähigkeiten 127 · Erleben eigener Sexualität 128 · Genital
und genial 128 · Lust oder Liebe 129 · Psychose ›Verliebtsein‹ 129 · Liebe
nimmt wahr 131 · Der Unterschied zu einem ›Gebot‹ 132

8 Unbarmherzige Werte 133

Werte sind nicht wertvoll – sie sind Meßgrößen 134 · Werte erfordern
einen funktionalen Gebrauch 134 · Werte einer Prostituierten 135 ·
Was ist Würde? 136 · Unser Wertehimmel 137 · Werte werden vollzogen 137 · Wenn Werte beobachtet werden 138 · Vertrauen und Vertrautes 139 · Die ›böse‹ Legende von ›gut‹ 140 · Mißverständnisse und
Corporate Identity 141 · Werte werden über Handlungen beobachtet
142 · Die Orientierung an Werten hat auch ungewollte Folgen 144 ·
Verbote wirken oft entgegengesetzt – als Werte 145 · Identität – Richtung ohne Wiederkehr? 146 · Identität oder Identifizierung – eine
Verwechslung mit Folgen 147 · Der Prozeß der Wertebildung 147 ·
Wirkung, Zweck und Absicht 148

9 Führung – Das System ist nicht seine Operation 150

Ein Experiment zu Führen und Führung 150 · Der Unterschied zwi-
schen Operation und System 152 · Das Thema ist die Richtung 153 ·
Die Bedeutung der ›verborgenen‹ Absicht in der Kommunikation 154 ·
Führung – Unterwerfung oder Kommunikation? 155 · Sinn des
Gehorsams 156 · Mitarbeitermotivation – oder wie trivial funktionie-

10 Visionen und Ziele 179

11 Wenn schon eine Brille, dann die eigene 195

Inhaltsangabe für Sprungleser

Wenn Sie diese Inhaltsangabe interessiert, müssen Sie schon dorthin blättern. Dabei erfahren Sie auch gleich etwas über das Wesen des Sprunglesers. Manche Manager und Liebhaber verhalten sich genauso – und sind zufrieden mit sich.

1 Leadership, Führung, Führen

»Und Sie meinen, ich sollte Sie mir zum Vorbild nehmen.« Mehr feststellend als fragend sprach mich der Unternehmer an. Ich überwand meine Überraschung schnell und bot dem Klienten an, sein Ansinnen gleich praktisch auszuprobieren. Dazu stellte ich mich direkt vor ihn und bat ihn, ebenfalls aufzustehen. Auge in Auge standen wir beide da, bis er schließlich lachend sprach: »Sie sind mir im Weg.«

Ein befreundetes Ehepaar war zur Klärung verschiedener persönlicher Fragen zu mir gekommen. Am Ende eines intensiven Arbeitstages bat ich beide, sich vor mich hinzustellen und mir unisono folgendes zu erklären: »Georg, damit eines klar ist – Du hast uns nichts zu sagen.« Sie taten es und strahlten dabei. Dann schauten sie etwas verblüfft drein. Schließlich sagte der Mann: »Ja, das war sehr wichtig, keiner von uns wird jetzt auf den Gedanken kommen, während irgendeiner Auseinandersetzung zu erklären: ›Aber Georg hat damals gesagt ...‹«

Anhand dieser Beispiele möchte ich die Absicht dieses Buches veranschaulichen. – Es ist kein Buch der fertigen Lösungen oder allgemeingültiger Wahrheiten, mit denen ich mich Ihnen in den Weg stellen oder die ich Ihnen als Rechtfertigung für Ihre Entscheidungen anbieten möchte. Prüfen Sie beim Lesen, auf welche Weise Sie in den beschriebenen Situationen beobachten. Bleiben Sie aufmerksam. Sie allein behalten die Zuständigkeit und die Verantwortung für Ihre Beobachtungen, Ihre Einschätzungen, Ihre Entscheidungen und Ihre Handlungen. Auch die wohlformuliertesten Aussagen eines anderen ersparen Ihnen nicht, Ihr eigenes Leben zu gestalten und zu leben.

Wenn heute immer noch, teilweise mit erhobenem Zeigefinger, auf den besonderen Wert von Vorbildfunktionen von Persönlichkeiten des öffentlichen Lebens verwiesen wird, möchte ich in Ergänzung zu den obigen Anmerkungen noch auf eine kleine Verschiebung unseres Beobachtens hinweisen. Es bedeutet einen nachhaltigen Unterschied, ob wir einen anderen

Menschen beobachten, wie er ›ist‹ oder wie er ›handelt‹. Ersteres können wir gar nicht beobachten. Vielmehr erfindet unser Geist über einen anderen Menschen eine Vorstellung, die wir angeblich sehen, weil wir sie sehen wollen. Verhält sich diese Persönlichkeit dann ganz offenkundig im Gegensatz zu unserer eigenen Vorstellung, zeigen wir uns entsetzt, empört, schockiert, freudig überrascht oder fassungslos. Diese Reaktionen sind aber wohl eher Folgen unserer Anspruch heischenden Moral als Ergebnisse früherer Wahrnehmungen von Handlungsweisen dieses Menschen.

So werde ich Ihnen auch keinen Führungsstil als den besten anbieten. Es gibt viele Möglichkeiten, mit anderen Menschen erfolgreich richtungsbestimmend zu kommunizieren. Denn die Qualität einer Kommunikation hängt von den Beteiligten, ihren Befindlichkeiten und ihrem Umfeld ab. Ändert sich nur einer dieser Faktoren, ändert sich unsere gesamte Kommunikationsweise. Vor diesem Hintergrund nach ›dem‹ Führungsstil zu suchen, lenkt von der Zuständigkeit jedes einzelnen ab, eigene Erfahrungen zu sammeln. Diese können nur durch die Praxis erworben werden, nicht aufgrund der Lektüre eines Buches. Doch können Erfahrungen gezielt gesteuert werden, über die Weise, wie wir beobachten. Dazu will dieses Buch beitragen.

Die Vielfalt von Leadership

Das englische Wort *Leadership* wird häufig mit *Führung* und auch Management eines Unternehmens übersetzt. In diesem Buch unterscheide ich Leadership, Führung und Führen auf spezifische Weise voneinander. In der deutschen Sprache fand ich keinen Begriff, der den Prozeß ›Leadership‹ ebenso facettenreich beschreibt wie der englische. Vergleichbar wäre für mich ›Führerschaft‹. Doch ist dieses Wort unüblich, weil selten gebraucht. Die Kriterien für Leadership werden in den folgenden Kapiteln differenziert ausgearbeitet. Zum Verständnis meines Beobachtungsansatzes biete ich Ihnen gleich zu Beginn die folgende Beschreibung von Führen, Führung und Leadership an:

- **Führen** ist eine Operation. Eine Operation ist eine Handlung, die zeitlich befristet, sehr spezifisch, zielgerichtet und lösungsorientiert ist.
- **Führung** wird als Bezeichnung für ein Kommunikationssystem verwendet, dem eine langfristige Zielausrichtung zu eigen ist.
- **Leadership** als die Fähigkeit, sich selbst und andere Menschen zu führen und sich in dem System ›Führung‹ angemessen zu bewegen, hat seine Grundlage im einzelnen selbst. Leadership ist das Ergebnis einer Vernetzung von Kompetenzen, die diesen einzelnen Menschen befähigen, im Einklang mit sich und in Kommunikation mit anderen richtungsbestimmend erfolgreich zu handeln. Diese Kompetenzen (Fähigkeiten und Fertigkeiten) werden auch als ›soziale Kompetenzen‹, als ›weiche Faktoren im Management‹, überfachliche Fähigkeiten oder ›Softskills‹ bezeichnet. Üblicherweise werden sie durch Erfahrung erworben. Diese Erfahrungen können durch das Lernen und Anwenden von Beobachtungsoperationen gezielt gesteuert werden. Das ist ein Aspekt von Professional Leadership. Leadership reklamiert keinen Führungsanspruch, sondern ergibt sich aus seiner Anwendung.

›Softskills‹ – was macht sie so soft?

Das *Softe* an den *skills* ist das persönlich Erworbene, das damit auch persönlich bleibt und sich nicht in Gestalt einer Lehrformel anwenden läßt. Von hier aus fällt das Ergebnis von Leadership sehr unterschiedlich aus. Wir Menschen sind verschieden. Das bedeutet auch, mit den hier angebotenen Beobachtungsoperationen entsteht keine stromlinienförmige Nachwuchsführungskraft, die vor lauter Führenwollen, ihre tatsächliche Arbeit und Aufgaben nicht wahrnimmt. Denn Führung ist keine Aufgabe an sich.

So betrachtet, lassen sich weder der beste Führungsstil noch die effizienteste Führungsmethode benennen. Wenn Führung als ein Kommunikationssystem erkannt wird, sind Menschen die Anwender dieser Kommunikation. Und Menschen verhalten sich sehr unterschiedlich. Das herzhafte Lachen des einen wirkt gequält beim anderen. Eine bestimmte Weise, eine Anweisung zu erteilen, erlebt eine Person lächerlich und eine andere stimmig. Bei dieser Vielfalt wäre es vermessen, ›den‹ Führungsstil propagieren zu wollen. Ein Stil als übernommene Verhaltensvorgabe wirkt schnell künstlich und lächerlich.

Führung entspricht Herrschaft – oder?

In unserem bisherigen Verständnis wurde ›Führung‹ überwiegend als Ausübung von Herrschaft angesehen. Sicherlich hat sich das Verständnis von Herrschaft weiterentwickelt, es ist ›demokratischer‹ geworden – was auch immer das bedeuten kann. Doch sollten wir bei diesem Verständnis im Auge behalten, aus welchen Vorlagen es sich nährte: Kirche und Militär. Beide Systeme stützen sich auf bedingungslose Unterwerfung. Beide Systeme kennen ein ›Oben‹ und ein ›Unten‹. In beiden Systemen herrscht die Grundauffassung, daß der Führende mehr und vor allem besser ›weiß‹ als die Geführten. In beiden Systemen droht im Falle einer anderen Arbeitshaltung der Ausschluß aus der Gemeinschaft – bis hin zum Ausschluß durch Mord. Dieser heißt in den ›gesetzlich‹ geregelten Fällen Exekution, Inquisition, Gottesurteil oder Hinrichtung. In beiden Systemen stoßen Lernprozesse auf große Widerstände. Wenn etwas Neues dazugelernt wurde, war es ein ›Akt von Gnade‹ der Herrschenden. Im Management entstanden aus dieser generösen Grundüberzeugung die Begriffe *Führungsstil* und *Führungsverhalten*. Also Erwägungen, anderen Menschen kollegial, kommunikativ, situativ angepaßt oder eben doch autoritär zu begegnen, aber immer wieder aus taktischen Erwägungen heraus. Für Führungsstrukturen wurde die Unterscheidung von Fachvorgesetzten und Disziplinarvorgesetzten eingeführt. Und mit dieser Entwicklung setzten sich in vielen Organisationen die heimlichen Führer durch. Meistens waren es die fachlichen Vorgesetzten.

Die ›Trivialität‹ der anderen – ein heimlicher Wunsch?

Grundlage solchen Vorgehens ist vielleicht der Wunsch einiger ›auserwählter‹ Führungskräfte vom trivial funktionierenden Menschen. Doch sind wir komplex. Wir machen nicht einfach etwas, weil ein anderer das will. Unsere Weise, uns selbst die Folgerichtigkeit unseres Handelns vor Augen zu führen, kann manchmal geradezu abenteuerlich genannt werden – zumindest ist sie überraschend und somit wenig vorhersehbar. Komplex waren wir schon immer. Das hat aber nicht ausgereicht, unsere eigenen Ressourcen sinnvoll einzusetzen.

Heute haben ungleich viel mehr Menschen Zugang zu ungleich viel mehr Informationen als vor zehn Jahren. Menschen und Informationen nehmen ständig zu. Die Weise, unsere Informationen gemeinsam mit anderen Personen zu verarbeiten, gleicht sich mehr und mehr der neuronalen Informationsverarbeitung an. Sie wird immer ›chaotischer‹. Diese neue Chance läßt sich in Bezug auf Führung aufgreifen und nutzen. Dann nämlich, wenn Führung als ein komplexes und effizientes Kommunikationssystem beobachtet wird.

Ein System kann nicht einfach nur behauptet werden. Systeme müssen beobachtet werden, dann werden ihre inneren Regeln erkennbar. Systeme haben eigene Ordnungen, die sich von Ideologien wenig beeindruckt zeigen. In diesem Sinn werden Sie hier auch keine Fertigrezepte antreffen können.

Professionelles einmal anders

Professional Leadership leitet sich aus dem Lateinischen ab. Professio bedeutet übersetzt das ›öffentliche Bekenntnis‹. Die Profession im Sinne eines Berufs meint Handeln auf der Grundlage eben dieses Bekenntnisses. Die Verbindung beider Worte ist das öffentliche Bekenntnis, sich selbst und andere zu führen. Dabei wird der Vernetzung der hierfür erforderlichen Kompetenzen und ihrer Weiterentwicklung der angemessene Raum zugestanden. Das Bekenntnis zu diesem Tun stützt sich auf die Kenntnis eigener Möglichkeiten. Und Kennen gründet hier auf dem Wiedererkennen eigener Erfahrungen. Die Öffentlichkeit des Bekennens zieht den Austausch mit der gewählten Umwelt nach sich – in Gestalt von Kommunikation. Letztlich führt das zu anderen Ergebnissen als zur Durchsetzung persönlicher Machtansprüche. Wer von diesem Buch Tipps und Kniffe zur Manipulation erwartet, erhält statt dessen andere ›Operationen‹ angeboten. Diese sind in ihrer Anwendung viel spannender als Tricks: Sie wirken nämlich, nur können wir nicht voraussagen wie.

Leadership und Unwägbarkeit passen zusammen

Professional Leadership hat also viel mit Leben zu tun. Das heißt auch, wir können nicht wirklich sichere Vorhersagen treffen. Und noch eins: Leadership heißt nicht, sich zu ändern. Das gelingt uns ohnehin nicht. Leadership kann bedeuten, das eigene Verhalten zu ändern. Denn Ändern, als bewußte Operation, können wir nur das, was wir auch beobachten können. Uns selbst können wir aber nicht beobachten. Denn selbst das, was wir im Spiegel sehen, sind nicht wir, sondern das Spiegelbild von einem Teil von uns. Es mag aber sein, daß sich in uns ›etwas‹ ändert. Änderungen in der Kommunikation mit anderen zuzulassen fördert unsere Autonomie. Und diese ist wieder eine günstige Voraussetzung für Kommunikation und somit auch für Leadership.

Ressource ›Mensch‹

Im Zusammenhang mit der Entwicklung von Leadership ist auch ›Human Resources Development‹, d.h. Personalführung und Personalentwicklung, zu sehen. Personalentwicklung wurde immer wieder als die geniale Methode zum Erschaffen ganz bestimmter Menschentypen angesehen. Menschen, die zu einem bestimmten Unternehmen passen – durch ein bestimmtes Maß an Angepaßtheit.

Doch wirken Personalentwicklungsmaßnahmen selten wie versprochen. Das mag auch am Verkennen der etymologischen Bedeutung des Wortes ›Ressource‹ liegen. Eine Ressource gilt als »natürlich vorhandener Bestand von etwas für einen bestimmten Zweck« (Duden, Die Schreibweise mit zwei ›s‹ entspricht der Nutzung dieses Fremdwortes im Deutschen). Dieser Begriff entstammt dem lateinischen Verb ›resurgere‹ zu deutsch ›wiedererstehen‹. Was kann bei Menschen *wiedererstehen*? Um welchen natürlich vorhandenen Bestand könnte es sich handeln? Wodurch ist dieser »natürlich vorhandene Bestand an etwas« in seiner Nutzbarkeit so eingeschränkt, daß es eines Wiedererstehens bedarf? War möglicherweise eine uns Menschen wenig angemessene Weise der Menschenführung an diesem Ergebnis beteiligt? Und ist das, was bei Menschen wiederersteht, bei allen gleich oder wenigstens vorhersehbar? Beide Themen werden in diesem Buch als zusammengehörige Wirkungskreise behandelt. Wird Leadership im hier beschriebenen Sinn angewandt, entsteht daraus unwillkürlich auch eine Entwicklung menschlicher Ressourcen oder – anders formuliert – den Menschen zugeordneter Ressourcen.

Aristoteles und die Lehre

Einige Beiträge entstanden aus Experimenten mit Studierenden während einer Vorlesungsreihe. Der Dekan des Fachbereichs Weinbau und Getränketechnologie der FH Wiesbaden, Herr Professor Karl Bayer, lud mich ein, bei seinen Studierenden im 6. Semester die Vorlesung »Personalführung« zu übernehmen. Für uns beide war es ein Versuch. Ich hatte während vieler Jahre mit Unternehmern und Führungskräften in Einzelarbeit Beobachtungsweisen für Führungsarbeiten entwickelt, die den Anwendern praktikabel und sinnvoll erschienen. Mir fehlte die Erfahrung mit jungen Menschen, die noch keine oder nur sehr wenig Berufserfahrung nachweisen konnten. Zu den Vorlesungen mußte ich aus der Schweiz in den Rheingau reisen. Dadurch war die klassische Vorlesungsdauer von anderthalb Zeitstunden nicht vertretbar, sondern es gab längere Sitzungen. Genau diese Rahmenbedingungen schufen für die Studierenden und mich ideale Voraussetzungen für Experimente im sozialen Raum.

Noch während der Vorbereitung zur ersten Vorlesung wurde mir klar, daß es keine üblichen Veranstaltungen mit ›Vorlesen‹ und klassischem Dozieren werden durften. Einen ganzen Tag lang läßt sich die eigene Aufmerksamkeit durch Zuhören kaum aufrecht erhalten. So bedurfte es einer Vorgehensweise, die für uns alle interessant genug war, einen ganzen Arbeitstag wach und aufmerksam zu verbringen. Nachdem diese Startbedingungen klar waren, erwies sich die Vorbereitung als recht einfach. Es ging nur noch um die Auswahl der Themen, die an den jeweiligen Terminen behandelt werden sollten. Die eigentliche Ausarbeitung erfolgte während der Lehrveranstaltung durch die Studierenden selbst.

Damit entdeckte ich das aristotelische Verständnis der Lehre wieder. Ernst von Glasersfeld, ein Wissenschaftler, der viel zum gegenwärtigen Verstehen einer ›Philosophie des Konstruktivismus‹ beigetragen hat, gab dazu eine erhellende Beschreibung auf dem »International Symposium on Education« in Trient im März 1991. Der behavioristischen Methode, die Studenten dazu konditioniert, das ›Richtige‹ zu tun, sagte er nach, sie würde etwas Wesentliches vernachlässigen. Es sei weitaus wichtiger zu lernen, wie man Probleme löst, als das Lernen bestimmter konkreter Lösungen. Für dieses Ziel wäre es erforderlich, Menschen dazu zu bewegen, selbständig Probleme zu formulieren, die die Denkweisen auslösen, die sie lernen sollen. Dann würden sie wissenschaftliche Methoden der Wissenserzeugung lernen, statt sogenannte Tatsachen auswendig zu lernen. Diese Arbeitsweise entsprach im übrigen meiner Einzelarbeit mit Klienten. Sie schützt den Klienten weitestgehend vor der Ideologie des Beraters. Für mich selbst blieb es sehr spannend – von Vorlesungsreihe zu Vorlesungsreihe. Immer wieder entstanden andere Schwerpunkte, gab es neue Überraschungen. In einem vorgegebenen Lehrrahmen behielt das Unvorhergesehene die Regie. Nach zweijährigem Bestehen wurde daraus eine transnationale Lehrveranstaltung der FH Wiesbaden und der Hochschule Wädenswil in der Schweiz. Tilo Hühn aus Wädenswil begleitet mit mir die Studentinnen und Studenten aus beiden Ländern während zweier sechstägiger Module.

Kreative Klienten

Auch Beobachtungen aus der Arbeit mit Klienten fließen in dieses Buch ein. Immer wieder fasziniert mich die Kreativität und der Einfallsreichtum der Menschen, die zu mir kommen, um andere Lösungen und neue Wege zu entwickeln oder vorzubereiten. Immer wieder erlebe ich die Kraft der Nachhaltigkeit von Veränderungen durch die eigene Beobachtung: Wenn Menschen über Beobachten etwas klar wird, beginnen sie das erforderliche Verhalten für neue Situationen selbst zu entwickeln. Es ist, als ob plötzlich klar ist, daß die vermeintliche Tür nur auf eine Wand aufgemalt ist. Sie wird nicht mehr als ernstzunehmender Durchgang angesehen. Erzählen oder Ratschlagen, wie das Handeln des anderen aussehen könnte, erwies sich dagegen regelmäßig als unwirksam.

Sowohl die Studierenden als auch die Klienten zeigen, wie wenig Menschen fremde Ideen einfach übernehmen und wie sehr wir uns unsere eigenen Lösungen erarbeiten. Möglicherweise beobachten wir als Eltern genau dieses Phänomen bei unseren Kindern. Sie lernen nicht aus unserer erzählten Erfahrung. Aber sie lernen sehr schnell, wenn wir ihnen ihre Möglichkeiten lassen, eigene Erfahrungen zu machen.

Schließlich fanden sich auch einige Unternehmer, die bereit waren, sich von mir zu den Themen von Leadership interviewen zu lassen. Ihre Erfahrungen waren außergewöhnlich. Ihre Startbedingungen ganz üblich: Positionen, in die sie hineingeboren wurden, ebenso wie die Aufnahme einer selbständigen Arbeit nach Aufgabe eines Angestelltendaseins.

Leadership und Betroffenheit

Leadership ist in meinen Augen kein Themenbereich, der wenigen vorbehalten bleiben darf. Beispielsweise Menschen, die in sogenannten Führungspositionen arbeiten oder dort arbeiten wollen. Leadership betrifft jede Frau und jeden Mann, die erkennen, daß sie ihr eigenes Leben nachhaltig beeinflussen können, ohne voraussagen zu können, was genau geschehen wird. ›Nachhaltigkeit‹ in jeder Art Management bedeutet, in persönlicher Hinsicht zu wissen, woher man kommt, wie, was und wozu man etwas tut und wohin man mit welcher Absicht will. In diese Nachhaltigkeit Aufmerksamkeit und Kraft zu investieren führt uns auf eine Schlüsselebene unseres Seins. Sich persönlich betroffen mit diesem Thema zu befassen bedeutet auch, das Konzept scheinbarer sozialer Geborgenheit und daraus persönlich abgeleiteter Ansprüche an die eigene Umwelt hinter sich zu lassen.

Entfalten wir unsere eigenen Fähigkeiten, richten sich in unserem Nervensystem neue Nervenzellverbindungen ein. Im Unterschied zu Dateien auf einem PC werden Fähigkeiten nicht importiert, sie werden durch Benutzung entwickelt. Vielleicht werden Sie über sich selbst erstaunt sein, wie viele andere Sicht- und Handlungsweisen Ihnen möglich sind. Lassen Sie uns gemeinsam einige der spannenden Facetten unseres eigenen Führungssystems betrachten ...

2 Praxis, Theorie und . . .

Was verstehen Sie unter Theorie? – Welche Bedeutung hat dieses Wort für Sie? Stelle ich Studierenden diese Fragen, ernte ich häufig zunächst so etwas wie Lähmung. Es ist, als hätte ich einen Schalter gedrückt, mit dem ich für etwa eine halbe Minute das Denken ausschalten könnte. Ganz anders die Reaktion bei Hochschullehrern, wenn ich ihnen von dieser Frage an Studenten berichte. Stirn und Augenpartie verändern sich bei vielen so, als würde nun ein konzentrierter Denkprozeß ausgelöst werden.

Ob diese Reaktionen etwas damit zu tun haben, daß alle Theorie grau ist . . . oder eher damit, daß schon diese Frage an sich zu ›theoretisch‹ ist? Nun, ich will Ihnen einige der mir gegebenen Antworten nicht vorenthalten. Sie verstehen dann leichter, was ›Theorie‹ nicht sein muß. Doch gestatten Sie mir zuvor eine weitere Frage. Sie ist gewissermaßen entgegengesetzt. Welchen Bezug hat Ihrer Meinung nach das, was wir als Praxis bezeichnen, zur Theorie? – Im aristotelischen Sinn wurde *Praxis* als eine Tätigkeit verstanden, welche die Belohnung für das Tun bereits in sich trägt! Wogegen *Poesis* in diesem Zusammenhang als das Werk betrachtet wurde, das zu tun ist – unabhängig davon, ob es einem Freude bereitet oder ob der Schaffende dafür belohnt wird. Vor diesem Hintergrund wäre beispielsweise das Zubereiten einer Mahlzeit Praxis und das Gestalten des eigenen Lebens Poesis. Ansonsten verstehen wir heute unter Praxis die Anwendung von Gedanken, Vorstellungen oder Theorien, oder auch durch Tätigkeit gewonnene Erfahrung.

Zurück zu den Studenten: Einer beschrieb Theorie als ». . . durch bloßes Denken gewonnene Vorstellung von etwas, was es nicht gibt«. Eine Studentin meinte, sie würde darunter Gedanken verstehen, die Menschen haben, um anderen etwas beweisen zu wollen. Im Duden fand ich folgende Übersetzung: 1. a) System wissenschaftlich begründeter Aussagen zur Erklärung bestimmter Tatsachen od. Erscheinungen u. der ihnen zugrundeliegenden Gesetzmäßigkeiten; b) Lehre von den allgemeinen Begriffen, Gesetzen, Prinzipien eines bestimmten Bereichs. 2. a) (ohne Plural) rein begriffliche, abstrakte [nicht praxisorientierte od. -bezogene] Betrachtung[sweise], Erfassung von etwas; b) (meist Plural) wirklichkeitsfremde Vorstellung, bloße Vermutung.

Etymologie – ein Quell erweiterten Verstehens

Nachdem ich meinen Studenten die etymologische Bedeutung anbiete, zeigen sich die meisten sehr überrascht. Theorie entstammt dem Altgriechischem ›theoria‹ in der Bedeutung von Anschauen, Betrachten, Zuschauen! Legen wir diesen Wortursprung unserer heutigen Verwendung dieses Wortes zugrunde, wäre Theorie die in Worte gefaßte Beobachtung eines Prozesses (z.B. der Praxis). Dieser Wortgebrauch unterscheidet sich deutlich von den oben zitierten Meinungen, die im übrigen viele Menschen so oder ähnlich teilen. Möglicherweise ist es zweckmäßiger, zwischen Praxis, Theorie und Behauptung (oder gedanklicher Konstruktion) zu unterscheiden. Statt einfach zu sagen, etwas sei theoretisch, sollten wir prüfen, ob wir damit meinen, etwas sei nur in unserer Gedankenwelt – d.h. behauptet oder gedacht und eben nicht beobachtet. In diesem Fall bietet sich eher das Wort ›kognitiv‹ oder ›gedanklich‹ an. Die Unterscheidungen dienen dazu, Prozesse unserer Wahrnehmung und unseres Denkens differenziert zu benennen. Was wir angemessen benennen, können wir nutzen. Unüberlegter Wortgebrauch ›müllt‹ unser Denken zu.

Wann wir wissen, daß wir wissen

Mit der Behauptung »Wissen verhindert Lernen« lade ich Menschen dazu ein, die Prozesse von Wissen und Lernen zu beobachten. Möglicherweise haben auch Sie in Ihrem Leben gehört, wie schwer Lernen sein soll. Zuweilen leiten Lehrer ihre Unterrichtseinheit mit folgendem Satz ein: »Jetzt beginnen wir mit einem Thema, das sehr schwer ist. Doch trösten Sie sich, Generationen vor Ihnen hatten die gleichen Schwierigkeiten.« – Hierbei handelt es sich um eine ausdrückliche Aufforderung an die Psyche des Lernenden, Lernhindernisse selbst zu entwickeln. Wahrnehmung und die Verarbeitung des Wahrgenommenen werden mit dieser Aufforderung so organisiert, daß eine Verknüpfung mit vorhandenen Wahrnehmungsstrukturen mißlingt oder mindestens erschwert wird.

Lernen ist ein unaufhörlicher Prozeß. Lernen ist zunächst das Verknüpfen neuer Informationen aus unserer Außenwelt mit Nervenstrukturen, die bereits in uns angelegt sind. Im Nervensystem werden Wahrnehmungsinhalte auf Ähnlichkeiten und mögliche Abweichungen geprüft. Diese Abweichungen sind die eigentliche Information. Eine Information enthält immer irgendeine Überraschung. Das unterscheidet Informationen von bloßen Daten. Denken Sie an eine Tätigkeit, die Sie regelmäßig machen. Beispielsweise, wie Sie Ihre Zähne putzen. Sie drücken auf die Zahnpastatube. Üblicherweise kommt die Paste mehr oder minder langsam aus der Tubenöffnung. Wie sonst auch schrauben Sie den Verschluß ab, halten die Tube an die Borsten Ihrer Zahnbürste und drücken mit den Fingern auf die Tube. Doch dieses Mal entleert sich der gesamte Inhalt Ihrer Tube explosionsartig und spritzt dabei Ihr Gesicht, den Spiegel und das Waschbecken voll. Das wäre eine Information: »Zahnpastatuben neigen unter bestimmten, noch nicht bekannten Umständen zum Explodieren.« Oder: »Heute wird alles anders als sonst!«

Damit sind wir auch schon beim ›Wissen‹ angelangt. Auch hier gibt es die Differenzierung zwischen theoretischem und praktischem Wissen. Gemeint ist damit die Unterscheidung zwischen Kognitivem und Anwendbarem, aber auch zwischen Gedachtem und Erlebtem. Und es gibt die Beziehung zwischen Wissen und Zeit. Beantworten Sie sich bitte folgende Frage. »Wann wissen Sie, daß Sie etwas Bestimmtes wissen?« – Wissen Sie das im voraus oder erst im nachhinein? Nach An-

wendung verschiedener gedanklicher Experimente kamen sowohl die Studenten als auch die beruflich erfahrenen Klienten
zum Ergebnis, daß sich ihr Wissen erst im nachhinein bestätigt.
Das schließt nicht aus, daß sie eine Vermutung im voraus auf-
stellen, die sich im nachhinein bestätigen kann. Aber eigentlich
beweist sich unser Wissen erst nach einer Überprüfung. Das hat
auch für den Lernprozeß Konsequenzen: Je mehr mein Geist
mir sagt, daß er etwas weiß, desto weniger neugierig ist dieser
Geist zu erfahren, worüber gerade berichtet wird. Wozu auch,
wenn er die Dinge bereits weiß? Scheinbares Wissen wirkt
lernabweisend. Die natürliche Neugier wird durch eine andere
Funktion des Geistes unterbunden. Auf diese Weise können
wir unseren Geist regelrecht so organisieren, daß er von einer
seiner Grundfunktionen weniger Gebrauch macht.

Lernen und Sinn

Menschen, die viel mit Behauptungen operieren, gelingt dies
besonders gut. Lernen ist eine natürliche Funktion unseres
Nervensystems. Sie läuft ständig und beiläufig ab, solange unser Nervensystem erkennt, wozu eine Erfahrung gut sein
könnte. Unser Nervensystem ist allerdings mehr als unser Bewußtsein. Ohnehin ist die Bezeichnung ›Bewußtsein‹ irre-
führend. Unser Gehirn prozessiert wesentlich mehr, als dem
Bewußtsein im selben Augenblick bewußt ist. Denn auch das
›Unbewußte‹ und das ›Vorbewußte‹ tragen das Bewußte in sich.
Der besondere Nutzen von Wissen liegt darin, daß wir das Rad
nicht immer wieder neu erfinden müssen. ›Wissen‹ könnte beschrieben werden als das Fixierte früher Beobachtungen und
als Fertigkeiten und Fähigkeiten, die Menschen aus Beobachte-
tem und Angewandtem ableiten. Doch ist es sinnvoll, in der
Anwendung des Gewußten ernst und neugierig zu prüfen, ob
das Gewußte auch in der jeweiligen Situation zutrifft.

Gesetze sind Behauptungen –
Regeln bestätigen sich über Ausnahmen

Eine weitere Methode, uns oder andere im selbständigen Denken einzuschüchtern, ist der Verweis auf Naturgesetze oder göttliche Gesetze. Denken Sie über das Wort Gesetz nach. Wie erkennen Sie, daß die Aussage eines Menschen ein Gesetz sein soll? Von den Naturwissenschaften aus können Sie prüfen, welche physikalischen Gesetze Ihnen bekannt sind. Sie können auch darüber streiten, wie nachhaltig sie bewiesen sind, welche Ausnahmen es möglicherweise doch gibt.

Die Ergebnisse dieses Betrachtens mit Studierenden fallen folgendermaßen aus: Gesetze bedürfen eines Gesetzgebers. Erklären wir die Natur, die Evolution oder einen Gott zum Gesetzgeber, müssen wir über die Fähigkeit verfügen, diese ›Instanz‹ beobachten zu können. Es sei denn, sie würde sich dazu bereit erklären, die Formulierung eines Natur-, Evolutions- oder Gottesgesetzes uns Menschen in einer uns allen verständlichen Sprache zweifelsfrei und unter Ausschluß aller Mißverständnisse mitzuteilen. In Religionsgemeinschaften wird auf solche Quellen verwiesen, so z. B. bei den zehn Geboten im alten Testament. Bemerkenswerterweise wird die Mitteilung dieser göttlichen Gesetze nur an wenige Auserwählte vorgenommen. Den Nichtauserwählten bleibt nichts anderes übrig, als daran zu glauben oder es bleiben zu lassen. Bei den Naturgesetzen ist es nicht völlig anders. Auch hier behaupten einzelne, bestimmte Erscheinungsformen als Naturgesetze beobachtet zu haben. Nach unterschiedlich langer Zeit werden diese Beobachtungen durch andere Wissenschaftler modifiziert und relativiert. Ein bedeutendes Gesetz wird zu einem weniger bedeutenden Gesetz. Vielleicht ist es für unser Beobachten hilfreich, Gesetze als von Menschen gefertigte Bestimmungen zu betrachten, die regelmäßig eine oder mehrere Beschränkungen enthalten. Diese Beschränkungen sind bei den von Menschen gemachten Gesetzen nicht so naturgegeben, denn oft werden mit einem Gesetz auch Sanktionen, Bestrafungen festgelegt. Diese sollen gegen jene angewandt werden, die die Gesetze nicht beachten.

Was wir im Alltag beobachten können, sind Regeln und deren Einhaltung. Keine Regel ohne Ausnahme! Dieser uns allen sehr geläufige Spruch beschreibt einen Hintergrund unserer Beobachtungen, der uns oft nicht bewußt ist. Erst über die Ausnahmen fällt uns das Regelhafte auf. Der Umgang mit Regeln ist zunächst aufwendiger als der mit sogenannten Gesetzen. Wir müssen hinsichtlich unserer Beobachtungen prüfen, welche Regeln wirken und ob wir gerade die Ausnahme einer Regel prüfen. Wir müssen also unterstellendes Behaupten durch aufmerksames, fragendes Beobachten ersetzen. Allerdings unterstützt uns unser Nervensystem auch bei dieser Aufgabe: Je häufiger wir aufmerksam fragend beobachten, desto leichter fällt es uns, in vielen Situationen fragend zu beobachten. Bis sich bei uns schließlich ein ›natürliches‹ Mißtrauen gegenüber sogenannten Natur- und Gottesgesetzen einstellt. Der Nachteil dieser Vorgehensweise liegt in fehlenden Gewißheiten. Doch möglicherweise sind diese oft nur von uns liebgewonnene Halluzinationen.

Sie besuchen ein Hallenschwimmbad. Als Sie die Schwimmhalle betreten, sehen Sie ein leeres Becken. Was beobachten Sie, die Regel oder die Ausnahme? – Wenn Sie jetzt geneigt waren, auf diese Frage eine Antwort zu geben, sind Sie bereits in einer Denkfalle. Sie können es aufgrund der knappen Schilderung gar nicht wissen. Sie müssen sich erst erkundigen.

Haben Sie es lieber ›klar‹ oder ›genau‹?

Zwei weiteren Operationen gebührt in ihrer Unterschiedlichkeit ebenfalls die rechte Aufmerksamkeit – Genauigkeit und Klarheit. Nehmen Sie bitte einen Gegenstand und betrachten Sie ihn eingehend, bis Sie die Unterschiede in der Oberflächenbeschaffenheit dieses Gegenstandes erkennen. Betrachten Sie jetzt bitte diesen Gegenstand aus einiger Entfernung, und zwar so, daß Sie auch Ihre Hand sehen können, die ihn hält. Und auch den Hintergrund. Beobachten Sie jetzt bitte einen Vorgang, den Sie gestern vollbrachten, z.B. wie Sie den

Wagen gestartet haben. Jetzt ändern Sie Ihre Beobachtung, so daß Sie auch den Zusammenhang, in dem Sie das Fahrzeug starteten, mit beobachten.

Bei welcher Beobachtungen ist Ihre Aufmerksamkeit auf Genauigkeit und bei welcher auf Klarheit gerichtet? Können Sie an sich Unterschiede ausmachen? Welche Unterschiede sind es? Wie können Sie sie nutzen? Während dieses Experiments beobachten wir eine Veränderung des Fokus. Mit der Operation der Genauigkeit können wir Details besser bewerten und gegebenenfalls Änderungen vornehmen. Allerdings eignet sich diese Operation nicht dazu, größere Zusammenhänge zu erkennen. Um diese Situationen klarer zu sehen, ist ein größerer Abstand zweckmäßiger. Verblüfft können wir registrieren, daß wir von beiden Operationen nicht gleichzeitig Gebrauch machen können. Mit etwas Übung können wir aber zwischen beiden Beobachtungsweisen schnell hin und her schalten.

Achtung – Minen!

Bei einem Einsatz in einem Krisengebiet mußte ich an einem »Mine Awareness Training« teilnehmen, um nicht von einer Mine getötet oder verletzt zu werden. Schwedische Soldaten hatten zu Demonstrationszwecken ein Gelände mit verschiedensten Hinweisen auf Minen oder nichtdetonierte Streubomben präpariert. Diese Hinweise waren so angebracht, wie sie in dieser Gegend tatsächlich anzutreffen waren. Sie waren kaum zu erkennen. Selbst wenn mit Zeigestöcken auf sie gedeutet wurde, dauerte es einige Zeit, bis ich die Gefahr ausmachen konnte.

Unseren Instrukteuren waren das sehr vertraute Phänomene. Damit wir uns auf kritischem Gelände irgendwie ›sicher‹ aufhalten konnten – bis zur Rettung durch Spezialkräfte –, gaben Sie uns eine Formel mit auf den Weg. Sie lautete S.T.O.P. Hinter ihr verbargen sich verschiedene Verhaltensanweisungen, die ich Ihnen auch für geistige Operationen in ›unwegsamem Gelände‹ anbieten möchte:

S.	Stop and Warn	Halte mit dem Schnelldenken an und sei aufmerksam gegenüber Dir und Deiner Umgebung.
T.	Think and Assess	Beginne zu überlegen und einzuschätzen, was Du beobachtest und wozu Du es beobachtest.
O.	Orientate and Report	Orientiere Dich neu und berichte Dir selbst oder anderen, was Du gerade erlebst.
P.	Plan for the next move	Plane die nächste Bewegung oder Operation Deines Geistes.

3 Das Medium des Brillenmenschen

Ein junger Unternehmer saß mir gegenüber. Er hatte einige Jahre sehr erfolgreich gearbeitet, bis ihn das ›Glück‹ verließ. Gleichzeitig mit diesen Veränderungen gewann er den Eindruck, diese Situation für eine generelle Richtungsänderung in seinem Leben nutzen zu können. Was auch immer er machen würde, zuerst waren noch die offenen Aufgaben abzuwickeln. Beim ersten Kontakt erzählte er mir von seiner Kindheit und Jugend. Als Kind deutscher Eltern wurde er in der italienischen Schweiz geboren. Dort verbrachte er auch die ersten vier Lebensjahre. Er wuchs zweisprachig auf. Die berufliche Situation des Vaters sorgte noch vor seinem Schuleintritt für den nächsten Umzug nach Frankreich. Also begann er sehr früh auch die französische Sprache zu erlernen. Seine Lebensumstände führten dazu, daß er sich noch vor dem 10. Lebensjahr vertiefte Kenntnisse auch der englischen Sprache aneignete. In seinem weiteren Bildungs- und Berufsleben fand er viele Gelegenheiten, seine Sprachkenntnisse anzuwenden und auszubauen.

Sprache und die Weise des Handelns

Auf der Grundlage dieser sprachlichen Möglichkeiten bat ich ihn, folgende Aufgabe schriftlich zu lösen: Er sollte sich vorstellen, daß er für genau ein halbes Jahr daran gehindert wäre, seine aktuellen Aufgaben selbst wahrzunehmen. Also hätte er dafür einen Vertreter einzustellen, den er genauestens über alle Verhandlungspartner, Verhandlungsgegenstände und Verhandlungsziele zu instruieren hätte. Da er aber nicht wisse, aus welchem sprachlichen Umfeld er einen geeigneten Vertreter rekrutieren würde, sollte er diese Aufgabe in allen vier Sprachen formulieren. Ich bat ihn weiter, keine Übersetzungen vorzunehmen, sondern in jeder Sprache neu zu formulieren. Nachdem er seine schriftlichen Ausarbeitung beendet hatte, bat ich ihn, jede Version nochmals durchzulesen und in dieser Sprache wie durch einen anderen die gestellte Aufgabe zu kommentieren. Das Ergebnis der vier Sprachkommentare lautete:

Französisch: »Darf man das überhaupt?«
Italienisch: »Da wirst Du aber erst für eine Menge Freunde sorgen müssen.«
Deutsch: »Mein Gott, ist das kompliziert, was Sie da vorhaben.«
Englisch: »O.k., wann soll ich anfangen.«

Er gab alle Kommentare so schnell ab, daß er erst einige Minuten später die unterschiedlichen Ergebnisse würdigen konnte. Unbewußt hatte er von den kulturellen Vorgaben, wie sie in einer Sprache organisiert sind, Gebrauch gemacht. Er aktivierte kulturelle Handlungsmuster über die Wahl der Sprache.

In multikulturellen Umgebungen ist ein Bewußtsein über die Folgen unterschiedlichen Sprachgebrauchs hilfreich. Sicher hängt es auch davon ab, wie sicher wir uns in anderen sprachlichen Räumen bewegen. Sind wir in der Lage, uns in anderen Sprachen sicher zu äußern, kann es sinnvoll sein, eine von uns als schwer empfundene Aufgabe in anderen Sprachen zu formulieren. Wir gewinnen darüber andere Einsichten in die Aufgabe und ihre Lösungsmöglichkeiten. Es ist wie der Wechsel der Beobachterposition. Wechseln wir die Beobachtung, reden wir nicht nur anders über das Beobachtete, wir denken auch anders und handeln anders. Die zusätzliche Möglichkeit besteht für uns darin, von den unterschiedlichen Beobachtungen Gebrauch zu machen.

Es wäre ein verkürztes Denken, zu meinen, nur eine bestimmte Sprache wäre die beste Handlungssprache. Im obigen Beispiel könnte die Tendenz lauten: »Mach es englisch!« Wie aber wäre das Ergebnis, wenn die Handlungsanweisung beispielsweise so lauten würde: »Die rechtlichen Aspekte prüfe französisch. Die technischen Aspekte löse deutsch. Die Beziehungsaspekte betrachte und organisiere italienisch. Die Umsetzung nimm englisch vor.« – Und bedenken Sie bitte noch eines – dieses Beispiel impliziert keine grundsätzliche Weise der Bewertung von Sprachen! Unterschiedliche Sprachen führen uns zu unterschiedlichem Erleben. Der Italiener sagt beispielsweise:»Un caldo da spaccare i sassi.« (Eine Hitze, die Steine bricht.) Im Deutschen bringt diese Hitze eher etwas zum Schmelzen!

Nichts als Halluzinationen

Indogermanischen Sprachen, wie z.B. Deutsch, Englisch, Französisch, Italienisch, Portugiesisch, Russisch und Spanisch sind bestimmte Bilder gleichermaßen zu eigen. Möglicherweise trifft es auch auf andere Sprachen zu, doch entzieht sich das meiner Kenntnis. Wissen Sie, es ist sehr schlimm, wenn ein Mann seine Frau betrügt. Aber noch viel schlimmer ist es, wenn eine Frau ihren Mann betrügt. Seien Sie bitte nicht irritiert, gerade an dieser Stelle des Buches über dieses Thema zu lesen und nicht erst im Kapitel über Sexualität. Mir geht es nicht um die inhaltliche Erörterung dieser Behauptungen. Es geht mir darum, was Sie in Ihrer Vorstellung eben anstellen mußten, um zu verstehen, worum es bei diesen Aussagen geht.

Welche zusätzlichen Gedanken hatten Sie, als Sie lasen, »wenn ein Mann seine Frau betrügt«? Was genau macht denn dieser Mann? Wir unterliegen einer Halluzination, wenn wir meinen, das sei doch sehr klar (Halluzination aus lat. hallucinatio, gedankenloses Reden, Träumerei). Wir unterstellen dabei nämlich, daß andere Leser oder Hörer genau die gleiche Vorstellung des Zusammenhangs»Mann betrügt seine Frau« haben wie wir. In ausführlichen Gesprächen werden Sie sich auf spannende und amüsante Weise darüber informieren lassen können, wie unterschiedlich die Grenzen für Betrug in intimen Beziehungen gezogen werden. Und was heißt »schlimm«? Jeder Mensch hat sein eigenes Verständnis von dieser Qualität. In der Linguistik und besonders der Psycholinguistik werden diese und andere Phänomene unseres Sprachgebrauchs untersucht. Da sie auf unser Erleben eine nachhaltige Wirkung ausüben, biete ich Ihnen weiter unten vier Beobachtungsrichtungen an, um die Filterwirkung der Sprache in unserem Wahrnehmungsprozeß leichter erkennen zu können. Die Vorgehensweise ist so kurz wie möglich gehalten und enthält die wesentlichen Anwendungskriterien, um mehr darüber zu erfahren, was Ihre Gesprächspartner meinen.

Auch der differenzierte Gebrauch einer Sprache schützt uns nicht vor Mißverständnissen. Denn die Welt, die wir mit Sprache beschreiben, ist nicht so wahr, so wirklich und stabil, wie wir sie gerne hätten. Wir erschaffen uns verbale Welten, die wir dann einsam–gemeinsam miteinander teilen. Sie bleiben so lange gemeinsame Welten, bis wir feststellen, daß wir gemeinsam genutzte Worte unterschiedlich verstehen und verwenden. Dennoch sehe ich keine andere Möglichkeit, in einen Gedankenaustausch miteinander zu treten, als eben über dieses Medium der erträumten Sicherheit, der Halluzination.

Schöne Reden küssen nur den Geist

Wir können uns an unserer eigenen Wortwahl genauso berauschen wie an der Ausdrucksweise. So klingt der Satz »Schlagen Sie die Werbetrommel und nicht Ihre Mitarbeiter« ausgesprochen verführerisch unklar. Natürlich, es liegt ja auch die Verführung in der Undeutlichkeit. Versuchen Sie doch einmal, obigen Satz so zu formulieren, daß völlig klar ist, was die angesprochene Person tun soll. Gelingt Ihnen diese Aufgabe? Wie lang ist der Satz jetzt? Klingt er noch elegant und mitreißend? Was für die Werbung gut ist, muß nicht auch in der Führung hilfreich sein.

Wenn Sie ›sehr visionäre‹ Reden hören, klingen diese Reden gut. Doch wie kommt es, daß die erwarteten Folgen so oft ausbleiben? Haben Sie in Ihrer beruflichen Praxis erlebt, wie während einer Sitzung oder Tagung eine flammende Rede gehalten wurde, alle begeistert waren und sich nichts änderte? Wir neigen dazu, uns an Sprache zu berauschen, als hätten wir gerade nicht nur ein Glas Champagner genossen.

Doch Rausch bleibt Rausch. Er verwirrt unsere Sinne und somit auch unser Denken. Und – jeder Rausch erschwert konsequentes Handeln.

Ohne zusätzlichen Aufwand
kein zusätzlicher Ertrag

Für ein leichteres Zurechtfinden im Medium Sprache möchte ich Ihnen an dieser Stelle die versprochene kleine Hilfe anbieten. »Leichter« ist bereits unwahr – Ihr Aufwand beim Umgang mit Sprache nimmt deutlich zu. Leichter meint die persönliche Orientierung in der Kommunikation. Üblicherweise sprechen wir miteinander in einer stark vereinfachten Weise – auch wenn wir meinen, uns sehr differenziert auszudrücken. Wir vertrauen einfach darauf, daß uns unser Gesprächspartner so versteht, wie wir es meinen. Lediglich, wenn wir uns sehr nachdrücklich darüber vergewissern, was der andere verstanden hat, sind wir mindestens erstaunt darüber, wie anders dieses Verstehen ausgefallen ist.

Wollten wir uns in jedem Gespräch sicher sein, daß andere Menschen genau das verstehen, was wir meinen – wir kämen zu keinem Ende. Uns bleibt also nichts anderes übrig, als zu akzeptieren, daß unsere Verständigung nur eine ungefähre ist und dieses Ungefähre in vielen Situationen ausreicht. Aber nicht in allen. Wenn Ihnen daran liegt, die Bedeutung einer Aussage genau zu verstehen, hilft das nachfolgende Modell. Es ist eine vereinfachte Darstellung des weiterentwickelten Metamodells der Sprache im Neurolinguistischen Programmieren (NLP). Dieses wurde auf der Grundlage der Arbeiten des Sprachphilosophen Noam Chomsky, des Hypnotherapeuten Milton Erickson und anderer entwickelt. In der Lehre und im Einzeltraining hat sich die hier angebotene Beobachtungsweise der Sprache als genau genug und funktional erwiesen.

Was wären wir ohne Gedankenleser?

Beginnen wir mit der nachhaltigsten Verletzung sprachlicher Klarheit – der ›Inhaltsverzerrung‹. Darunter sind fünf verschiedene, häufig gebrauchte Gedankenmuster zu verstehen. Sie entfalten ihre Wirkung durch ihre Häufigkeit. Aus diesem Grund fallen sie uns auch nur auf, wenn wir auf den Sinn einer Aussage sehr aufmerksam achten. Was fällt Ihnen bei dieser Aussage auf: »Ich weiß genau, was Du denkst. Du willst nur mein Geld.« In einem Gespräch könnte dies noch kürzer ausfallen, wenn die Sprecherin beispielsweise sagen würde: »Alle Männer wollen immer nur das eine.« In beiden Beispielen muß die Sprecherin/der Sprecher über eine besondere Fähigkeit verfügen, soll das Gesprochene wahr sein. Sie muß ›Gedanken lesen‹ können. Oft akzeptieren wir einfach diese Unmöglichkeit und handeln uns dadurch ungewollte Folgen ein. Achten Sie bei diesem und den folgenden Mustern auf die Sprache anderer. Sie werden erstaunt sein, wie oft Sprachmuster gebraucht werden, welche den Inhalt einer Aussage verzerren, indem dieser eine erfundene Bedeutung gegeben wird. Mit einem häufigen Gebrauch der hier vorgestellten Weise der Sprachbeobachtung stellt sich automatisch eine höhere Sensibilität gegenüber der eigenen Sprache ein.

Vorannahmen verbergen sich ganz offen

Ein weiteres Beispiel mit unzutreffenden Sicherheiten zu arbeiten, könnte sich so anhören: »Weißt Du, wenn mein Chef wüßte, daß ich immer pünktlich bin, würde er mich nicht so unfreundlich grüßen.« Wenn Sie die Aussage dieses Satzes genauer untersuchen, werden Sie erkennen können, wie hier über ›ungeprüfte Vorannahmen‹ Sinn produziert werden soll. Es wird als gegeben vorausgesetzt, daß der Chef etwas nicht weiß und daß er sich, vor dem Hintergrund dieses Nichtwissens, auf eine ganz bestimmte Art verhält. Wer als Zuhörer nicht prüft, auf welche Erfahrung sich diese Vorannahme stützt, erzeugt in seiner Vorstellung ein ganz bestimmtes Bild von dem Chef. Dazu gehört, daß eine wichtige Bewertungsgrundlage des Chefs Pünktlichkeit ist. Dieses Bild könnte vom Hörer später auf andere Kontexte im Zusammenhang mit dem Chef übertragen werden. Vorannahmen setzen auf die ›Logik von Abläufen‹. Dieses ›logische‹ Verhalten aber trifft auf uns Menschen überwiegend nicht zu.

Kausalität oder Kalamität

Nicht weniger unspektakulär geschieht auch das ›Verschieben von Ursachen‹ für ein bestimmtes Phänomen. »Weil heute die Sonne scheint, geht es mir gut.« Der Grund für das persönliche Befinden wird außerhalb der eigenen Person ausgemacht. Träfe diese Kausalität zu, müßte es dieser Person immer gut gehen, wenn die Sonne scheint. »Immer« meint hier ohne Ausnahme. In die gleiche Kategorie gehört auch der Satz: »Du machst mich glücklich.« Nicht daß sich die meisten Menschen über eine solche Äußerung nicht freuen, aber es ist schlichtweg unmöglich, einen anderen Menschen unmittelbar glücklich oder unglücklich zu machen. Der einzelne Mensch entscheidet selbst darüber, ob ihn ein bestimmtes Tun eines anderen Menschen glücklich macht.

In diese Kategorie fällt auch der in etwas ›hineingelegte Grund‹, in welchem wir eine Abhängigkeit zweier voneinander unabhängiger Ereignisse erzeugen: »Ich will noch einen Film anschauen, aber Du willst einen Spaziergang machen.« Beide Tätigkeiten können parallel zueinander und somit losgelöst voneinander vorgenommen werden. Wenn wir diese Unabhängigkeit nicht wahrnehmen können, werden wir in unserer Gedankenwelt und später auch in unserem Handeln zu Verstrickungen und Alternativlosigkeiten neigen.

Wir können dieses Muster ein wenig abwandeln, um ein anderes Phänomen zu verdeutlichen: »Der Markt hat auf unsere gestrige Pressekonferenz unfreundlich reagiert. Heute wird nur in wenigen Medien darüber berichtet.« In diesem Fall werden

zwei ebenfalls ›voneinander unabhängige Erscheinungen als
gleichwertige Entsprechungen‹ behandelt. Daß heute nur in
wenigen Medien berichtet wird, kann beispielsweise mit dem
Redaktionsschluß zusammenhängen. Doch was hat das mit
einer unfreundlichen Reaktion des Marktes zu tun? Wer ist
überhaupt dieser Markt? Wenn Sie sich auf diese Sprachbe-
trachtung einlassen, werden Sie sie schnell als Schule der Logik
benutzen können. Mit der Eigenart des Erkennens, wie wenig
Ereignisse ›logisch‹ aufeinander aufbauen, und wie oft wir
Kausalitäten hemmungslos konstruieren.

Dinge, die keine sind ...

Wir benutzen viele Substantive, denen in erster Linie nicht
eine *Substanz*, sondern ein *Prozeß* zu eigen ist. Teilweise handelt
es sich um offenkundige Verben, die grammatisch wie Sub-
stantive verwendet werden, wie »das Laufen«, »das Essen«, »das
Fliegen«. Zum anderen sind es Begriffe wie »Ehre«, »Ruhm«,
»Fleiß«, »Erfolg«, »Politik«, »Bevölkerung« ... Man könnte die
Reihe in unserer Sprachkultur unendlich fortsetzen. Der eine
Vorteil dieser Begriffe besteht in der Clusterbildung.

Wir können mit diesen Begriffen komplexe Abläufe mit
einem einzigen Wort benennen. Dabei tun wir so, als ob dieses
Wort die Komplexität der Abläufe beschreiben würde. Ein anderer scheinbarer Vorteil liegt in einer verdeckten Machtaus-
übung. Wer die Bedeutung zu kennen glaubt, gehört dazu. Die
anderen fallen als Nichteingeweihte aus der Gruppe der ›Einge-
weihten‹ heraus. Wer dazu gehören will, tut im Zweifelsfall so,
als ob er ebenfalls dieses Wissen hätte. In der Folge werden Begriffe verwendet, ohne daß ihre Nutzer darunter die gleichen
Inhalte verstehen. Schließlich enthält diese Art des Benennens
noch eine weitere gebräuchliche Form der Unterdrückung durch
Herabsetzen: »Die Dritte-Welt-Länder müssen noch große Anstrengungen unternehmen, um als vollwertige Partner auf den
Weltmärkten ihre Interessen zu vertreten.« Wir entwickeln Kategorisierungen, mit deren Hilfe wir Zusammenhänge ›beherr-

schen‹ können. Im oberen Beispielsatz ist es die *Dritte-Welt-Länder*-Kategorie. Wichtige Unterschiede zwischen einzelnen Ländern werden unkenntlich gemacht. Es scheint eine homogene Gruppe von Ländern, mit einheitlichen Strukturen und Werten zu geben.

Unser Vorstellungsvermögen gaukelt sich bei diesem Benennungsprozeß eine nicht beobachtbare Gleichartigkeit aller beteiligten Elemente vor. Dabei wird das eigene Denken stark eingeschränkt, vordergründig um leichter Klarheit über eine Beobachtung zu gewinnen. Im Ergebnis entsteht jedoch eher eine Über-Simplifizierung. Die Klarheit entpuppt sich als eine Scheinklarheit mit oft fatalen Folgen für ihre Nutzer.

Einer Gruppe von angehenden Weinbauingenieuren, die zu einem großen Teil die elterlichen Betriebe übernehmen sollen, stellte ich die Aufgabe, zu beschreiben, was ein ›Markt‹ ist. Nach den üblichen betriebswirtschaftlichen Definitionen fragte ich einen der Studenten, was er nun genau mit der gehörten Erklärung in seiner beruflichen Praxis anfangen würde. Die erste Reaktion war Ratlosigkeit. Dann bat ich die Gruppe, so lange mit diesem Wort und seiner Bedeutung zu operieren, bis sie etwas Anwendbares herausgefunden hätten. Nach geraumer Zeit entdeckten die Studierenden, daß Märkte gemacht werden. Und so wurde ihnen klar, daß auch sie Märkte machen könnten – und sie nicht ausschließlich auf die von anderen gemachten Märkte angewiesen sind!

In diesem Zusammenhang gibt es eine weitere Fundgrube, auf die ich bereits im vorigen Kapitel einging – die Etymologie. Die Wissenschaft von der Herkunft und Geschichte von Worten beschreibt Beobachtungen von Menschen in der Vergangenheit. Diese Beobachtungen sind in dieses Wort eingeflossen. So stammt beispielsweise das Wort ›Glaube‹ aus dem althochdeutschen Adjektiv ga-lauba, übersetzt mit ›vertraut, Vertrauen erweckend‹. Im »Etymologisches Wörterbuch der deutschen Sprache« von Friedrich Kluge wird dazu ausgeführt, daß dieses Wort vermutlich zu ›Laub‹ gehört, und zwar in der Bedeutung ›Laubbüschel als Futter und Lockmittel für das Vieh‹. Damit konnte dann das Vieh zutraulich und handzahm gemacht werden. Das englische Wort ›belief‹ greift auf die gleiche Wurzel zu – ›leaf‹ das Blatt. Vergleichen wir diese Beschreibung mit dem Prozeß, der von Religionsgemeinschaften angewandt wurde, dann . . .

In diesem Buch werden Sie an verschiedenen Stellen die hier
beschriebene Arbeitsweise antreffen. Vielleicht wird es Sie anregen, selbst immer wieder zu erkunden, welche Prozesse sich
hinter einzelnen Substantivierungen verbergen.

Die unheimliche Globalisierung

Ein weiteres Phänomen gehört noch häufiger zu unserem
Sprachgebrauch. »Keiner hat aufgepaßt, als wir die Kontrolle
über unsere Vertriebsmannschaft verloren« oder »Frauen sind
mehr auf Sex aus, als sie zugeben« oder »Es gibt keinen Ort auf
Erden, an dem Menschen wirklich glücklich sind«. Welche
grammatikalische Gemeinsamkeit teilen diese drei Aussagen?
Diese Sätze sollen jetzt so ergänzt werden, daß Sie ganz genau
erkennen können, welche kleine sprachliche Teufelei sich in
unseren ganz alltäglichen Sprachgebrauch einschleicht: »Keiner
(überhaupt kein Mensch) hat aufgepaßt, . . .« oder »Ausnahmslos alle Frauen sind mehr auf . . .« oder »Es gibt zu keiner Zeit
überhaupt keinen Ort auf Erden, an dem auch nur ein Mensch
wirklich glücklich ist.« – In allen drei Aussagen sind sogenannte
›Universalquantifikatoren‹ enthalten. Entweder offensichtlich
oder verdeckt. Keiner, jeder, alle, immer, nie, überall . . . das sind
sie, diese universellen Verallgemeinerer. Versteckt sind sie, wenn
sie nicht ausdrücklich ausgesprochen werden, wie in der Aussage
»Frauen sind mehr auf . . .« Mit Hilfe dieser Universalquantifikatoren organisieren wir sprachlich etwas, was uns als Erfahrung
nicht möglich ist. Mein Leben ist zu begrenzt, als daß ich eine
Erfahrung von »immer« machen kann. Trotz der Unmöglichkeit
dieser Erfahrung wirkt die sprachliche Repräsentation dieser
Unmöglichkeit in unserem Geist. Wir schaffen uns durch den
Gebrauch solcher Verallgemeinerungen Wahrnehmungsfilter,
die ausgesprochen wenig hilfreich oder wenig nützlich sind.

Wenn wir müssen wollen, obwohl
wir können sollen

Eine andere Weise, in unserer Wahrnehmung eine Verallgemeinerung zu erzeugen, geschieht mit Hilfe sogenannter ›Modaloperatoren‹. Das sind Verben, mit deren Hilfe Art und Weise eines Handlungsvollzugs beschrieben werden – ob etwas getan werden muß oder kann. »Sie brauchen nicht darauf zu warten, daß Ihr Wagen heute noch fertig wird.« Eine berechtigte Frage auf diese Feststellung könnte lauten: »Und wenn ich es doch tue?« Was verändert das an der Situation? Ein anderes Beispiel wäre: »Wir müssen bis zum Jahresende die Fusion über die Bühne gebracht haben.« – »Was würde passieren, wenn wir die Fusion nicht bis zum Jahresende abwickeln?« Die Verben sollen, müssen, brauchen, dürfen, können, wollen, mögen und notwendig sein beinhalten Ausschlüsse von Alternativen, die gewissermaßen nicht gedacht werden dürfen. In dem kategorisch Ausgeschlossenen kann aber durchaus eine erwägenswerte Handlungsoption liegen. Insoweit ist es sinnvoll, nach der ausgeschlossenen Option zu fragen.

In einer »Vertriebskonferenz« sagte der Vorsitzende des Vorstands den anwesenden Gebietsverkaufsleitern: »Meine Herren, uns bleibt nichts anderes übrig, als bis zum Jahresende den Personalstand unserer Außendienstmitarbeiter um 30 Prozent aufzustocken. Wir *dürfen* dieses Ziel *nicht* verfehlen.« Ein Verkaufsleiter, der diesem Unternehmen erst seit wenigen Monaten angehörte, wagte die Frage aufzuwerfen: »Was kann uns denn passieren, wenn wir beispielsweise in meiner Region statt der geforderten vier Mitarbeiter nur zwei anstellen?« Der Vorstand schaute kurz von seinen Unterlagen auf und entgegnete nach kurzer Pause: »Nichts wird uns passieren. Unsere Organisationsdichte ist dann aber niedriger als bei der Konkurrenz. Und das *dürfen* wir *nicht* zulassen.« Der Verkaufsleiter ließ nicht locker: »Vielleicht ist mir da noch etwas entgangen, das ich wissen sollte. Aber aus meiner bisherigen Erfahrung ist mir ein qualifizierter Mitarbeiter wichtiger als zwei weniger qualifizierte, die ich nur der Statistik halber einstelle. Ein weniger qualifizierter Mitarbeiter kostet das Unternehmen nicht nur das Gehalt, das er nicht verdient. Er kann uns auch Ansehen bei unseren Kunden kosten. Das wiegt für mich noch schwerer.« – Nach diesem Einwand trug der Vorstandsvorsitzende seinem Vertriebschef auf, die Beziehung zwischen der Vertriebsdichte der Außendienstmitarbeiter und ihrer fachlichen Qualifikation sowie dem Vertriebserfolg zu überprüfen.

Wer hat sich da bloß versteckt?

Die letzte Gruppe verwirrender Sprachmuster wirkt am schwächsten und kommt am häufigsten vor. So fehlt zum Beispiel das Objekt zum Verb in der Aussage: »Mir ist schlecht.« Akzeptiert der Hörer diesen Satz, akzeptiert er gleichzeitig ein Schlecht-Sein als Zustand. »Wovon ist Dir schlecht? Was meinst Du?« oder »Wie lange wird Dir noch schlecht sein?«, diese Fragen implizieren die Wandlung des Zustands in einen Prozeß, mit dem man umgehen kann.

Die Beiläufigkeit, mit der im nächsten Satz eine ›Wahrheit‹ konstruiert wird, wirkt. »Es ist offensichtlich, daß Männer weniger emotional sind als Frauen.« In diesem Satz geht es nicht nur um die Verallgemeinerung (alle Männer, alle Frauen), es geht hier auch um die behauptete Offensichtlichkeit. »Für wen ist es offensichtlich, daß . . .?« Mit dieser Frage wird Licht in die Voraussetzungen dieser Behauptung gebracht. Hier fehlt also das Objekt zum Verb.

Doch auch mit dem Verschweigen der Referenzebene eines Vergleichs schaffen wir Undeutlichkeiten. Wir verwenden einen Satz so, als gäbe es keinen Vergleich. »Du redest viel« ist ein solches Beispiel. Es gibt kein An-sich-viel-Reden! »Im Verhältnis zu wem rede ich viel?« könnte die passende Frage lauten, mit der die Referenz zum Vorschein gebracht wird. Auch die Aussage: »Er ist sehr, sehr smart.« schließt die Beobachtung aus, im Verhältnis zu wem eine bestimmte Person als smart bezeichnet wird. Wenn wir eine Qualität benennen, ist die Benennung nur sinnvoll, wenn wir den Unterschied zu

einem Bezugswert anführen. Dieser Bezugswert kann uns
dann vor Augen führen, ob er passend gewählt war. Und er
verrät uns auch etwas über den Zweck und die Absicht einer
Aussage.

Laßt sie nur mal ›machen‹!

Nicht minder beliebt und oft gebraucht sind unspezifische Verben. Sie zeichnen sich dadurch aus, daß sie nicht verraten, wie
genau ein bestimmtes Tun erfolgen soll. Dabei handelt es sich
nicht nur um Verben wie *machen* und *tun*. Es sind auch scheinbar spezifische Tätigkeitswörter: »Sie haßt ihn.« Oder: »Er lehnt
mich ab.« Beide Aussagen implizieren, als gäbe es eine ganz un-
mißverständliche, weil spezifische Weise des Hassens oder Ab-
lehnens. Mir ist sie jedenfalls nicht bekannt. Es könnte sich
beim Befragen dieses Hassens herausstellen, daß es sich um
einen Irrtum handelt. »Was genau macht sie, wenn sie ihn
haßt?« »Na ja, in der Mittagspause setzt sie sich in der Kantine
nie zu ihm an den Tisch.« »Das fiel mir auch auf. Ich habe sie
gefragt, was sie davon abhält, es zu tun. Mir hat sie gesagt, sie
würde es schrecklich gerne machen, aber sie sei zu schüchtern.«

Und bevor Ihnen die Lust an Unterhaltungen oder Gesprächen mit anderen völlig vergangen ist, will ich Sie schnell
noch auf die letzte Gruppe von Geheimnissen aufmerksam
machen. Es handelt sich um das ›Fehlen des zweiten Akteurs‹.
Das geht ganz einfach, wenn Sie z.B. sagen: »Nie lacht er mich
an.« Die zweite Person ist hier natürlich benannt, nämlich Sie
selbst. Aber nicht als Akteur, sondern nur als passive Erscheinung. Interessant in diesem Zusammenhang könnte ja Ihr
eigenes Verhalten sein. Möglicherweise lädt Ihr Verhalten oder
Ihre Mimik auch nicht zum Anlachen ein.

Wir können nicht einfach ›nur so‹ sprechen. Mittels Sprache
steuern wir unser Erleben, also das, was wir als unsere Wirklichkeit erfahren. Zu dieser Wirklichkeit zählen auch unsere
Beziehungen zu anderen. Je unaufmerksamer uns selbst gegenüber wir sprechen, desto mehr erliegen wir den Fallen, die wir

uns durch unseren Sprachgebrauch selbst gestellt haben. Diese Fallen bilden wir aus einer brüchigen Folie scheinbarer Klarheit. Eigentlich gewinnen wir für uns selbst sehr viel, wenn wir diese ›Klarheit‹ immer wieder in Frage stellen, indem wir ein wenig neugieriger werden . . .

4 Handeln und Handlung

Ohne vorbereitende Erklärungen abzugeben, bat ich um vier Freiwillige aus meiner studentischen Trainingsgruppe. Zwei Frauen und zwei Männer. Die Rollen ordnete ich ihnen zu. Zwei übernahmen die Rolle von Mutter und Vater, zwei die von Tochter und Sohn. Dann fragte ich sie, welche Aufgabe sie sich in ihrer jeweiligen Rolle geben wollten. Die ›Mutter‹: »Klassisch – ich bin für den Haushalt zuständig. Ich sorge dafür, daß alles da ist – vor allem Essen.« Der ›Vater‹: »Ich sorge dafür, daß alles klappt.« Die ›Tochter‹ erkundigte sich erst, wie alt sie sei. Ich fragte nach ihrem Alter (23 Jahre) und bestätigte ihr es auch für das Experiment: »Ich bin kaum noch da. Ich bin nur noch hin und wieder hier.« Der ›Sohn‹ bekam ebenfalls sein tatsächliches Alter (21 Jahre) für die Rolle bestätigt: »Ich bin hier fürs Essen zuständig. Ich meine damit für das Aufessen.« Ich erklärte den Anwesenden, wir wollten den Prozeß Familie jetzt als ein System beobachten. Zu diesem Zweck würden wir je ein Element des Systems entfernen und dann beobachten, wie es den anderen Elementen im System ergeht. Das Experiment nahm seinen Lauf. Die jeweils Zurückgebliebenen wurden nach ihrem Befinden befragt.

1. Die ›Tochter‹ wurde herausgenommen:
   ›Vater‹: »Ich merke keinen Unterschied. Sie war ja eh kaum da.«
   ›Mutter‹: »Ich muß jetzt weniger kochen.«
   ›Bruder‹: »Ich glaube, ich muß jetzt etwas häufiger zu Hause anwesend sein.«
2. Die ›Mutter‹ wurde herausgenommen:
   ›Mann‹: »Da werden wir uns wohl nach jemand anderem umsehen müssen.«
   ›Tochter‹: »Ich werde jetzt wohl zu Hause kochen müssen.«
   ›Sohn‹: »Und ich werde mich an den Hausarbeiten beteiligen.«

3. Der ›Vater‹ wurde herausgenommen:
›Frau‹: »Oh, da werde ich jetzt seine Aufgaben mit über-
nehmen müssen.«
›Tochter‹: »Muß ich jetzt von meinem Geld etwas abgeben?«
›Sohn‹: »Ich werde von meinem Geld jetzt abgeben müssen.«
4. Der ›Sohn‹ wurde herausgenommen:
›Mutter‹: »Jetzt muß ich viel weniger kochen.«
›Schwester‹: »Ich glaube, ich muß jetzt viel häufiger zu
Hause sein.«
›Vater‹: (schweigt.) – Ich fragte ihn, ob er sich nicht äußern
möchte. Nach kurzer Pause antwortete er schließlich: »Ich
habe jetzt ein Problem. Mir fehlt ein Gesprächspartner.«

Wer bestimmt hier eigentlich, was zu tun ist?

Alle, Zuschauer und Akteure, wirkten betroffen. Sie waren
überrascht von der Authentizität der Aussagen. Jede Aussage kam
unmittelbar aus der zugewiesenen Rolle und der in diesem System sich selbst gestellten Aufgabe. Übliche Vorgaben des Handlungssystems ›Familie‹ waren allen Teilnehmern geläufig, aus
ihrer eigenen Lebenserfahrung. Das Restliche ergab sich aus
dem Kommunikationskontext. Jede der teilnehmenden Personen machte für sich die Aussage, sie hätte so handeln müssen, es
wäre irgendwie zwingend für sie gewesen.

An diesem Beispiel können wir beobachten, wie ein System
ungefragt eigene Vorgaben in sich trägt und diese den handelnden Personen im System zum Vollzug überträgt. Ausgelöst
durch die Aktion, jeweils ein Element aus dem System heraus-
zunehmen, trachten die Zurückgebliebenen danach, die frei
gewordenen Aufgaben zu übernehmen – soweit wie möglich.
Diese Übernahme der Aufgaben bildet das Mittel der Handlung und dient einem Zweck: das System zu erhalten.

Durch die Beobachtung aller Systemelemente in diesem ›ge-
spielten‹ System stellte es sich heraus, welches Element in welcher Intensität welche Aufgabe übernahm. Bei Ausfall des Vaters
wußte der Sohn, er habe von seinem Geld an die Haushaltskasse

abzugeben. Die Tochter war sich noch nicht ganz sicher, und die Mutter entschied sich, die Aufgaben ihres Mannes mit zu übernehmen. Die Tochter war das Element, das im Begriff stand, das Familiensystem zu verlassen. Dennoch entschied sie sich für einen intensiveren Verbleib, um die Stabilität der Familie zu sichern. Ein entsprechendes Beispiel wurde bei anderer Gelegenheit mit Mitarbeitern eines Unternehmens durchgespielt. Leitende Mitarbeiter schlüpften in die Rollen normaler Arbeitnehmer und solche ohne Leitungsfunktion übernahmen Führungsaufgaben. Es war bemerkenswert, wie gut die Angehörigen der unterschiedlichen Unternehmensebenen die Aufgaben der anderen Ebenen beobachtet hatten.

Zwei weitreichende und verbreitete Irrtümer

Bei diesen Experimenten wurde deutlich, daß zwei übliche Annahmen in bezug auf Akteure einer Handlung nicht durchgängig aufrechterhalten werden können:

- Der erste Irrtum besteht darin, der Handelnde würde überwiegend alleine regelmäßig die Handlung bestimmen.
- Der zweite Irrtum läßt den Handelnden davon ausgehen, er sei nicht austauschbar.

Sobald sich eine Handlung als System etabliert, bilden sich Regeln heraus. Möglicherweise bemerken wir diese nicht; sie sind dann bereits in den Hintergrund unserer Wahrnehmung gerückt. Dadurch gelingen uns unsere Handlungsoperationen elegant. Die Eleganz bezieht sich nicht auf das Ergebnis, sie meint den Vollzug der Aktion. Es ist wie Gehen. Als Erwachsene gehen wir eben einfach. Üblicherweise überlegen wir uns nicht mehr, wie wir unsere Körperteile und unsere Wahrnehmung koordinieren müssen. Die Steuerung einer Handlung wird über eine erwartete Resonanz vorgenommen. Wenn wir gehen, erwarten wir, auf festen Untergrund zu treten. Reichen wir einem anderen die Hand, erwarten wir, daß er sie ergreift.

Ein System sichert sein Überleben

Ein junger Mann buchte bei uns gleich mehrere Beratungstage. Er sollte von seinem Vater die Leitung zweier voneinander unabhängiger, international tätiger Unternehmen übernehmen. Er war der Auffassung, dafür noch nicht genügend vorbereitet zu sein. Seine Absicht war, mit Hilfe unserer Beratungstätigkeit einen reibungslosen Übergang des Unternehmens von seinem Vater auf sich selbst möglich zu machen. Nach dem ersten Arbeitstag rief seine Mutter bei mir an, um mir etwas »Wichtiges« mitzuteilen. Sie wolle sich in keiner Weise in unsere Arbeit einmischen, aber ich sollte doch bitte folgendes berücksichtigen: Nach der Übernahme der Geschäfte durch ihren Sohn sollte dem Vater unbedingt eine Aufsichtsfunktion erhalten bleiben. Auf meine Frage, wer von ihrem Anruf wüßte, entgegnete Sie mir: »Mein Mann braucht von meinem Anruf nichts zu erfahren. Er tut ohnehin schon so viel. Da muß er sich nicht auch noch um solche Kleinigkeiten kümmern.« Zwei Tage später setzte sich der Vater mit mir in Verbindung. Beiläufig fragte er mich, ob auch seine Frau mich angerufen hätte. »Wissen Sie«, erklärte er mir, »sie hat Angst, ich könnte unseren Sohn zu lange an der Leine führen. Aber ich habe die Absicht, die Geschäfte ganz auf ihn zu übertragen und mich völlig zurückzuziehen. Ich habe es lang genug gemacht.« Zu Beginn des dritten Tages fragte mich der Sohn, was ich davon halten würde, wenn nach dem Ausscheiden seines Vaters aus den Unternehmen seine Mutter einen Sitz im Verwaltungsrat bekäme. Irgendwie hätte sie in der Vergangenheit versucht, auf etwas unbestimmte Weise auf die Geschicke der Firmen ihren Einfluss geltend zu machen. Ihm sei es lieber, wenn sie ihm in Zukunft in einem rechtlich eindeutigen Rahmen in geschäftlichen Belangen gegenüberträte.

Aufgrund meiner Arbeit mit dem Unternehmensnachfolger wurde ich zu einem Element des Systems. Die in dieser Beratung zunächst nur mittelbar beteiligten Elemente versuchten über ›wichtige Informationen‹ und beiläufige Äußerungen direkt Einfluß zu nehmen. Dadurch sollten die alten Gewohnheiten am Leben erhalten werden und mit ihnen auch das System. Durch die Beobachtungs-Sensibilisierung aufgrund unserer gemeinsamen Arbeit entschied sich der designierte Unternehmensnachfolger für ein offenes Gespräch mit beiden Elternteilen. Bei dieser Gelegenheit nannte er seine Bedingungen für die Unternehmensnachfolge. Eine davon war der völlige Rückzug der Mutter aus dem Unternehmen.

Systeme sind
amoralisch und effizient – im Selbsterhalt

Ein System erhält sich auch dann, wenn es in vielerlei Weise dysfunktional wirkt. Ein Handlungssystem trifft seine Entscheidungen nicht aufgrund seiner Wirkung nach außen, sondern aufgrund seiner inneren Effizienz. Das heißt mit anderen Worten, das System überprüft sich nur danach, wie störungsfrei oder glatt systembestimmende Operationen ablaufen, und nicht, welche Folgen diese Operationen – auch für das System selbst – nach sich ziehen.

Handlung als System

Wenn eine Handlung als System beobachtet wird, ist es hilfreich, weitere Aspekte mit zu berücksichtigen. So können wir eine Handlung in der Gegenwart betrachten oder im Hinblick auf künftige Erwartungen. Wir beobachten dann die Handlung mit Rücksicht auf ihre mögliche Weiterentwicklung. Ebenso können wir eine Unterscheidung treffen zwischen der Wirkung nach innen und der nach außen. Bringen wir diese Beobachtungsrichtungen in Bezug zueinander, lassen sich die Ergebnisse in einer Matrix darstellen. Der Nutzen dieser Matrix liegt in der Möglichkeit ihrer Anwendung als Beobachtungsinstrument von Systemwirkungen. In Tabelle 1 werden die Beobachtungsmöglichkeiten nur skizziert.

Jedes biologische und soziale System entwickelt eine eigene,

schöpferische Erfindungskraft. Es lebt ingeniös. Doch müssen
nicht alle Operationen innerhalb eines Systems diesem auf
sinnvolle Weise dienen. Die folgenden beiden Beispiele sind in
einem konkreten Beratungskontext beobachtet worden und
wurden später von den Systemangehörigen zur eigenen Nutzung weiterentwickelt.

Zeitachse Beziehungs- Achse	Gegenwart	Zukunft
Beziehung **nach innen**	*W* Bildung von Werten zur Orientierung	*S* Entwicklung von Systemregeln zur Stabilisierung des Systems über die Sicherstellung der Regelanwendung
Beziehung **nach außen**	*M* Ausübung von Macht zur Sicherung des eigenen Handlungsraums	*Ö* Ökonomische Planung zur Sicherung von Ressourcen für künftig erwarteten Bedarf

Tabelle 1

Passen Ziel, Zweck und Absicht zusammen?

Gilt in einem Unternehmen die unumstößliche Regel, daß leitende Mitarbeiter bis hin zur Vorstandsebene mit dem Erreichen
des 60. Lebensjahres auszuscheiden haben, kann dies unterschiedliche Gründe und Folgen für das Unternehmen haben.
Die offizielle Begründung lautete, auf diese Weise würde einer
Überalterung in der Leitungsebene entgegengewirkt.

Die Untersuchung dieser Regel mit Hilfe einer Matrix
führte zu anderen Ergebnissen: Im Matrixfeld **W** wurde erkennbar, wie fähige Mitarbeiter bereits mit Anfang 50 begannen, sich nach anderen, weiterführenden Aufgaben umzu-
schauen. Da sie diese nicht im eigenen Unternehmen finden

konnten, richteten sie ihre Aufmerksamkeit nach außen. Diese
Aktivitäten verbrauchen Energie, die dem Unternehmen verlo-
rengeht, obwohl es sie bezahlt. Im Matrixfeld **S** werden lei-
stungsfähige Pensionspläne für die Umsetzung dieser Regel entwickelt und bereitgestellt. Im Matrixfeld **M** wird sichtbar, daß
etwa ab dem 55. Lebensjahr die im Interesse des Unternehmens
ausgeübte Durchsetzungsfähigkeit nachließ. Der Stelleninhaber
begann mit dem Abschließen seines beruflichen Handelns. Im
Matrixfeld **Ö** ging diesem Unternehmen Erfahrungspotential
verloren. Die Altersbegrenzungsregel, die dem System zu mehr
Stabilität verhelfen sollte, wirkte sich bei rigider Anwendung
genau gegenteilig aus.

In einem anderen Unternehmen galt das unausgesprochene
Gesetz, daß eine Frau niemals in den Vorstand gelangen durfte.
Die fadenscheinige Begründung lautete, Frauen trügen Unfrie-
den in die Führungsmannschaft hinein und seien auch nicht
qualifiziert genug. Durch Schwangerschaften und Erziehungs-
zeiten fehlte ihnen die durchgängige Erfahrung in Führung und
Management. Im Matrixfeld **W** entstand der Wert, daß Frauen
für wirklich Wichtiges ungeeignet seien, weil sie (naturgemäß)
intrigierten und sich mit für das Unternehmen Irrelevantem be-
schäftigten. Im Matrixfeld **S** wurde für die Umsetzung dieser
›Werte‹ mit einer Gleichstellungsbeauftragten und besonderen
Frauenförderprogrammen gesorgt. Im Matrixfeld **M** fehlte dem
Vorstand die Kraft weiblicher Nüchternheit und die innere Auseinandersetzung mit anderen Blickrichtungen. Aufgrund dessen
wurden Unternehmensstrategien entwickelt, die sich durch eine
gewisse Kraftlosigkeit in ihrer Zukunftsausrichtung auszeichne-
ten. Statt dessen befaßten sich die männlichen Vorstandsmit-
glieder mit gegeneinander gerichteten Intrigen und der Beantwortung irrelevanter Fragen, wie dem nächsten Dienstwagen
oder der Möblierung ihrer jeweiligen Etage. Im Matrixfeld **Ö**
fehlten dem Unternehmen Frauen als ernst genommene Ressource.

Mit Hilfe dieser Matrix lassen sich einzelne Operationen
eines komplexen Handlungssystems im Hinblick auf Zweck
und Absicht dieses Systems analysieren. Auf undramatische

Weise lassen sich Unterschiede zwischen tatsächlich angewand-
ten und öffentlich deklarierten Unternehmenszwecken beobachten. Jede Differenz kostet das Unternehmen Kraft und
wirtschaftlichen Ertrag.

Klarheit des Themas und Kraftfluß in
der Durchführung

Eine weitere Beobachtungsweise kann uns zusätzliche Einsichten darüber liefern, inwieweit uns eine Handlung gelingt. Dabei geht es um die Beziehung zwischen Kraft und Thema einer
Handlung und ihrer Durchführungsoperationen. Während bei
der obigen Matrix die Beobachtung von zwei Achsen ausgeht,
um dann die Wirkung in den Matrixfeldern zu prüfen, beginnt
hier die Beobachtung in den Matrixfeldern, die die Wirkung
beschreiben:

Thema Durchführung	erkannt	nicht erkannt
angemessen	im Flow (I)	dahin dümpeln richtungslose Nettigkeit (II)
unangemessen	hartes Arbeiten rücksichtsloses Durchsetzen (III)	Erleben eines tiefgreifenden Versagens (IV)

Tabelle 2

- Erleben wir in unserem Handeln Flow (Leichtigkeit und
  Gelingen), spricht das dafür, daß wir die Zielrichtung unserer Handlung zutreffend erkannt haben und der Krafteinsatz
  angemessen erfolgt (Feld I).
- Erleben wir bei uns trotz aller Anstrengungen tiefes Versagen (Feld IV), sollten wir zwei Dinge überprüfen: Erstens,

ob uns klar ist, wozu wir etwas Bestimmtes tun, und was die Absicht ist, die wir mit unserem Tun verfolgen. Zweitens, ob wir mit geringerer Kraftanstrengung nicht mehr erreichen.

· Machen wir die Erfahrung von Leichtigkeit im Handeln, ohne den Eindruck von der Wichtigkeit unseres Tuns (Feld II), spricht das für das Fehlen einer wesentlichen Zielrichtung.

· Haben wir hingegen den Eindruck, Wesentliches zu erreichen, aber immer nur mit sehr hoher Kraftanstrengung (Feld III), könnte es lohnenswert sein zu prüfen, ob die Art und Weise der Durchführung einer Handlung nicht auch anders erfolgen kann.

Bei allen vier Quadranten gilt als Maßstab zunächst nur das eigene Erleben. Andere Menschen können nicht darüber entscheiden, was für uns wesentlich ist oder ob wir gerade ein tiefes Versagen erleben. Diese Beobachtungen führen uns zu einer weiteren Unterscheidung.

Ein Grundirrtum: der Irrtum über den Grund

Während eines Seminars über Sprache und Psycholinguistik habe ich den Teilnehmern das Phänomen der Unberechenbarkeit unserer Handlungsmotive folgendermaßen demonstriert. In einer Pause sprach ich einen der Teilnehmer an und bat ihn darum, mir auf meine ausdrückliche Bitte in der Sitzung selbst ein Glas Wasser zu reichen. Er sollte meinem Wunsch dann einfach Folge leisten.

In der Sitzung referierte ich über den Hintergrundcharakter von Sprachphänomenen am Beispiel der uns allen bekannten ›natürlichen Logik‹. Dabei verwies ich darauf, wie wir einem Irrtum unterliegen können: Wenn wir nämlich glaubten, daß das Übereinstimmen von Worten und einem Tun, das diesen Worten entspricht, das folgerichtige Ergebnis des Gebrauchs dieser Worte sei.

Oder mit anderen Worten: Ich gebe einem anderen Menschen eine Anweisung, die dieser zu meiner Zufriedenheit ausführt. Nach der ›natürlichen Logik‹ behaupte ich nun zu wissen, warum der andere meine Anweisung zu meiner Zufriedenheit ausgeführt hat. Eben weil ich es ihm zuvor gesagt habe. Doch genau das ist unser Irrtum. Wir verwechseln die Übereinstimmung eines bestimmten Geschehens, das mit Hilfe von Sprache erreicht wurde, mit dem Wissen um den Sprachprozeß, mit dessen Hilfe diese Übereinstimmung erreicht wurde.

Um diesen Zusammenhang an einem Beispiel zu demonstrieren, brauchte ich jetzt das Glas Wasser. Ich bat den zuvor ausgesuchten Seminarteilnehmer, mir ein Glas mit Wasser zu reichen. Er lächelte, als ich ihn aufforderte, und gab mir das Gewünschte. Unmittelbar darauf fragte ich die anderen im Raum: »Warum hat er mir eben das Glas Wasser gereicht?« Ich bekam die Antwort, die ich für diese Demonstration erwartete: »Weil Du ihn darum gebeten hast.« Sicher in meinem Wissen um den wahren Grund, nämlich die getroffene Absprache, stellte ich ihm nun die Frage: »Warum hast Du mir das Wasser gereicht?« – Die Antwort: »Als ich die von Dir angekündigte Frage hörte, dachte ich zuerst, was wird der Georg jetzt wohl machen, wenn ich ihm kein Wasser reiche. Doch dann bekam ich Mitleid mit Dir. Ich wollte Dich nicht hängen lassen.« Auf diese Weise wurde die Demonstration über den Irrtum in der natürlichen Logik gleich doppelt bewiesen: Er gab mir das Glas Wasser weder, weil ich ihn darum gebeten hatte, noch, weil ich es vorher mit ihm so abgesprochen hatte. Er gab es mir, weil wir vorher darüber gesprochen hatten, ich die verabredete Frage stellte und er nach dem ersten Einfall, mir den Wunsch nicht zu erfüllen, Mitleid mit mir bekam! Letzteres war eine auf die Zukunft bezogene Absicht. So hat die Zukunft (in Gestalt der Absicht) eine Botschaft in die Vergangenheit (in Gestalt eines Grundes) gesandt, um in der Gegenwart eine ganz spezifische Handlungsweise zu generieren.

Das Labyrinth der Gründe

Um Gründe für ein konkretes Handeln zu erforschen, müssen wir die Vergangenheit betrachten. Stellen Sie sich einen großen Vorraum mit vielen verschlossenen Türen vor – dieser entspricht der Vergangenheit, in der Sie nach einem spezifischen Grund suchen wollen. Durch welche Türe wollen Sie eintreten? Schließlich entscheiden Sie sich für eine ganz bestimmte. Nachdem Sie den dahinterliegenden Raum betreten haben, entdecken Sie, daß auch in ihm viele Türen in andere Räume führen. Nach einem verursachenden Grund zu suchen kommt dem Versuch gleich, sich während eines Sandsturms in einer Wüste orientieren zu wollen. Wir täuschen uns, wenn wir so tun, als gäbe es einen einzigen, schlüssigen Grund für ein bestimmtes Handeln.

Um meine Klienten von der Suche nach Gründen abzuhalten, schlug ich zuweilen gleich bei der ersten Begegnung den ›Weg der inneren Bereicherung‹ ein. Unmittelbar nach der Begrüßung leitete ich meine Klienten an einen Platz und stellte gleich die Frage nach dem Grund ihres Kommens. Noch bevor sie mit ihrer Erzählung fertig waren, unterbrach ich sie und entschuldigte mich für meinen Irrtum, ihnen den falschen Platz zugewiesen zu haben. Nachdem wir die Plätze getauscht hatten, wiederholte ich meine Frage nach dem Grund. Wieder unterbrach ich die Rede nach einiger Zeit und bat dann, auf dem Teppich Platz zu nehmen. Jetzt fragte ich ein drittes Mal nach dem Grund. Meistens ergab sich die Lösung von selbst: Die Klienten hielten irgendwann von selbst inne, um anzumerken, daß sie mir nun drei verschiedene Geschichten angeboten hätten. An dieser Stelle erkundigte ich mich, ob die drei unterschiedlichen »Gründe« mit dazu beigetragen hätten, daß sie mich aufsuchten. Bisher wurde mir immer bestätigt, daß jeder der genannten Gründe mit beteiligt war. Aber eben nur mit beteiligt. Der ›Platzwechsel‹ hatte den Zweck, die körperliche Organisation, die zum Aufrechterhalten eines Grundes geschaffen war, aufzulösen.

Wem nutzt schon auf Dauer ein
Zweck ohne Absicht?

So sehr uns die unentwegte Beschäftigung mit Gründen Handlungskraft entzieht, so wenig nachhaltig sind Handlungen, die einen Zweck ohne eine weiterführende Absicht verfolgen. Die hinter dem Zweck liegende Absicht verleiht einer Handlung den eigentlichen Sinn. Dieser Sinn ist uns nicht unbedingt immer bewußt. Gibt es ihn, bleiben wir im ›Flow‹.

Fehlt der Sinn in Gestalt einer weiterführenden Absicht, erleben wir innere Leere. Das können Menschen erleben, die einen Partner suchten, um zu heiraten – ohne mit diesem Wunsch eine weiterführende Absicht zu entwickeln. Das widerfährt Lotto-Gewinnern, die ein Leben lang spielten, um zu gewinnen, ohne in sich eine nachhaltige Absicht für die Zeit nach dem Gewinn entstehen zu lassen. Das ist das Schicksal von Rentnern, die viele Berufsjahre nur mit dem Wunsch zubrachten, endlich nicht mehr arbeiten zu müssen. Nach der Verrentung entdecken sie plötzlich eine gähnende Leere in sich. Der bloße Zweck einer Handlung entfaltet eine kurze Wirkungsweite.

Die Nachhaltigkeit einer Handlung erkennen wir an der Resonanz, die sie in uns und anderen auslöst. Erfolgreiche Verkäufer führen das Gespräch mit ihren Kunden, um zu verkaufen (Zweck). Die Absicht kann sein, in der Unternehmensstatistik einen der ersten Ränge zu belegen oder reich zu werden. Sobald sich diese Absicht erfüllt hat, beginnt wieder das Erleben innerer Unzufriedenheit. Gründe hierfür suchen wir in der Vergangenheit. Doch ist diese so vielfältig, daß einem einzelnen Grund Beliebigkeit anhaftet. Der Eintritt des Zwecks folgt der Handlung unmittelbar. Damit befindet er sich zeitlich in der unmittelbaren Zukunft oder der erweiterten Gegenwart. Die Absicht liegt in der Zukunft. Aber sie strahlt wie ein Stern, den wir zur Orientierung verwenden:

Gründe	Zweck bestimmt die Handlungsweise	Absicht wirkt auf die Ausdauer
Vergangenheit	**Gegenwart**	**Zukunft**

Absicht als System

Damit eine Absicht in uns nachhaltig Kraft entfaltet, sollte sie ein systemisches Wesen besitzen. Absicht als rein operative Größe ist nicht mehr als ein Zweck hinter dem Zweck. Ein Zweck entspricht in seiner Umsetzung einer Operation. Diese ist eine sehr spezifische, zielgerichtete, lösungsorientierte und zeitlich befristete Aktion. Im Unterschied dazu entwickelt ein System ein Eigenleben mit der Hauptaufgabe, sich selbst zu reproduzieren. Absichten, denen das Wesen eines Systems zu eigen ist, erledigen sich nicht. Sie produzieren immer wieder neue Beobachtungsrichtungen, neuen Sinn. Solche Absichten führen uns, solange wir mit uns selbst identisch sind.

Wenn Sie einen Beruf ergreifen möchten, in dem Sie mit Ihren Fähigkeiten auf einem bestimmten Gebiet immer weiterwachsen und dadurch mit Menschen weltweit zusammenkommen, verleihen Sie Ihren beruflichen Tätigkeiten eine weiterführende Absicht. Die einzelne Handlung wird immer wieder (meistens unbewußt) auf ihren Nutzen für die Absicht geprüft:»Wenn ich diese Tätigkeit ausübe, welche Fähigkeiten gewinne ich dadurch? Komme ich dadurch mit Menschen in anderen Teilen dieser Erde zusammen?« Jede geplante Aktion wird auf ihren Zweck geprüft. Paßt der Zweck zur Absicht, ist der Vollzug der Aktion sehr wahrscheinlich.

›Tatsache‹ – wie eine Tat zur Sache gemacht wird

Sollten ›Ursachenforschungen‹ erforderlich sein, erweist es sich als hilfreich, zu klären, was noch dazu beigetragen haben könnte, daß etwas so eintrat, wie es beobachtet wurde. Zuweilen erkennen wir das Ereignis sehr unvollständig. So beobachtete ein Abteilungsleiter seine Sekretärin durch die geöffnete Tür, wie sie ihn anschaute, sich umdrehte und ihren Arbeitsraum sehr schnell verließ. Verwundert fragte er sich, warum sie vor ihm weglief. Bei nächster Gelegenheit stellte er ihr die Frage, was an ihm denn so schrecklich sei, daß sie vor ihm davonlaufe. Zunächst verstand sie ihn nicht. Als er die Situation zeitlich genau benannte, fiel ihr ein, daß sie plötzlich an das kochende Wasser in der Teeküche gedacht hatte. Sie ist in die Teeküche gelaufen, um einen Tee aufzubrühen. Sie ist nicht vor ihrem Chef weggelaufen.

Sobald Sie damit begonnen haben, Ihre Gedanken zu beobachten, werden Sie möglicherweise erstaunt darüber sein, wie viele Einbildungen Ihr Gehirn so vor sich hin produziert. Untrainiert neigen wir dazu, unterstellend zu operieren. Mit etwas Übung wechseln wir in den Beobachtungs- und Fragemodus. Die so erlebte Wirklichkeit unterscheidet sich nachhaltig von der zuvor erlebten. Diese Betrachtung geht auch einher mit dem, was wir üblicherweise als Tatsachen oder als Fakten bezeichnen. Fakt stammt vom lateinischen Verb facere ab, zu deutsch: machen, tun. Geistig wandeln wir ein Geschehen (die Tat) in eine Sache um, indem wir es zunächst mit einem klaren Anfang und Ende versehen und dann sprachlich verdinglichen.

Bei dieser Tatsachenbildung kann es unserem Bewußtsein entgehen, daß Anfang und Ende einer bestimmten Handlung von uns willkürlich gesetzt wurden. Im obigen Beispiel der Sekretärin wird die »Tatsache der vor ihrem Chef flüchtenden« durch die »Tatsache der zum kochenden Teewasser laufenden« Sekretärin ersetzt. Mit der Änderung der Beobachtungsweite ändert sich auch die Tat! Die Beobachtungsweite verändern Sie beispielsweise mit der Beantwortung folgender Frage an sich selbst: »*Was habe ich ausdrücklich nicht beobachtet, um nur das zu sehen, was ich sah?*«

Die Ohnmacht des Objektiven

Damit kommen wir zu einem weiteren Aspekt sogenannter Tatsachen: Wir wünschen uns, daß andere eine Tatsache genauso verstehen wie wir. Verstehen in sozialen Zusammenhängen ist aber immer ein Vorgang des Interpretierens. Interpretieren heißt,

dem Wahrgenommenen eine persönliche Bedeutung zuzuord-
nen. Persönlich bedeutet, auf eigene Erlebnis- und Bewertungs-
strukturen zuzugreifen, aktuell Wahrgenommenes mit früheren
Wahrnehmungen abzugleichen. Verstehen ist subjektiv. Wir
können von ›objektiven Tatsachen‹ reden, aber wir können sie
nicht als solche erkennen. Welcher Nutzen haftet aber einer
›Objektivität‹ an, die lexikalisch als »Darstellung unter größt-
möglicher Ausschaltung des Subjektiven« beschrieben wird?

Tatsachen mit Zusatznutzen erfinden

In diesem Prozeß der Tatsachenbildung stecken auch Chancen.
Studentinnen und Studenten bekamen die Aufgabe, die Durchführung ihrer eigenen Prüfung (Tatsache) vorzubereiten: Sie
sollten zu zweit jeweils ein Thema einer Vorlesungsreihe so
vorbereiten, daß die Prüflinge ihre Fähigkeit unter Beweis stellen konnten, die behandelten Themen in weiteren Kontexten
anzuwenden. Die Qualität der Prüfer würde sowohl an der
Auswahl und inhaltlichen Vorbereitung der Prüfungsaufgabe
als auch an der Weise gemessen, wie sie die Prüflinge bei Nicht-
verstehen an die Aufgabe heranführen würden. Eine Studentin
erkundigte sich, ob dann auch die Prüfer eine Benotung erhiel-
ten. Nachdem ihr das bestätigt wurde, rief sie aus: »Dann sind
die Prüfer ja die Geprüften!«

Vorsicht – Anpassung endet nicht!

Stellen Sie sich manchmal die Frage, ob Sie sich in bestimmten
Situationen genügend angepaßt haben? Zuweilen wird Anpassung gar als Methode der Evolution angepriesen. Dahinter
steht die Vorstellung, daß bei genügender Berücksichtigung
von Umweltfaktoren der Erfolg einer Aktion gesichert ist. Je
mehr sie für sich klären, wie sie sich anzupassen haben, desto
schwieriger wird es sein, eine konkrete Handlung durchzuführen. Dem Prozeß der Anpassung haftet ein besonderer

Umstand an: Die Anpassung wird nie reichen. Dieselbe Konstellation wie beim Ausmachen eines alleinigen Grundes: ein Grund allein wird eine ›Situation‹ nicht zufriedenstellend erklären.

»Ich nahm das grüne Kleid aus dem Schrank und fragte meine Mutter, ob es mir noch stehe und ich es zum Empfang anziehen könne?«, erzählte eine junge Unternehmerin. »Meine Mutter erwiderte mir, ich könnte dieses Kleid selbstverständlich noch anziehen, aber nicht ausgerechnet zu diesem Empfang. Zu diesem Anlaß sei es nicht elegant genug. Als ich ihr ein dunkles Kostüm zeigte, meinte sie, ich würde doch nicht auf eine Beerdigung gehen. Schließlich entschied ich mich, meine Boutique anzurufen, um mir etwas Passendes auszuwählen. Da giftete mich meine Mutter an und sagte: ›Du wirst in Deinem Kleiderschrank doch wohl etwas Passendes finden. Oder willst Du wieder einen von Deinen Frustkäufen tätigen?‹ – Nie kann ich es dieser Frau recht machen.« Die letzte Aussage beschreibt auf treffende Weise, welche Einstellung der Anpassung zugrunde liegt: Mit ihr wollen wir es anderen Personen oder Umständen recht machen. Die Gelegenheiten, in denen wir so handeln, sollten von uns sehr streng und kritisch ausgewählt sein.

Mit Anpassung liefern wir uns an Kriterien aus, die außerhalb unserer selbst liegen. In der Evolution ist ein anderes Geschehen beobachtbar: In der Natur gibt es so viele Überlebensversuche wie erforderlich. Die, die zum Erfolg führen, behalten so lange ihre Gültigkeit, wie sie das Überleben sichern. Statt sich anzupassen, wird die Gangbarkeit von Wegen ausprobiert. Dieser Prozeß ist bei einer hohen Vielfalt an Möglichkeiten effizienter und ökonomischer als die Anpassung. Mit dem ›Konzept der Anpassung‹ versuchen wir, das Risiko des Nichtgelingens zu minimieren. Mit dem ›Konzept der Gangbarkeit‹ gehen wir direkt auf ein Ziel zu und weichen der Chance neuer Erfahrungen nicht aus.

Wer kompromittiert sich schon gerne selbst?

Ein weiteres Handlungskonzept, dem in manchen sozialen Gruppierungen die Qualität eines Wertes an sich eingeräumt wird, ist die Fähigkeit zum Kompromiß. Dieses Wort leitet sich etymologisch aus dem lateinischen Verb *compromittere* ab, dessen Bedeutung ›übereinkommen‹ aber auch ›sich gegenseitig versprechen‹ oder ›einen Schiedsspruch durch einen Dritten abzuwarten‹ heißt. Im französischen Verb *compromettre* finden wir denn auch unser deutsches Verb *kompromittieren*. In einfaches Deutsch übertragen heißt es ›bloßstellen‹. Die zunächst freundlich und ausgewogen wirkende Übereinkunft trägt in sich die nicht mehr so angenehm empfundene Bloßstellung: Zwei Parteien treffen eine Übereinkunft, die auf beiden Seiten von ihrer ursprünglichen Absicht wesentlich abweicht. Die Folge dieser Abweichung ist das Erleben einer Bloßstellung. Die Frage lautet, wie lange diese Übereinkunft von beiden Parteien aufrechterhalten wird.

In den Verhandlungen zwischen Israelis und Palästinensern können wir nun schon über Jahrzehnte beobachten, daß mit Kompromissen keine tragfähigen politischen Lösungen zu erreichen sind. Immer dann, wenn eine Partei das Gefühl hat, sie hätte zu viel von ihrer ursprünglichen Absicht aufgegeben, wird sie offen oder verdeckt alles unternehmen, um das Ergebnis der Übereinkunft wieder zu verrücken. Der Kompromiß hält nicht mehr. Die erreichten Ergebnisse werden nicht gewürdigt. Das Gefühl, nachgegeben zu haben, zwingt jede Partei in ihre Ausgangsposition zurück. Statt eine gute Lösung zu gewinnen, wurde ein alter Konflikt verschärft. Kompromisse sind vorstellbar und können nützlich sein, wenn ihre zeitliche Geltung, also die Wirkungsdauer, sehr kurz befristet ist.

Gangbarkeit in Verhandlungen

Geht es uns um Verhandlungsergebnisse mit nachhaltiger Wirkung, werden wir uns auf einen Prozeß einlassen müssen, der aufwendiger ist. Neue Entscheidungen zu erarbeiten erfordert eine Arbeits- und Geisteshaltung,

- die auf bloßstellende Übereinkünfte mit anderen und sich selbst von vornherein verzichtet,
- die bei Erkennen wesentlicher Unterschiede in den Auffassungen beider Verhandlungsparteien lediglich die beiden Positionen zur Kenntnis nimmt,
- die dann dem Erkannten Raum für ungestörtes Nachwirken im eigenen Geist läßt und
- erst zu einem späteren Zeitpunkt eine neue Position entwickelt (diese wird von der Absicht gelenkt, mit der anderen Partei ein gemeinsames Ergebnis zu entwickeln),
- die Entscheidungen verlangt und mit ihnen an die Grenze geht, um auszuprobieren, was geht und was nicht geht,
- die erlaubt, daß Fehler möglich sind, und
- die schließlich beachtet, daß alles Gewollte nur ungefähr richtig sein kann.

Das Ergebnis solchen Handelns ist verblüffend: Es kommen entweder nur ernstgemeinte Entscheidungen zustande, oder es gibt kein gemeinsames Ergebnis. Der Vorteil besteht darin, daß ein gemeinsam erzieltes Ergebnis umgesetzt, verwirklicht wird. Keine Verhandlungspartei hat das Gefühl, zu kurz gekommen zu sein, denn dieses Vorgehen läßt keinen Raum für Prestigespiele. In diesem Prozeß erkennen sich die beiden Parteien gegenseitig an, indem sie sich gegenseitig Informationen bieten und Unklares durch Fragen klären. Aber sie versuchen nicht, sich gegenseitig zu überzeugen. Im Verhandlungsprozeß selbst wird durch den Verzicht auf Diskussion das Thema nicht zerredet. Diskutieren entzieht einem Prozeß die meiste Energie. So aber bleiben die Parteien, jede für sich, zentriert und gewinnen aus dieser Sicherheit am ehesten eine gemeinsame Zentrierung für die Lösung der anstehenden Aufgabe.

Ohne Körper kein Streit

Die hier angebotene Anleitung zu einer neuen Entscheidungs-
findung resultiert u. a. aus der Beobachtung des Streit- und
Diskussionsprozesses aus neurologischer Sicht: Je größer der
Streitwert des Diskussionsgegenstandes, desto größer wird die
Ausschüttung von Hormonen wie Adrenalin. Diese bewirken
im Gehirn die Aktivierung der Strukturen, die für Flucht oder
Angriff zuständig sind, also reiner Überlebensfunktionen.
Gleichzeitig werden Verbindungen zum Bereich des Vorder-
hirns unterbrochen. Letzterem wird die Fähigkeit abstrakten
Denkens zugerechnet, und damit dem Entwickeln völlig neuer
Lösungen.

Je intensiver um einen Kompromiß gestritten wird, desto
mehr verlieren die beteiligten Gehirne zwei Fähigkeiten: Zum
einen werden von der Gegenseite angeführte Informationen,
Argumente und Kriterien nicht mehr wahrgenommen. Zum
anderen können sie beim Erarbeiten einer optimalen Lösung
auch nicht berücksichtigt werden.

Lassen wir hingegen neue Informationen und Argumente
auf uns wirken, leistet das Gehirn selbsttätig eine Vernetzungs-
arbeit, die sowohl unserem Sicherheitsbedürfnis als auch dem
Erkennen neuer und praktikabler Lösungswege dient. Wurde
auf diese Weise keine Übereinkunft gefunden, sind folgende
Fragen zu beantworten:

· ob das Thema richtig gewählt wurde oder
· ob es überhaupt eine Gemeinsamkeit bei diesem Thema geben muß.

Zuweilen ist es besser, für sich alleine einen Weg zu beschreiten, als eine scheinbare, gemeinsame Lösung anzustreben und
keine Wirkung zu entfalten. In der Entscheidungsfindung geht
es nicht nur darum, sich immer wieder auf den kleinsten gemeinsamen Nenner zu einigen. Vielmehr sind für alle Seiten
akzeptable Entscheidungen zu erarbeiten und der gangbare
Weg (heraus)zufinden.

Die Schnecke des Erfolgs

Haben Sie schon einmal etwas vom ›Prinzip der Schnecke‹ gehört? Wenn nicht, dann machen Sie sich nichts daraus. Mir wurde es bislang auch noch nicht präsentiert. Trotzdem will ich Sie mit diesem Prinzip vertraut machen. In unserer Gesellschaft machen wir uns bei manchen Gelegenheiten einen Spaß daraus, die geringe Bewegungsgeschwindigkeit dieses Tieres als Synonym für Erfolglosigkeit zu bemühen. In vielen Situationen kommt es darauf an, zum rechten Zeitpunkt eine Entscheidung umzusetzen. Doch hat das nicht notwendigerweise etwas mit hoher Geschwindigkeit zu tun. Es kommt mehr darauf an, den ›rechten Zeitpunkt‹ zu treffen. Der ›rechte Zeitpunkt‹ ergibt sich durch die angemessene Kommunikation eines Vorhabens. Wie gut uns das gelingt, hängt mehr mit der Qualität unserer Beobachtung als mit Atemlosigkeit zusammen. Zur Beobachtung zähle ich in diesem Zusammenhang auch unser Gespür für Abläufe oder das, was wir als Instinkt bezeichnen.

Es geht nicht darum, die Schnecke als neues Symboltier für erfolgreiche Unternehmen zu etablieren, sondern darum, gewöhnliche Tätigkeiten außergewöhnlich gut, also nachhaltig auszuüben. Nachhaltig heißt wirkungsvoll und entschieden. Zentimeter um Zentimeter legt die Schnecke ihren Weg zurück. Nur wenige Hindernisse können sie aufhalten. Blatt um Blatt frißt sie auf. Sie scheint nicht zu fragen, ob sie ein gutes oder ein schlechtes Blatt bekam. Sie arbeitet sich auf die für sie beste Weise fort und fort.

Kommentare – Abführmittel für die eigene Kraft

Was kann uns am wirkungsvollsten ›aus den Schuhen hauen‹? Das, was Mitbewerber über uns kritisch äußern? – Wohl kaum. Aber Sie beginnen es zu ahnen: Es sind die Kommentare der Menschen, die nur unser Bestes wollen. Betrachten wir einen Kommentar genauer, können wir folgendes ausmachen: Wir lassen Menschen in unsere Nähe, die unser Handeln ständig besserwisserisch bewerten. In Kommentaren steckt die Anmaßung. Wenn Sie die Meinung anderer Menschen für wichtig halten, beantworten Sie sich die Frage, wozu genau Sie diese Antwort benötigen. Und operieren Sie ruhig auch hier mit der Frage nach der weiterführenden Absicht zum ausgewiesenen Zweck.

In einer Arbeitssitzung stellte mir ein Unternehmer sein Konzept für ein Joint Venture in Asien vor. Dann fragte er mich, was ich davon hielte. Nach kurzer Überlegung stellte ich ihm meine Antwort in Aussicht, sobald er mir beantwortet hätte, wozu er meine Meinung benötige. Verwundert erwiderte er, schließlich sei ich doch sein Berater. Darauf wollte ich wissen, wie er damit umgehen würde, wenn ich ihm nun erzählen würde, daß ich sein Konzept für ungeeignet hielte. Da platzte es aus ihm heraus: »Das können Sie doch gar nicht beurteilen.« »Und wozu wollen Sie dann meine Meinung hören?«, fragte ich weiter. Nach kurzer Pause erklärte er mir: »Ich glaube, ich wollte von Ihnen gelobt werden. Aber dafür bin ich ja gar nicht bei Ihnen.« Wollen Sie also die Meinung oder die Beobachtung anderer, formulieren Sie, was genau Sie von ihnen benötigen.

5 Über Glück und andere unglückliche Umstände

Haben Sie schon einmal Glück gehabt? Oder haben Sie bei anderen beobachtet, daß sie Glück hatten? – Was genau befand sich in solchen Situationen im Zentrum ihrer Wahrnehmung – das glückliche Ergebnis oder der Weg dorthin?

Im Mittelhochdeutschen wurde mit dem Wort ›gilukki‹, als Vorstufe zum heutigen ›Glück‹, in der Zimmermannssprache die Lücke zwischen Dielen beschrieben. Ein gutes ›Gelücke‹ bedeutete, daß zwei Dielen fast fugenlos zueinander paßten. Die Frage ist, wie es kommt, daß zwei Dielen so zueinander passen? Wartet man, bis das Holz so gewachsen ist, oder bearbeitet man das Holz entsprechend. »Jeder ist seines Glückes Schmied«, auch dieser Spruch aus dem Volksmund kann so verstanden werden, daß Menschen etwas für ihr Glück tun können.

Ein kosmisches Geschenk?

Es scheint eine Frage der Einstellung zu sein, wie wir Glück erfahren. Wer es als von außen kommendes Ereignis erleben möchte, wartet, bis es vom Himmel fällt oder sich fügt. Wer Glück als Ergebnis auch seiner eigenen Leistung sehen möchte, setzt sich hin und ›macht‹ sein Glück. Diese Einstellung ist für die eigene Autonomie sicherlich förderlicher. Die Erfahrung von Glück kann entweder ungläubig konsumierend sein, oder der Glückliche erfreut sich am Gelingen seiner eigenen Leistung. Im ersten Fall kann dies dazu führen, daß wir uns eines Glücks nicht wert oder würdig genug erachten. Im zweiten Fall wird die Inanspruchnahme ihres Glücks vielen Menschen auf Dauer leichter fallen.

Das Glück ist eine schmale Ritze

Mit dieser Betrachtung können wir uns auch der »glücklichen Fügung« zuwenden. Die Fügung stammt von der Fuge, im Sinne einer schmalen Lücke. Die Lücke kennen wir schon, siehe das Gelücke. Entweder »es hat sich gefügt« oder »ich habe mich gefügt«. Sich selbst zu fügen entspricht Demut. Derjenige, dem dies zu moralisch klingt, kann das Bild verwenden, sich einer Ordnung des Gelingens zu unterwerfen. Die Ordnung beschreibt eine einzuhaltende Abfolge (etymologisch aus dem lat. Verb *ordinare* zu deutsch ›in Reihe bringen‹). Das Gelingen entspricht dem Einhalten oder Beachten vorgegebener Regeln. Einzuhaltende Abfolgen haben nichts mit angenehm oder unangenehm, nichts mit gut oder schlecht zu tun. Reihenfolgen entsprechen unserer Fortbewegung, eins nach dem anderen. Auch hier können wir das »Prinzip der Schnecke« wiedererkennen.

Sprachlich faszinierend im Hinblick auf ›Glück‹ und ›Fügung‹ ist für mich folgendes:

- Unsere Sprache beschreibt bereits mit der Geschichte des Wortes ›Glück‹, worum es dabei im einzelnen geht.
- Glück und Fügung werden in räumlichen Dimensionen beschrieben – Räume mit sehr geringen Ausmaßen!
- In beiden Fällen gibt es die Möglichkeit eines aktiven Eingreifens – durch das Bearbeiten eines Werkstoffes und durch das ›Sich-(Ein)fügen‹ durch Beachtung von Regeln, die beobachtet werden.
- Räume mit geringem Umfang, die durch Gestaltung entstehen, sind sehr spezifisch – auf den Gestalter zugeschnitten.
- Glück ist eine sehr persönliche Dimension, die selten einfach auf andere Menschen paßt.

Die Macht des Schicksals liegt nicht in seinem Absitzen

Nehmen wir diese Perspektive ein, erweitern wir unser Repertoire entscheidend, mit ›Glück‹ und auch mit Schicksal umzugehen. Wir müssen nicht mehr abwarten, bis uns Glück widerfährt oder sich etwas für uns fügt. Statt unser (vermeintliches) Schicksal abzusitzen, können wir unsere Aufmerksamkeit darauf richten, herauszufinden, um welche Lücke oder Fuge es sich in unserem Fall handelt. Denn das Schicksal anzunehmen bedeutet, die mit ihm verknüpften Aufgaben aufzunehmen und sie zu lösen. Lösungen gehen meistens schnell – aber sie werden oft als weniger angenehm erlebt als die vertraute eigene Tragik.

Vertraute Tragik hat ein hohes Beharrungsvermögen

Die verheiratete Mutter eines fünfjährigen Kindes will ihre berufliche Tätigkeit wiederaufnehmen. Sie sieht sich aber durch einige widrige Umstände daran gehindert: Ihr Mann ist selbst berufstätig und will seinen Beruf nicht aufgeben. Das gemeinsame Kind ist selbständig und will unter Kindern sein. Die Eltern der Frau wohnen etwa zweihundert Kilometer entfernt und stehen als konstante Betreuer nicht zur Verfügung. Anderen Erwachsenen (als dem Ehemann und ihren Eltern) traut sie einen angemessenen Umgang mit ihrem Sohn nicht zu. Der Kindergarten findet nur vormittags zwischen 7.30 und 13.00 Uhr statt. Sie sucht professionellen Rat. Als der Therapeut sich erkundigt, ob sie sich unter den Eltern der anderen Kindergartenkinder nach einer Betreuung umgeschaut hätte, entgegnet sie: »Daran habe ich auch schon gedacht. Aber das wird nicht gehen. Die haben mit ihren eigenen Kindern genug am Hals. Da werden sie meinen Sohn nicht auch noch haben wollen.« – »Haben Sie denn mit anderen Eltern schon gesprochen?« fragte der Therapeut nach. »Das kann ich mir schenken. Die Antwort kenne ich auch so. Und überhaupt brauchen andere im Kindergarten nicht zu wissen, daß ich für meinen Sohn eine Hilfe brauche. Das geht niemanden etwas an«, antwortet sie. Nach einer kleinen Pause lacht sie der Therapeut an: »Wollen Sie auch in anderen Situationen Hilfe, ohne sich helfen zu lassen? – Ihre Berufstätigkeit wiederaufzunehmen ist in Ihrer jetzigen Lebenssituation etwas Neues. Wenn Sie etwas Neues wollen, müssen Sie auch etwas Neues machen. Und diese Entscheidung kann Ihnen niemand abnehmen.«

Ökonomische Handlungsmuster, sogenannte Strategien, sind weitaus häufiger als angenommen nach ähnlichen Kriterien gestrickt: ›Bewährte Rezepte‹ sollen unter geänderten Bedingungen neue Ergebnisse gewährleisten. Wie wenig dies Erfolge fördert, läßt sich zu Beginn dieses neuen Jahrtausends an großen Unternehmen beobachten, die auf die Fortentwicklung eigener Strategien verzichteten. Stattdessen hofften die Unternehmensführer dieser Gesellschaften auf die Magie der Rezepte von Unternehmensberatern. Doch Rezepte beschreiben auf Dauer nur die Tragik eigener Einfallslosigkeit. Gute Köche bereiten ihre Speisen äußerst selten mit Hilfe von Rezepten. Sie kreieren neue Menüs, nicht selten auf der Grundlage vorhandener Vorräte.

Wenn Ihnen im Leben etwas nicht gelingen will, beobachten Sie erst genau, wie Sie es machen. Und dann machen Sie es anders, auch wenn es Ihnen zunächst sehr ungewohnt vorkommt.

Glück ist nicht ›gut‹ – Glück ist ein Werk

Ein Unternehmer schilderte mir seinen Erfolg mit den Worten: »Wissen Sie, ich war nicht besonders gut oder so. Ich habe einfach nur Glück gehabt.« Eine halbe Stunde später erzählt er von seinem aktiven Beitrag zum Glück: »Ich war in meinem Leben immer wieder sehr gefährdet. Ich meine dadurch, von anderen ins Irrenhaus gebracht zu werden. Wenn ich anderen geschäftliche Verträge anbot, schauten sie mich wie einen Verrückten

an. Sie sahen nämlich nicht, was ich sah. Ich war immer einen
Schritt weiter.« Noch ein wenig später gab er einen weiteren
Hinweis auf seinen Erfolg: »Ich wollte kein anderer sein. Ich
wollte andere nicht kopieren. Ich wollte nicht in das vorgefer-
tigte Bett.« Als ich mich mit diesem Unternehmer unterhielt,
war er siebzig Jahre alt. Vor ca. 25 Jahren war er mit 25 000
Dollar gestartet – geliehen vom Schwiegervater. Vor einem Jahr
hatte er sein Unternehmen für einen mehr als tausendfach
höheren Betrag verkauft, um sich weiteren Unternehmungen
zu widmen – mit Erfolg, versteht sich.

In aller Einfachheit beschrieb mir dieser Mensch, wie er sein
Glück wahrnahm. Er nannte seinen ›roten Faden‹ im Leben
»gnadenloser Erfolg durch Leistung«. Er beobachtete, bis er die
eigene Fuge fand. Er behielt Risiken im Blick, ohne sich der
Vorstellung ihrer möglichen Folgen zu unterwerfen. Er sah
mehr und weiter, wenn er mit anderen über konkrete Vorhaben sprach. Er wollte nur er selbst sein. Er entwickelte sein
Maß. Wie auch in Gesprächen mit anderen Menschen, die für
sich erfolgreich leben, konnte ich bei ihm beobachten: Er
nahm sein Glück mehr wahr, als daß er es erlebte. Er nutzte
beide Funktionen der Wahrnehmung – erkennen und im Sinne
des Erkannten handeln. Dagegen entspricht ›Erleben von
Glück‹ eher einem prickelnden Genießen. Dieses landläufige
Erleben darf es natürlich geben, nur erschöpft sich Glück nicht
in ihm. In diesem Sinn ist Glück auch kein Synonym für wirtschaftlichen und persönlichen Erfolg. Glück entspricht eher
einem wahrnehmenden Handlungssystem, der zuvor erwähnten ›Poesis‹. Ein Werk, das nicht danach fragt, ob die Aufgabe
angenehm oder unangenehm ist. Ein Werk, das vollbracht werden muß, und dadurch gelingt. Glück ist nicht gut, Glück ist
gelungenes und gelingendes Gestalten.

Wahrheit ist so wahr, wie die Tatsache eine Sache ist

Wahrnehmung hängt mit Wahrheit zusammen. Und die benennen wir gesondert, um der Lüge eine Funktion einzuräumen. Ein Interview mit Heinz von Förster, einem Physiker, der wichtige Beiträge zur Erkenntnistheorie und zum Konstruktivismus leistete, ist in einem Buch abgedruckt, das den Titel »Wahrheit ist die Erfindung eines Lügners« führt. Gemeint ist die Wahrheit, die für alle gleichermaßen gelten soll. Verwenden wir beide Begriffe – Wahrheit und Lüge – als amoralische Funktionsbenennungen, können wir mit ihnen zwei Prozesse beschreiben. Die Wahrheit wäre dann das, was eine Person als wahr annimmt. Wir finden diesen Ablauf in einer substantivierten Form in dem Begriff *Wahr-nehmung,* als wahr annehmen. Mit Hilfe unserer Sinne nehmen wir Informationen von außen auf. Diese vergleichen wir mit bereits Erfahrenem. Je größer die Übereinstimmung zwischen alt und neu, desto wahrscheinlicher und wahrer wird die neue Information.

In dieses Spiel unserer Neuronen greift zusätzlich ein weiterer, komplexer Prozeß ein – die eigenen Grundüberzeugungen. Auch unsere Stimmungen nehmen Einfluß auf das, was wir als wahr oder unwahr bezeichnen. Die eigentliche Schwierigkeit im Umgang mit ›Wahrheit‹ besteht aber darin, daß es eine Wahrheit an sich gar nicht gibt. Denn alles soeben Beschriebene spielt sich in jedem Menschen auf je eigene Weise ab. Die Erfahrungen des einen Menschen sind nicht identisch mit denen eines anderen.

Diese Erkenntnis ist alles andere als neu. Das Wort *wahr* führt etymologisch sowohl ins Germanische wie ins Griechische und schließlich ins Indogermanische. Es hat die Bedeutung von *achten* (beachten, behüten), später von *Vertrauen, Treue* und *Zustimmung,* oder von *Gefallen, Gunst* und auch *Versprechen, Verpflichtung* und *Vertrag.* Diese unterschiedlichen Zuordnungen verraten, wie ungewiß das Wahre für unsere Vorfahren im gesamten indogermanischen Sprachraum war. Man mußte damals vertrauen, die Treue halten oder sich vertraglich verpflichten, um etwas nicht Eindeutiges als Eindeutiges zu behandeln. Um das Wahre, zu dem sich Menschen vertraglich verpflichten, für andere Menschen ebenso zwingend zu machen, bedarf es der Moral. Sie sorgt für einen durchsetzbaren Anspruch auf Anerkennung dessen, was wahr sein soll. Wahr ist, worauf sich Menschen ›als zutreffend‹ einigen. Damit ist wahr nicht gleichzusetzen mit ›richtig‹ und ›zutreffend an sich‹.

Gesellschaftliche Wahrheiten werden vereinbart

Wir handeln mit persönlichen Wahrheiten. Im Zusammenleben reicht dies nicht aus, und so treffen wir Vereinbarungen. Diese Vereinbarungen kommen auf unterschiedlichste Weise zustande – über Kultur, Gesetze, Rituale etc. Doch Vereinbarungen sind keine Wahrheit an sich. Wer aber überzeugt ist, die ›Wahrheit an sich‹ zu kennen, möchte diese Gewißheit mit anderen teilen. Wenn erforderlich, müssen diese anderen Menschen missioniert werden. Ihnen wird die Botschaft der Wahrheit überbracht – soweit nötig auch mit Gewalt. Das Konzept einer ›Wahrheit an sich‹ ist ein nicht nur subtiles Herrschaftsmodell, das dem entgegensteht, was wir ›liberal‹ nennen. Solche Wahrheit zieht die Bildung einer Ideologie nach sich: »Ich weiß, was für Dich gut ist.« Und wer nach ›der‹ Wahrheit sucht, versperrt sich den Blick auf die eigene Wahrheit und verhindert damit das Erkennen des Unwahren oder Noch-Nicht-Wahrgenommenen.

Die Schnittstelle zwischen Wahrheiten heißt Lüge

Vor diesem Hintergrund können wir die Lüge betrachten. Zum einen bezeichnen wir damit die bewußte Täuschung eines anderen Menschen. Weitaus häufiger aber unternehmen wir mit der Lüge uns selbst gegenüber den Versuch, zwei für uns nicht miteinander vereinbare Erfahrungen oder Gedanken doch in eine Übereinstimmung zu bringen. Das Grundmuster der ›Lüge‹ besteht in der Erfindung einer ungeeigneten ›Schnittstelle‹ zwischen zwei Wirklichkeiten. Solange wir aber behaupten, diese Schnittstellen seien geeignet, nutzen wir sie weiter. Ohne Rücksicht darauf, ob wir oder andere sie als ungeeignet entlarvt haben.

Ein verheirateter Mann erzählte mir, wie wichtig ihm seine Ehe sei. »Bei meiner Frau kann ich mich immer wieder aufladen. Na ja, manchmal gehe ich auch mit einer anderen ins Bett, aber das hat nichts mit meiner Ehe zu tun.«, blinzelte er mir zu. »Sondern?« fragte ich ihn. »Meine Frau kriegt das ja nicht mit, wenn ich fremdgehe. Ich glaube, ich entlaste sie damit sogar. Sex macht ihr gar nicht so viel Spaß«, antwortete er mir. Beide schwiegen wir. Schließlich erkundigte ich mich, wozu er mir das alles erzählte. Er schaute mir in die Augen und sagte: »Ich glaube aber, es macht mir etwas aus. Bislang dachte ich immer, daß es zwei verschiedene Personen sind, die nichts miteinander zu tun haben. Doch darum geht es ja gar nicht. Ich bin derjenige, der mit beiden Frauen eine intime Beziehung unterhält.«

Er beobachtete plötzlich die Unvereinbarkeit beider Wirklichkeiten bei *sich* und nicht, wie gesellschaftlich üblich, zwischen sich und anderen. Wenn wir sagen, daß wir »fremdgehen«, richten wir unsere Aufmerksamkeit regelmäßig auf andere Personen, denen und mit denen wir angeblich fremdgingen. Dadurch entgeht uns das Offenkundige: das Fremde entsteht in uns – uns selbst wird etwas fremd. Die Schnittstelle, mit der dieser verheiratete Mann versuchte, zwei für ihn nicht vereinbare Wirklichkeiten in Einklang zu bringen, war das Verlegen der Aufmerksamkeit von sich auf die Beziehung zu den beiden Frauen. Er tat dann so, als würde er einer der beiden fremd werden. Das Fremde aber war sein eigenes Erleben zweier Wirklichkeiten.

Auch die Wirklichkeit ist eine Deutung

Die Wirklichkeit können wir als die Deutung eines Prozesses verstehen. Eben als das, was in uns wirkt. Diese Deutung erfolgt immer subjektiv über die Beantwortung der Frage, was dieser Prozeß für die fragende Person bedeutet. Im geschilderten Fall fehlte dem Mann ein Wert, der die Beziehung zu jeder der beiden Frauen für ihn sinnvoll erscheinen lassen konnte. Im Kapitel »Unbarmherzige Werte« finden Sie Anregungen, um Werte und ihre Wirkungen zu beobachten. Fände ›der Verheiratete‹ einen Sinn, würde dieser die Verbindung zwischen beiden Lebensbereichen herstellen. Die Lüge tut nur so, als ob ihr das gelänge.

Bleiben wir noch ein klein wenig bei dem, was wir als Wirklichkeit bezeichnen. Wir haben das Bedürfnis, alles Beobachtete in einer inneren Schlüssigkeit zu erkennen. Wenn wir diese Schlüssigkeit nicht erfinden können, erleben wir die Vielheit eigenen Wahrnehmens als Chaos, als ungeordnete Vielfalt. Dazu gehören besonders die Ereignisse, die ungefragt und von uns oft ungewollt einfach geschehen. Ihr Geschehen löst in uns beunruhigende Wirkungen aus. Richtig heißt es natürlich: »Ich beobachte etwas als ein Geschehen. Dieses von mir so Beobachtete nutze ich dazu, mich zu beunruhigen.«

Stellen Sie sich einen Schreibtisch vor. Auf ihm finden Sie einen Bildschirm mit Tastatur und Maus vor. Daneben ein Telefon, verschiedene Nachschlagewerke, eine Schreibunterlage, einen Ablagekorb und eine Tischuhr. Zusätzlich liegen heute noch verschiedene Dokumente sowohl am PC-Arbeitsplatz als auch auf der Schreibunterlage. Sie schauen sich den Arbeitsplatz an und denken: »Gut organisiert. Alles hat ausreichend Platz. Die Tischfläche ist für alle Utensilien groß genug. So könnte ich mir auch meinen Arbeitsplatz vorstellen.« Kaum haben Sie Ihren Gedanken zu Ende gedacht, tritt der Inhaber dieses Arbeitsplatzes zu Ihnen, wirft einen Blick auf ihn, rauft sich die Haare und stöhnt: »Oh, dieses Chaos auf dem Tisch. Ich halte das nicht aus.« Zwei Personen schauen sich denselben Tisch an. Die eine erfindet die Ordnung, die sie erkennen kann. Die andere erfindet das Chaos, das ihr so offensichtlich ist. Wir erfinden mit Hilfe der Art unseres Beobachtens und unserer Weise der Bedeutungsstiftung. Das heißt, wir erfinden aufgrund unseres Betroffenseins.

›Wahrscheinlichkeit‹ – die Rettung vor unserem Chaos?

Zu unseren Bemühungen, den Wirkungen dieses Chaos zu entgehen, gehören verschiedene Operationen, mit denen wir unser Leben vorhersehbar machen wollen. Dazu zählen das Erfinden von Begründungen für ein Geschehen wie auch Strategiebesprechungen, in denen wir das zukünftige Verhalten anderer auf irgendwelchen Märkten vorhersehen wollen. Das können aber auch Kategorisierungen von Menschen sein, mit denen wir uns die Sicherheit vorgaukeln, ihr Verhalten voraussagen zu können. Wir geben dabei generös zu, daß wir dieses Ziel nicht in jedem Fall erreichen, aber dieses Vorgehen einer recht großen Genauigkeit nicht entbehrt.

Bei all diesen Methoden spielt die Wahrscheinlichkeit eine große Rolle. In der Mathematik und den Naturwissenschaften versteht man unter Wahrscheinlichkeit den Grad der Möglichkeit bzw. Voraussagbarkeit (Prognostizierbarkeit) des Eintretens eines Ereignisses. Doch ist die Wahrscheinlichkeit eine trügerische Methode, in lebenden Systemen Vorhersagbarkeit zu gewinnen. Vor allem dann, wenn wir aufgrund sehr weniger Daten für einen ganz bestimmten Einzelfall eine zutreffende Aussage über die künftige Entwicklung gewinnen wollen. »Welches Sternzeichen ist sie? – Ach so, dann wird sie unserem Vorschlag nur mit großen Bedenken zustimmen« oder »Wo hat er studiert? – Na ja, dann wird er sich wohl in den theoretischen Konzepten seines Doktorvaters ergehen.«

Bemerkenswerterweise neigen wir dazu, folgende andere Operation zu unterschätzen – die Beeinflußbarkeit komplexen Geschehens im Chaos durch unser eigenes Handeln. »Heute habe ich damit begonnen, mir mein Frühstücksbrot selbst zu schmieren.« – »Wie hat Deine Frau darauf reagiert?« – »Sie war so irritiert, daß sie sich eine Tasse Kaffee einschenkte und gleich darauf in der Spüle ausleerte.« Nur gilt auch hierbei, daß das genaue Ergebnis durch unser beeinflussendes Handeln nicht voraussehbar ist.

Das Gegenwärtige ist widerwärtig

Sowohl Wahrscheinlichkeit als auch die Beeinflussung eines komplexen Geschehens haben mit Zukünftigem zu tun. Wir möchten durch scheinbar ›gesichertes Wissen‹ hinsichtlich unserer Zukunft eine bessere Befindlichkeit in der Gegenwart erlangen. Geben wir dieser Neigung nach, vernachlässigen wir fast unbemerkt das, was unserem Bedürfnis nach Sicherheit am ehesten dient – unser Wissen über die eigene Vergangenheit und über unsere ›Gegenwart‹.

Eine Flucht vor der eigenen Gegenwart beobachte ich bei Klienten recht häufig. Als ich das Wort ›Gegenwart‹ auf seine sprachlichen Wurzeln zurückverfolgte, fand ich die Bedeutung »eines feindlichen Entgegenstehens« (Grimm Wörterbücher der deutschen Sprache, dtv). Die Etymologie zeigt uns, daß Menschen bereits früherer Zeiten das als gegen sich gerichtet erlebten, was gerade geschah oder unmittelbar geschehen sollte. Eine uns nicht gut gesonnene Gewalt steht uns entgegen! Vor dem Hintergrund solcher Überzeugungen richtet sich unser Blick natürlich gern in eine fernere Zeit, die uns hoffentlich etwas Angenehmes verspricht. Wir weichen auf diese Weise dem nächst Anstehenden aus. Das »feindliche Entgegenstehen« meint aber auch die Aufgabe einer alten Gewohnheit, die zwar liebgewonnen, aber nicht mehr passend ist.

Das Anstehende ergibt sich aus unserer Vergangenheit. In dieser Situation müssen wir unsere Kraft einsetzen, anderen Kräften, die sich uns in den Weg stellen, Widerstand zu leisten, ohne zu wissen, was die Zukunft bringt. Betrachten wir die Zeitachse von der Vergangenheit bis zur Zukunft, nimmt die Gegenwart die unmittelbar vor uns liegende Schwelle zur Zukunft ein. Es gibt keine Gegenwart als Raum. Wir können sie

uns nur als Grenze zwischen Vergangenheit und Zukunft vorstellen. Das Überschreiten dieser Grenze kann uns (oft genug)
vor die Aufgabe einer Entscheidung stellen.

Entscheiden führt zum Verlust der ›Freiheit‹

Mit jeder Entscheidung geben wir unsere Wahlfreiheit auf.
Denn eine konkrete Wahl zwischen mehreren Entscheidungen
haben wir nur, solange wir noch keine Wahl getroffen haben.
Und immer wieder können wir uns vor die Wahl gestellt sehen,
uns entweder für etwas Notwendiges zu entscheiden oder darauf zu hoffen, daß sich das Erforderliche für unser Glück auch
ohne unser Zutun ergibt. ›Notwendig‹ bedeutet, aus einer erkannten Not eine Wende zu vollziehen. Wir erkennen diese
Not auf uns zukommen und müssen uns wenden, um nicht in
sie hineinzulaufen. Genau genommen haben wir keine Wahl!
Wir haben etwas zu tun, was uns nicht gefällt. Würden wir den
eingeschlagenen Weg weiter beschreiten, widerfährt uns Un-
heil. Uns bleibt nur noch der Sprung über einen tiefen Graben.
Uns graut vor dem Sprung. Wir hoffen auf eine himmlische
Lösung. Und der Himmel schaut zu und denkt sich: »Welche
Angebote braucht diese Kreatur denn noch, um zu erkennen,
wo es langgeht?« Solche Sprünge sind Wertsprünge. Wir kön-
nen mit ihnen in unserem Leben einen Mehrwert erreichen.
Doch können wir solche Wertsprünge nur entschieden wagen,
sonst reicht unsere Kraft nicht, und wir stürzen in den tiefen
Abgrund. Das gilt für einzelne ebenso wie für Gruppen von
Menschen.

Es geht hier nicht darum, ob diese Zusammenhänge unserem kleinen Bewußtsein bewußt sind. Ob bewußt entschieden oder unbewußt geschehen, bleibt für die Wirkung gleich.
Es geht nur darum, ob ein bestimmtes, aus der Sicht der eigenen Vergangenheit erforderliches Verhalten vollzogen wird
oder nicht. Beim Autofahren ist das ganz ähnlich. Haben wir
Benzin im Tank oder nicht? Ob wir uns vor Fahrtantritt darüber vergewisserten oder ob völlig unerwartet am Vorabend

unser Partner noch eine längere Fahrt ohne Nachtanken unternahm und uns das nicht mitteilte, ist für Tank und Motor
gleichgültig.

Die Kraft der ›eigenen‹ Vergangenheit

In Gesprächen, in Coaching-Prozessen und in Familienaufstel-
lungen konnte ich wiederholt beobachten: Wer sich in bezug
auf seine Herkunft im klaren ist, verfügt über einen leichteren
Zugang zu seinem Glück als Menschen, denen diese Klarheit
fehlt. Mit Herkunft meine ich die biologische Herkunft. Erfolgreiche Frauen und Männer konnten auf ein Elternteil
›sauer‹ sein, konnten dessen Verhalten gegenüber dem anderen
Elternteil als ungerecht erleben, sie konnten Mutter oder Vater
oder beide sehr früh verloren haben, sie mußten ihre Eltern
nicht einmal persönlich gekannt haben, aber sie waren sich in
allen Fällen gewiß hinsichtlich ihrer Eltern und Großeltern. Ist
diese Gewißheit gestört, scheint die Person nicht zu wissen,
was für sie im Leben als Nächstes ansteht.

Vor dem Hintergrund unserer christlichen Kultur entsprechen Unklarheiten unserer Herkunft dem Vorbild der ›heiligen
Familie‹: Eine Schwangerschaft, die nicht körperlich, sondern
geistig herbeigeführt wird, eine Mutter, der ein natürliches
Sein als Frau nicht zugestanden wird, ein Vater, der als Gott-
vater entrückt ist, ein Ersatzvater, der wohl zum Unterhalt
beiträgt, aber trotz Anwesenheit keine weitere Rolle spielt,
und ein Sohn, der über seiner weltlichen Mutter und ihrem
ebenso weltlichem Lebensgefährten und Ehemann steht und
seinem nichtanwesenden Vater im Himmel nachjagt. Ein Fall
für die Familientherapie? Ungewißheit über unsere Herkunft
entsteht auf zweierlei Weise: Wir werden als Kinder von anderen Erwachsenen getäuscht, oder wir verunsichern uns selbst
darüber, wer unsere Eltern und deren Eltern tatsächlich sind.
Beides kann in uns bis ins Erwachsenenalter als tiefe Verwirrung
wirken.

Ein Mann im Alter von etwa 40 Jahren suchte mich auf, um

beruflich »endlich auf den grünen Zweig zu kommen.« Er war alles andere als faul. Lediglich die Art, seine Geschäfte als Kaufmann abzuwickeln, erschien mir zunächst sehr unübersichtlich. Schließlich gewann ich den Eindruck, daß er sich selbst immer wieder verstrickte – mit seinen Überlegungen und auch seinen Entscheidungen. Aus betriebswirtschaftlicher Sicht hätte ich ihm eigentlich nur zum Besuch eines Kurses über doppelte Buchführung raten müssen. Doch ich vermutete, daß er sein altes System des ›Nichtdurchschaubaren‹ nicht aufgeben würde.

Am ersten Tag erzählte er mir beiläufig, er habe bei der Eheschließung den Namen seiner Frau angenommen. Wenig später hörte ich ihn von einem Sohn aus einer früheren Beziehung erzählen, zu dem er kaum Kontakt hätte. Ich bat ihn, mir von seinem Elternhaus zu erzählen. Er tat das ausführlich und beschrieb dabei, daß er zu seinen Geschwistern keinerlei Beziehungen unterhalten würde. Einen Streit zwischen ihnen habe es nicht gegeben, sie hätten einfach keinen Kontakt miteinander. Sein Vater war gestorben, als er noch ein Bub gewesen war. Die Mutter hatte wiedergeheiratet. Sie hatte er seit Jahren nicht gesehen. Auch mit ihr hatte er keinen offenen Streit. Er wußte, daß sie noch am Leben war.

Ich bat ihn, aufzustehen und vor seinem geistigen Auge seinen Vater erscheinen zu lassen. Es schien ihm etwas unangenehm zu sein. Ich erklärte, wir würden jetzt keinen Hokuspokus machen, er sollte sich lediglich bildhaft an seinen Vater erinnern und dabei stehen. Nach kurzer Zeit sagte er zu mir: »Ich kann jetzt meinen Vater sehen. Aber ich weiß nicht, ob ich sein Sohn bin.« Ich fragte, wie er auf diesen Gedanken gekommen sei. Da erzählte er vom Tod des Mannes, der als sein Vater dargestellt wurde. »Er lag im Sterben. Da bin ich noch mal zu ihm hin. Er schaute mich an und sagte zu mir: ›Du bist auch kein richtiger Müller.‹ Das war unser Familienname. Mein ältester Bruder hat mich so seltsam angeschaut. Der hat irgendwas gewußt. Ich war damals acht Jahre. Aber auch später wollte ich meine Mutter nicht danach fragen. Ich wollte ihr nicht weh tun.« Nachdem ich ihm beschrieben hatte, wie solche Unklarheiten in uns wirken können, erklärte er sich damit einverstanden, mit seiner Mutter in Kontakt zu treten. Es waren mehrere Besuche nötig, bis er den Mut fand, sie auf seinen leiblichen Vater anzusprechen. Er versicherte ihr vorher, daß er ihr nicht böse sein würde, was auch immer sie ihm erzählen würde. Die alte Frau bestätigte ihm, daß er einen anderen Vater hatte, den er sogar kannte. Mit dieser Klarheit begann er, an seine biologische Herkunft anzuschließen. Als wir den letzten Kontakt hatten, klärte er mit den Banken seine nicht unerheblichen Schulden. Gemeinsam mit seiner Frau organisierte er seinen Handelsbetrieb neu.

Das verbotene Eigene

Vermutlich verfügen wir über sehr viele Wahrnehmungen, die uns Auskunft über Unstimmigkeiten geben. Doch gleichzeitig können wir uns mit einem Verbot seitens anderer, uns nahe stehenden Menschen belegt erleben. Dieses Verbot wird nicht ausgesprochen. Es ist nur zu spüren an dem Verhalten der anderen und von uns selbst. Es soll verhindern, daß wir eine Klärung herbeiführen. Die Folge ist ein vielschichtiger Loyalitätskonflikt in uns. Auch dieser wird nicht einfach in uns in irgendeiner Schwebe gehalten. Der Konflikt wird in unserem Nervensystem organisiert: Wir dürfen unserer eigenen Wahrnehmung über unsere Herkunft nicht trauen. Der erwachsene Mann im obigen Beispiel wagte mehr als zwei Jahrzehnte nicht, seine Herkunft zu klären – aus Solidarität mit seiner Mutter.

›Fehlende‹ Ursprünge bedeuten fehlende Ressourcen, und zwar hinsichtlich dessen, wie wir über eigene Potentiale und Ordnungen denken! Ordnungen sind zeitliche Abfolgen. Jede Bewegung organisiert sich in einer zeitlichen Abfolge. In unserem Geist (und damit in unserem Nervensystem) wird ein Muster gepflegt, das uns meinen läßt, wir wüßten nicht, wie eins nach dem anderen geschieht. Damit erleichtern oder erzwingen wir Lebensbewegungen, die Verstrickungen entsprechen.

Anmaßende Hilfe

Neben ›untergeschobenen Kindern‹, einem gar nicht so seltenen Phänomen, gibt es eine weitere Erscheinung, die zur Schwächung der eigenen Herkunftskraft führt. Es ist die Adoption. Sowohl in meiner eigenen Familie als auch bei Klienten erlebte ich die Wirkungen für die Betroffenen. Es geht mir an dieser Stelle ausdrücklich nicht um die Motive der Adoptierenden. Hier geht es um mögliche Auswirkungen auf die Adoptierten. »An Kindes statt«, Adoption, bedeutet folgende Erklärung eines Erwachsenen an das Kind anderer Eltern: »Ich bin jetzt Deine Mutter/Dein Vater. Du kommst von mir/uns.«

Hinter dieser Erklärung steckt eine ungeheure Anmaßung gegenüber dem adoptierten Kind. Sie besteht in der Erwartung an das Kind, seine Herkunft zu leugnen. Es soll sogar dankbar dafür sein, daß fremde Erwachsene vorgeben, seine Eltern zu sein. Dabei spielt es keine Rolle, ob das Kind sehr früh von seiner Adoption erfährt, oder ob es erst als erwachsener Mensch selbst eine Klärung herbeiführt. Zu spüren oder zu wissen, daß man von A kommt, und so tun zu müssen, als würde man von X kommen, führt zu innerer Zerrissenheit und Verwirrung.

Eine Frau wollte gegenüber dem adoptierten Kind den Zugang zu seiner Herkunft folgendermaßen gestalten: »Ich bin Deine Mutter. Das andere war nur die Frau, die Dich geboren hat.« Angemessen hätte der Satz lauten können: »Die andere Frau ist Deine richtige Mutter. Ich bin nur die Frau, die Dich großzieht. Ich mache das für mich. Du bist mir keinen Dank schuldig.« Denn mit der Adoption wird ein weiterer Funktionskreis unseres Lebens berührt – der des Ausgleichs von Geben und Nehmen. Unser Zusammenleben gelingt uns, wenn es zu einem angemessenen Ausgleich zwischen beidem kommt, in jeder Beziehung. Also auch in der Beziehung zwischen leiblichen Eltern und ihren Kindern. Nur ist der Ausgleich hier biologisch anders geregelt.

Wenn das eigene Leben als Geschenk betrachtet wird, wird dieses Geschenk mit jeder neuen Generation in die Zukunft weitergegeben. Das Leben fließt weiter und nicht zurück. Bio-

logisch erfolgt der Ausgleich über die Arterhaltung. Wir können dies auch an der Freude der Großeltern an ihren Enkeln
beobachten. Im Adoptionsverhältnis erfährt dieser Ausgleichsaspekt eine Störung. Denn beim Adoptierten bleibt die (unausgesprochene) Frage: »Was will der Adoptierende von mir, wenn
er das für mich tut, was er für mich tut.« Lautet die tatsächlich
gegebene oder auch nur halluzinierte Antwort: »Sei so (das
adoptierte Kind), wie ich (der Adoptierende) bin«, hat das für
das Kind die Folge, daß es nicht so sein darf, wie es ihm seine
biologische Herkunft gebietet.

Denn biologisch heißt, der Folgerichtigkeit (logisch) des Lebens (bio) nachzugeben. Diese Kinder versuchen einen Ausgleich für sich selbst. Entweder rächen sie sich an den Adoptierenden mit ihrem Verhalten, das sie als Kinder anderer Eltern
ausweist. Oder sie geraten in einen tiefen Loyalitätskonflikt –
zu den leiblichen Eltern und zu den Adoptierenden. Dieser
Konflikt führt, solange er keine Klärung erfährt, zu einer nachhaltigen Schwächung des Selbstausdrucks und der eigenen Erfolgswilligkeit. Letztere wird dann von außen als mangelnde
Erfolgsfähigkeit beobachtet – zu Unrecht. Das Verdrängen der
leiblichen Eltern durch die Adoptiveltern kommt einer Herabsetzung der leiblichen Eltern gleich. Das adoptierte Kind ›ist‹
aber seine leiblichen Eltern. So wird es gleichzeitig mit seinen
Eltern von den Adoptiveltern herabgesetzt, obwohl diese dem
Kind etwas Gutes tun wollen.

Neues erweitert Altes – es ersetzt es nicht

Ein guter Zweck ist kein Garant für ›gutes‹ Handeln. Wir müssen uns vorgegebenen Regeln unterwerfen. Erst dann können
wir Handlungsmöglichkeiten prüfen. Denn etwas Vorhandenes
kann in biologischen Systemen nicht einfach durch etwas Neues
ersetzt werden. Das Neue kommt zu dem Alten hinzu. Das entspricht auch dem Prozeß unseres Erwachsenwerdens: Junges
wandelt sich nicht einfach in Altes. Zum jungen Menschen
kommt weiteres hinzu, und dieses Zusammenspiel erleben wir

als das Älterwerden. Das Jüngere bleibt in uns erhalten, möglicherweise wird es lediglich weniger beansprucht.

Die Klärung der eigenen Herkunft wird sehr undramatisch vorgenommen – durch den Betroffenen selbst. Solange wir davon ausgehen, geboren worden zu sein, und nicht auf geheimnisvolle Weise auf diese Welt gelangt zu sein, haben wir leibliche Eltern. Wir müssen unsere leiblichen Eltern nicht kennen, denn wir sind unsere Eltern, bereichert um das, was wir an zusätzlichen Erfahrungen erwerben und an Fähigkeiten entwickeln. Denn es ist ebenso eine Fehleinschätzung von uns, wenn wir meinen, wir würden unsere Eltern kennen, weil wir sie gesehen haben oder mit ihnen zusammenlebten. Allein dieses Sichklarmachen reicht aus, um ohne Vorwurf gegenüber anderen Menschen die Zuständigkeit für die eigene Lebensgestaltung zu übernehmen.

Verschaffen Sie sich, ungeachtet Ihres heutigen Alters, Zugang zu Ihrer Herkunft. Erzählen Sie Ihren Kindern von Ihrer Familie. Sie brauchen keine Legenden zu erfinden, um sich oder Ihre Kinder vor einer ›grausamen‹ Wirklichkeit zu schützen. In Fragen unserer Herkunft sind wir alle sehr robust. Und unsere Hirne sind sehr kreativ im Erkennen neuer Ressourcen in unserer Herkunft. Es gibt wohl kaum einen leichteren Weg, um an die eigene Kraft zu gelangen, als sich auf undramatische Weise mit seiner Herkunft zu befassen.

Großeltern und Enkel

Unser Leben erhalten wir von unseren Eltern, die Kraft und vielleicht auch die Aufträge für unsere Lebensaufgaben kommen auch von unseren Großeltern. Lassen Sie sich im Geist ruhig den Segen aller Ihrer Großeltern geben, ob Sie sie nun gekannt haben oder nicht. Achten Sie dabei auf die Gefühle, die möglicherweise in Ihnen entstehen. Im nächsten Kapitel stelle ich Ihnen ein Modell vor, das Sie hierzu anwenden können. Wer spürt, daß es hier Ungelöstes gibt, der oder dem sei eine Familienaufstellung angeraten.

Kritik an den Eltern mündet in Selbstbestrafung

Kinder, die bei ihren natürlichen Eltern aufwuchsen, müssen nun nicht zwangsläufig wesentlich besser gestellt sein als Adoptivkinder. Unser Leben zeigt, daß sich auch bei diesen Kindern Muster organisieren, die das Herausfinden der eigenen ›Glückslücke‹ erschweren. Sehr leicht zu erkennen sind diese Muster mit Hilfe der Frage, welche besonders schweren Fehler oder guten Eigenschaften Ihnen als Erwachsenem bei Ihrem Vater und Ihrer Mutter einfallen. Das wiederholte Wahrnehmen eines Fehlers oder einer ›guten‹ Eigenschaft bei unseren Eltern während unserer Kindheit und Jugend hat sehr viel mit uns selbst zu tun.

Erkennen an sich gibt es nicht. Erkennen ist ein Wiedererkennen. Um etwas wiedererkennen zu können, muß in unserem Nervensystem eine ganz spezifische Verknüpfung von Nervenzellen organisiert worden sein. Je häufiger diese Verknüpfung über die eigene Wahrnehmung benutzt wird, desto leichter erfolgt der Prozeß des Wiedererkennens. »Schau, jetzt macht er es wieder«, denken wir, wenn wir als Kind unserem Vater zusehen, wie er sich eine Zigarette anzündet. Der Griff zur Zigarette wird wahrscheinlicher, wenn das Kind die Aktion des Vaters nicht nur wahrnimmt, sondern auch bewertet. »Er macht einen Fehler, wenn er raucht.« Je mehr ›Fehler‹ und ›positive Qualitäten‹ wir an unseren Eltern ausgemacht haben, desto eher werden wir ein Verhalten annehmen, das dieses elterliche Verhalten thematisiert.

Thematisieren bedeutet, wir befassen uns mit einem Thema, ohne eine Lösung zu entwickeln. Das heißt für das eigene Nervensystem, die mit dem Thema verbundene Aktion immer wieder auszuführen. Vielleicht kennen Sie folgenden Ablauf: Die Mutter ruft ihrem Kind zu: »Stolper nicht!« Das Kind stolpert und die Mutter ruft aus: »Hab' ich es Dir nicht gesagt? Ich habe es vorausgesehen!« Das Gehirn setzt hier eine Verneinung nicht unmittelbar um. Die Umsetzung erfolgt leichter über die Bestätigung der Aktion, die nicht erfolgen soll. Erst danach ›weiß‹ unser Geist, daß diese Aktion nicht erfolgen soll. Damit das Kind die Aufforderung zu einer Nichthandlung versteht, muß es erst die Handlung ausführen. Also stolpert das Kind und weiß sofort im Anschluß an das Stolpern, daß genau das nicht geschehen sollte.

Auf ähnliche, aber komplexere Weise wiederholt sich dieser Ablauf bei der Beobachtung ›fehlerhaften‹ oder ›positiven‹ Verhaltens, das unter allen Umständen vermieden bzw. wiederholt werden soll. Das Verhalten wird zunächst reproduziert, erst dann sagt die agierende Person zu sich selbst:»Und genau das wollte ich nicht machen. Ich bin ja genauso schlimm wie mein Vater.« Da wir den Zweck eines Verhaltens bei unseren Eltern naturgemäß nicht kennen können, entwickeln wir einen eigenen Zweck für ein reproduziertes Verhalten unserer Eltern.

War beispielsweise bei einem Vater der Zweck des Rauchens, seinem Vater zu beweisen, daß auch er ein Mann sei, kann der Zweck bei seiner Tochter lauten:»Auch ich als Frau bin wichtig.« Der übergeordnete Zweck bei beiden ist das Erlangen von Anerkennung. Unterstellen wir dem Zweck noch eine verborgene Absicht, könnte sie beim Vater gelautet haben: »Mit Deiner Einwilligung, mein Vater, will ich zum Militär, obwohl Du dagegen bist.« Und bei der Tochter könnte die Absicht darin bestehen, genauso wie ihr Bruder studieren zu dürfen, um eine berühmte Frau zu werden.

Die bloße Wiederholung von Verhalten bedeutet also nicht zwangsläufig die Reproduktion von Zweck und der Absicht früherer Generationen: Ein junger Mann salzte sich sein Essen sehr stark – wie seine kurz nach der Geburt verstorbene Mutter. Es stellte sich später heraus, daß er damit seinem sehr niedrigen Blutdruck entgegenwirken konnte. Das, was ich Ihnen aufzeige, sind Weisen der Beobachtung. Es sind keine Wahrheiten an sich.

Wie positiv ist ›positiv‹?

Stellen Sie sich bitte vor, Sie würden einen Aids-Test machen lassen. Sie kommen zum Arzt, um sich das Ergebnis mitteilen zu lassen. Dieser sagt zu Ihnen:»Also, das Testergebnis war po-

sitiv.« Werden Sie sich über diese Mitteilung freuen, weil es ja
›positiv‹ war?

Wir haben in unserer Kultur einen Sprachgebrauch, der für
Verwirrung sorgen kann. Dazu gehört die Verwendung der
Wörter ›positiv‹ und ›negativ‹. Überwiegend besetzen wir sie
mit der Bedeutung von ›gut‹ und ›schlecht‹. Zu Unrecht, wenn
die Funktionalität der Sprache für eine eindeutige Verständigung sorgen soll.

Funktionen sind aber nicht so beliebig, wie sich vielleicht ein
Freigeist denkt. Funktionen folgen einem Design. Design meint
hier jegliche Gestaltung der Funktionsabläufe. In diesem Fall ist
es ein Design der Worte. Das in unserer abendländischen Welt so
geläufige Wort ›positiv‹ findet seine Wurzel in dem lateinischen
Verb ›ponere‹, zu deutsch: ›setzen, stellen, legen‹. Insoweit hat
die etymologische Bedeutung nichts mit der Bewertung ›gut‹
gemeinsam. Die Bedeutung ist eine nüchterne, im Sinne von
»Ja, es ist vollbracht, es ist festgelegt«.

Im Gegenzug hat ›negativ‹ seine Wurzeln in dem lateinischen Verb ›negare‹, das mit ›nicht handeln‹ übersetzt werden
kann. ›Negativ‹ hat also vom Wortursprung dann die Bedeutung von ›nicht gehandelt‹. Auch Kenner des Lateinischen, denen diese Etymologie bekannt ist, verwenden beide Wörter
dennoch als Synonym für ›gut‹ und ›schlecht‹.

Die Falle ›positiven Denkens‹

Lösen wir uns von Bedeutungszuordnungen für ›gut‹ und
›schlecht‹ für positiv und negativ und bleiben bei den funk-
tionsorientierten Prozeßbeschreibungen ›vollbracht‹ und ›nicht
gehandelt‹, ergibt sich folgende Bedeutung: Alles, was wir uns
als ›vollbracht‹ vorstellen, ist positiv. Müssen wir immer wieder
daran denken, wie arm unsere Eltern waren, erzeugen wir darüber unbemerkt eine positive Vorstellung von Armut. Die
Verwirklichungstendenz dieser Vorstellung hängt mit unserer
inneren Überzeugung über ihren Wahrheitsgehalt zusammen.
Je konkreter in uns eine Vorstellung ist, desto wahrscheinlicher

ist es, daß wir alles unternehmen, um das vorgestellte Bild wirklich werden zu lassen. Oft geschieht dies ganz beiläufig.

Diese inneren Überzeugungen sind wie Zeitbomben. Sie wirken eine ganze Zeitlang im Stillen und Verborgenen, bis ihre Folgen unübersehbar werden. Eine Überzeugung wird nicht erst in Zukunft wirksam, sie ist es bereits, sobald sie in uns besteht. Nur dauert es manchmal etwas länger, bis der Träger dieser Überzeugung dies auch erkennt. Gute Beobachter sehen die Wirkung von Überzeugungen, oft lange bevor sie auch für weniger Aufmerksame sichtbar werden.

Innere Überzeugungen lassen sich aber nicht so einfach durch unser Denken manipulieren. Eine Frau im Alter von 28 Jahren zeigte mir bei einem Gespräch Fotos von sich, die nicht ganz vier Jahre alt waren. Ich sah auf ihnen eine junge, schlanke Frau. Zuerst verstand ich nicht, wozu sie mir die Bilder zeigte. Ich erkannte sie nicht wieder. Bei unserem Gespräch wog sie fast doppelt soviel wie zu der Zeit der Aufnahmen. »Damals war ich halt schlank. Aber ich wußte schon damals, daß das so nicht bleiben wird«, erzählte sie. »Meine Mutter war als junge Frau auch so schlank gewesen, und dann wurde sie in ganz kurzer Zeit dick. Wie ich. Das liegt bei uns in der Familie.« Auf meine Frage, ob diese Entwicklung für sie überraschend gekommen sei, erwiderte sie: »Nein, ich wußte das ja von meiner Mutter. Als ich meinen ersten Freund hatte, sagte sie mir: ›Nutze Deine Figur, die Du jetzt hast. Ein paar Jahre später wirst Du genauso aussehen wie ich. Das ist in unserer weiblichen Linie so. Da kann man nichts machen.‹ Ich wollte das zuerst nicht einsehen, aber später wurde mir klar, daß ich dagegen nicht ankämpfen kann.«

Verborgene Überzeugungen und Affirmationen

Statt sich mühevoll Bilder von einem unbeschwerten Leben zu konstruieren, an das Sie ohnehin nicht glauben, sollten Sie ergründen, wovon Sie zutiefst überzeugt sind. Oft war ich in

meiner Arbeit betroffen davon, wie viele Menschen eine An-
sammlung schrecklicher Überzeugungen in sich wachsen lassen. Und auch hier gilt: Sobald wir damit beginnen, uns unsere
Grundüberzeugungen genau vor Augen zu führen, verändern
sie sich. Lebensfeindliche Ideen haben es dann etwas schwerer
in uns. Zugegeben, dieser Prozeß braucht einige Zeit, bis sich
in uns eine andere Wahrnehmungsorganisation eingestellt hat.

Wirkungsvoll in diesem Zusammenhang sind auch sogenannte ›Affirmationen‹. Sie sind gewissermaßen die Vorstufe
des positiven Denkens. Gebetartig wiederholte Sätze wirken in
uns überwiegend auf einer auditiven Ebene. Diese ist relativ
wirkungsarm, denn sie wird nicht über andere Sinnesebenen
unterstützt. Doch wenn wir beispielsweise mit Inbrunst den
Satz vor uns hinbeten »Ich werde reich sein«, beschwören wir
hintergründig nur, wie schlimm es ist, immer noch arm zu sein.
Dieses Armsein ist aber ein Bild. Was wird wohl stärker auf
seine Verwirklichung drängen, das Bild oder der Satz?

Sinn können wir nicht abholen

Ich kenne keine Rezepte, die für jeden Menschen gleichermaßen neue und sinnvollere Überzeugungen garantieren. Sinn
kann jeder nur für sich selbst erzeugen. Und oft generiert sich
dieser Sinn von selbst in uns. Wer aber meint, für sich etwas
Sinnvolles herausgefunden zu haben, kann einen Test zur Überprüfung dieses Sinns vornehmen: Formulieren Sie das, was Ihnen
als sinnvoll erscheint, in einer schlüssig klingenden Aussage in
der Gegenwartsform. Beginnen Sie dann, diese Aussage mit
Begründungen zu versehen, die Ihnen ebenfalls schlüssig erscheinen. Beobachten Sie über eine längere Zeit die Wirkung
in sich. Sind Sinn und Begründungen für Sie schlüssig, werden
Sie Bilder entwickeln, die zu Ihnen passen, die auf Ihrer Kraft
aufbauen und die beginnen, sich selbst zu verwirklichen. Doch
denken Sie dran: Das ist eine Testanleitung und kein Rezept.

Schlüssigkeit emotional und rational
erzeugen und prüfen

Eine fünfzigjährige Architektin erzählte, ihr sei plötzlich der Gedanke gekommen, anstelle ihrer bisherigen Tätigkeit Architektur und Raumgestaltung nach Feng-Shui-Aspekten mit ihren Klienten gemeinsam auszuarbeiten. Dabei wollte sie von der klassischen Beratung und der Vorgabe von Lösungen übergehen zu einer Ausarbeitung der Raumgestaltung durch ihre Klienten selbst. Ihre Aufgabe sollte darin bestehen, die Beobachtungsweise ihrer Klientel zu sensibilisieren und diese bei experimentellem Vorgehen anzuleiten. Sie war sich aber unsicher, ob sie für diese doch recht einschneidende Änderung ihres beruflichen Tuns wirklich bereit sei. Um diese Frage zu beantworten, ging sie nach der oben beschriebenen Weise vor. Sie entwickelte Begründungen, warum die von ihr erwogene Berufsänderung sowohl für sie persönlich als auch für ihre künftigen Klienten schlüssig wäre. Sie erarbeitete folgende Kriterien:

»Ich gebe eine gute Feng-Shui-Architektin ab,
- weil ich als Architektin eine fünfundzwanzigjährige Berufserfahrung im eigengenutzten Wohnungsbau und im Industriebau gewonnen habe. In beiden Bereichen nutzten meine Klienten die Bauwerke für sich selbst,
- weil ich Feng-Shui vor zehn Jahren in China kennenlernte, und ich mich seitdem dort weiterbilde,
- weil mich ein buddhistischer Mönch an diese Betrachtungsweise heranführte, und ich bei ihm Unterweisungen erhielt, die auch im nichtsprachlichen Erfahrungsbereich lagen,
- weil ich zu Beginn meiner ersten Begegnungen mit dieser Betrachtungsweise selbst einen großen Vorbehalt ihr gegenüber entwickelte,
- weil ich erlebte, wie dieses Wissen in China politisch geleugnet und gleichzeitig in den führenden Schichten kommentarlos angewandt wird,
- weil ich Menschen verstehe, denen es schwerfällt, festgefahrene Fertighaus-Vorstellungen aufzugeben,

- weil ich Feng-Shui erst bei mir selbst anzuwenden begann und dabei feststellte, wie diese Betrachtungsweise sich mit der eigenen Entwicklung weiterverändert, und wie wenig ideologisch sie ihrem Wesen nach ist,
- weil ich erst nach persönlichen Erfahrungen die im Westen zu Feng-Shui erhältliche Literatur las,
- weil ich seit vier Jahren diese Arbeitsweise bei meinen Klienten gewaltfrei, also ohne Überzeugungsarbeit anwende,
- weil ich die Wirkung der Folgen dieser Arbeit bei meinen Klienten betrachte und diese Wirkung auch von meinen Klienten erkannt wird,
- weil ich erlebe, wie sehr diese Arbeit meine Klienten dazu bewegt, die im Bau verwendeten Materialien als einen Teil von sich selbst zu erfahren und mit ihnen spielerisch umzugehen,
- weil ich die kräftigende Wirkung der durch Feng-Shui in meinem Kopf erzeugten Bilder spüre.«

6 Empfindungen, Gefühle und Emotionen

In einer Sitzung mit einem Manager erzählte mir dieser von einer Besprechung mit seinem Vorstandsvorsitzenden. Er sei von ihm damals so angesprochen worden, daß er ein Gefühl des Stolzes in sich spürte. Ich bat ihn, sich dieser Situation nochmals zu erinnern und diese Stimmung wach werden zu lassen. Dann forderte ich ihn auf, auf dieses *Gefühl des Stolzes* genau zu achten, herauszufinden, wo er es im Körper spüre, und mit seiner Aufmerksamkeit dort ein wenig zu verweilen. Während er das tat, beobachtete ich in seiner Mimik eine ganze Reihe von Veränderungen. Zuerst lächelte er, dann verschwand das Lächeln ganz plötzlich aus seinem Gesicht. Seine Schultern fielen herunter und er blickte irgendwie irritiert. Er schaute mich an und sagte: »Das war ganz eigenartig. Zuerst hatte ich dieses schöne Gefühl, ich spürte so richtig in meiner Brust, wie sie sich weitete. Doch dann veränderte es sich zu einem Druck in meinem Magen, und plötzlich bekam ich Angst. Und dann fiel mir auf, daß der Vorsitzende noch etwas zu mir gesagt hatte, das mich warnen sollte und das ich in der damaligen Gesprächssituation irgendwie überhaupt nicht mitbekam. – Aber das stimmt ja auch nicht, dann könnte ich es jetzt gar nicht erzählen.«

Was erleben wir in Situationen, und was erleben wir nicht – und bekommen es doch mit, ohne es zu nutzen? Sind es Gefühle oder Gefühlskomplexe? Was könnte beide voneinander unterscheiden? Und welche nützlichen Folgen könnten daraus abgeleitet werden?

Ist Verantwortungsgefühl ein Gefühl?

Während einer Vorlesung bat ich die anwesenden Studenten darum, an die Tafel die Benennungen für Gefühle zu schreiben, so wie sie ihnen einfielen. Das Angebot an Gefühlsbenennungen fiel reichhaltiger aus, als ich es im folgenden wiedergebe: Ängstlichkeit, Zorn, Hochachtung, Verantwortungsgefühl, Gefühl der Unzulänglichkeit, Schreck, Selbstbewußtheit, Überlegenheit, Geilheit, Traurigkeit, Glücksgefühl, Schadenfreude, Neid, Stolz, Ärger, Wut, Hass, Freude, Zärtlichkeit, Erregung, Liebe, Kälte, Wärme, Kompetenzgefühl … Danach gingen wir die Aufzählung Wort für Wort gemeinsam durch. Ich befragte die Gruppe nochmals, ob sie bei ihrer Meinung bliebe, daß es sich bei diesen Benennungen um Gefühle handelte. Am Ende versah ich manche Worte mit Strichen. Die Liste sah jetzt folgendermaßen aus: Ängstlichkeit, Zorn, ~~Hochachtung~~, ~~Verantwortungsgefühl~~, ~~Gefühl der Unzulänglichkeit~~, Schreck, ~~Selbstbewußtheit~~, ~~Überlegenheit~~, Geilheit, Traurigkeit, ~~Glücksgefühl~~, ~~Schadenfreude~~, ~~Neid~~, ~~Stolz~~, Ärger, Wut, ~~Hass~~, Freude, ~~Zärtlichkeit~~, <u>Erregung</u>, ~~Liebe~~, <u>Kälte</u>, <u>Wärme</u>, ~~Kompetenzgefühl~~. Während ich die Striche zog, gab es verschiedentlich Bezeugungen von Unmut über mein Vorgehen − besonders als ich gegen Ende dieser Übung die *Liebe* durchstrich. Ein Student fragte mich, ob ich ihnen weismachen wolle, daß alle durchgestrichenen Benennungen keine Gefühle seien.

Wie verhält es sich mit der Liebe?

Eine hierüber besonders empört ihren Kopf schüttelnde Studentin fragte ich, ob sie gegenüber einem Menschen, den sie liebe, auch gleichzeitig ein Gefühl der Angst, der Wut oder der Trauer haben könnte. Sie überlegte kurz und bejahte meine Frage. Danach fragte ich sie, ob sie in der Lage sei, Schadenfreude direkt ohne ein konkretes Objekt zu fühlen. Nach einiger Zeit verneinte sie meine Frage. Schließlich bat ich sie, noch zu prüfen, ob es ihr möglich sei, Angst unmittelbar, ohne ein konkretes Objekt zu fühlen. Dies bejahte sie. Die anderen Studenten vollzogen dieses Experiment parallel mit. So konnte ich an alle die Frage richten, ob sie an der von mir mit Strichen behandelten Wortliste vielleicht ganz undeutlich etwas ausmachen würden, das für sie − wenn auch noch unerklärlich − doch

Sinn geben würde. Ein Student meinte schließlich, ihm sei bisher noch nicht aufgefallen, daß er einen Menschen gleichzeitig lieben und auf ihn wütend sein könne. Aber es würde ihm jetzt sinnvoll erscheinen, wenn Liebe und Wut nicht ein und derselben Kategorie von Phänomenen angehören. Er wäre jetzt soweit, meine Ausführungen zu diesem Thema hören zu wollen!

›Gefühle‹, die keine sind

Jeder von uns kann selbstverständlich bei seinem eigenen Sprachgebrauch bleiben. Ich wüßte auch niemanden, der das Recht für sich beanspruchen könnte, für alle zu entscheiden, was ein Gefühl ist und was nicht. Das, was ich hier anbieten möchte, ist ein Beobachtungsmodell, das sich aus meiner Arbeit ergibt. Dieses Modell entstand aus der Beobachtung sowohl von Sprache als auch von Menschen und ihrem Verstehen von und Operieren mit Gefühlen.

Wie verhält es sich beispielsweise mit unserem ›Verantwortungsgefühl‹? Ist das tatsächlich ein Gefühl? Oder handelt es sich hierbei um die Unsicherheit, ob eine persönliche Verantwortung vorliegt. Dann würde es aber um Unsicherheit oder vielleicht auch um Hilflosigkeit in einer ganz konkreten Situation gehen. In meiner Dienstzeit beim Militär erklärte mir ein Unteroffizier, er hätte einen bestimmten Befehl aus ›Verantwortungsgefühl‹ gegeben. Seine Formulierung forderte mich zu der Frage heraus, ob er in der konkreten Situation für das Geschehen verantwortlich gewesen sei. Prompt erwiderte er: »Nein.« Dieser Soldat war ohne weiteres in der Lage, eine klare Unterscheidung zwischen Verantwortung und Verantwortungsgefühl zu treffen. Im übrigen entsteht Verantwortung nicht aus einem Gefühl heraus.

Prüfen Sie für sich in konkreten Situationen, wie Sie mit ähnlichen Formulierungen umgehen können. Nach meinen Beobachtungen versuchen wir, mit dem Wort ›Gefühl‹ bei anderen das Drama der Bedeutung zu erzeugen. Bei uns selbst entsteht dabei mit großer Sicherheit Verwirrung, mit der wir uns die Kraft für angemessenes Handeln entziehen. Sie können das gleich überprüfen. Sagen Sie zu sich: »Ich habe ein Gefühl von Ohnmacht.« Was erleben Sie dabei, wenn Sie diese Formulierung aus innerer Überzeugung heraus anwenden? – Und jetzt bitte ich Sie zu prüfen, ob Sie ohnmächtig sind? Die Aussage »Ich bin ohnmächtig« oder »Ich bin hilflos« läßt sich – bei geistiger Wachheit – nicht aufrechterhalten. Wäre ich ohnmächtig, könnte ich diesen Gedanken nicht bewußt denken. Und die Hilflosigkeit erweist sich als vorübergehend. Der eigene Mangel an Ideen für geeignete Handlungsmöglichkeiten geht vorüber. Entweder bin ich für etwas verantwortlich, oder ich bin es nicht.

Gefühlskomplexe

Was könnte ›Freude‹ von ›Schadenfreude‹ unterscheiden? Können Sie Freude spontan ohne konkreten Gegenstand erleben? Erleben Sie zuweilen, daß Sie sich einfach freuen – ohne genau zu wissen, worüber? Wie verhält es sich mit der Schadenfreude? Können Sie einfach so schadenfroh sein – ohne zu wissen, worüber genau? Damit Sie Schadenfreude erleben können, benötigen Sie eine Vorstellung oder ein unmittelbares Erleben von einem Schaden bei anderen. Der Schaden in diesem Fall besteht aber nicht in dem bloßen Beobachten eines Ereignisses, also beispielsweise eines Unfalls. Der Schaden bei anderen, als Ursache für unsere Schadenfreude, besteht in unserem Ausdenken von unangenehmen Folgen für den anderen aus diesem Ereignis. Wenn wir einen Menschen, der Schadenfreude vorgibt, jetzt fragen würden, welches Gefühl er bei sich erlebt, könnte er als Gefühl Angst oder Zorn oder Trauer erleben. Völlig unerwartet für sein Bewußtsein.

Nehmen wir das Wort ›Scham(-gefühl)‹. Es ist nicht nur der ›Gefühls‹-Zusatz, der darauf hinweist, daß es um mehr als ein Gefühl geht. Um uns mit Erfolg und Ausdauer schämen zu können, benötigen wir ebenfalls eine Vorstellung. Mich meiner eigenen Nacktheit zu schämen bedarf der Vorstellung von unangenehmen Folgen aus dieser Nacktheit. Halte ich mich gewollt in einer gemischten Sauna auf, erzeugt das noch keine Scham. Begegnet mir aber plötzlich eine bestimmte Person, vor der ich nicht unbekleidet erscheinen will, kann sich sehr wohl sehr schnell ein unangenehmes Gefühl einstellen. Wegen der von mir gedachten Folgen, die dieses Gesehenwerden tatsächlich oder angeblich nach sich zieht.

Überwiegend scheinen wir uns mit Gefühlskomplexen zu befassen. Diese beinhalten ein Programm über das eigene Verhalten, aber verraten nicht das ihnen zugrunde liegende Gefühl. Gefühlskomplexe gründen sich auf Vorstellungen über die künftigen Folgen eines gegenwärtigen Geschehens. Gefühlskomplexe verwirren uns in unserer Wahrnehmung. Dadurch verhindern sie auch angemessene Handlungsweisen als Reaktion auf Erlebtes. Gleichwohl laufen sie in uns unglaublich schnell ab, so daß wir den Eindruck von Unmittelbarkeit gewinnen können. Sobald wir uns aber mit unserem Erleben genauer befassen, können wir erkennen, ob es sich um ein Gefühl oder um einen Gefühlskomplex handelt.

Nach der hier vorgestellten Beobachtungsweise gibt es nur eine Handvoll reiner Gefühle. Alles andere sind Gefühlskomplexe, also geistige Konstrukte um ein Gefühl herum. Wortzusammensetzungen, die als einen Bestandteil ›-gefühl‹ in sich tragen, geben schon vom äußeren Erscheinungsbild einen Hinweis darauf, daß es sich um mehr als ein Gefühl handeln muß.

Neid, Haß und Rache

Auf drei weitere Gefühlskomplexe möchte ich an dieser Stelle Ihre Aufmerksamkeit richten, den *Neid*, den *Haß* und die *Rache*. Im Frühjahr des Jahres 2000 besuchte ich das Kosovo. Der Krieg lag erst wenige Monate zurück. Die Provinz wurde von Truppen der KFOR befriedet. Überall im Land wurden von Kosovaren neue Massengräber entdeckt. Viele Orte, an denen Verbrechen begangen worden waren, trugen unverändert die Spuren von Gewalt. Bei den Menschen albanischer Herkunft hatte ich einen ungeheuren *Haß* erwartet. Das wurde mir erst klar, als ich in Gesprächen mit ihnen an Stelle des Hasses *Fassungslosigkeit, Angst* und *Trauer* feststellte. Zunächst verstand ich diese Beobachtung nicht. Ich hatte Bilder aus Fernsehsendungen vor Augen, in denen sich Albaner an Serben gerächt hatten.

In Gesprächen mit Kosovaren (Einwohner des Kosovo albanischer Herkunft) erfuhr ich, wie relativ reich sie im Verhältnis zu vielen Serben vor dem Krieg waren. Auch jetzt traf ich deutlich mehr Wohlstand als erwartet an. Immer mehr formte sich in mir das Bild von wohlhabenden und gebildeten Menschen. Die Einstellung zum Islam war gemäßigt und liberal. Ich gewann den Eindruck, daß sich ein Teil der serbischen Bevölkerung diesen Menschen gegenüber unterlegen wähnte. Aus dem Erleben von Unterlegenheit entstand erst *Neid*. Dieser wandelte sich unter dem Erleben eines eigenen Mangels an Lebenskompetenz in *Haß*. Ein sehr großer Teil der Übergriffe von Angehörigen der serbischen Administration in den drei Jahren vor dem Krieg hatte eine eindeutig wirtschaftliche Grundlage. Auch als sich die Übergriffe direkt gegen das Leben und die körperliche Unversehrtheit der Menschen zu richten begann, blieb diese wirtschaftliche Komponente erhalten.

Bei aller Erlebnisintensität sind *Neid* und *Haß* zwei Gefühlskomplexe, die in Menschen aus dem Erleben eigener Inkompetenz entstehen. Um diese vermeintliche Inkompetenz zu überwinden, wird der Versuch unternommen, die scheinbar höhere Kompetenz eines anderen entweder durch dessen physische und psychische Zerstörung oder durch seine wirtschaftliche Schädigung aufzuheben. Je mehr wir Kompetenz als ein *Tun* betrachten, und je weniger wir darin ein *Sein* erkennen, desto schwieriger wird das Entstehen von Neid und Haß. Die Gefühle, die diesen Konzepten zugrunde liegen, sind eher Angst und Wut. Die Rache der Kosovaren an den Serben ist ebenfalls kein Gefühl. Sie ist ein Gefühlskomplex, der nach Ausgleich für Taten sucht, die als schweres Unrecht erlebt wurden. Die Personen, an denen Rache genommen wird, sind für den Rächer genau bestimmbar. Im Gegensatz dazu kann die Gruppe der betroffenen Menschen beim Neid und beim Haß wesentlich pauschaler ausfallen.

Gefühle entsprechen bewerteten Empfindungen

Vielleicht können Sie jetzt für sich klären, welche Gefühle Sie selbst spontan nennen würden. Und nachfolgend könnten Sie auch noch die Frage beantworten, was für Sie – im Gegensatz zu Gefühlen – Empfindungen sind. In Lexika wird der Begriff ›Empfindung‹ als Bezeichnung für sinnliche Wahrnehmung verwendet. Wenn Sie beispielsweise spüren, wie Ihre Mundschleimhaut trocken oder Ihre Handflächen feucht werden. Oder Sie erleben, wie Ihr Herz zu rasen, ein Muskel zu zittern beginnt, die Augen brennen oder Sie nach dem Start eines Flugzeugs nach einiger Zeit den Eindruck gewinnen, Ihre Ohren wären plötzlich offen. Das alles sind Empfindungen.

Empfindungen wären also Beschreibungen von körperlichen Erfahrungen, die sich von unserem ›Normalzustand‹ abheben und als ›Sensationen‹ in unsere Wahrnehmung rücken. Wir können solche Empfindungen auch willkürlich herbeiführen. Z. B. dadurch, daß Sie sich mit den Fingern einer Hand in den gegenüberliegenden Unterarm kneifen. Oder streichen Sie mit Ihrem Handrücken ganz zart über eine Ihrer Wangen. Achten Sie darauf, was Sie dabei empfinden. Üblicherweise würden wir bei Empfindungen gerade noch nach angenehm oder unangenehm unterscheiden. Wenn wir diese Empfindungen sprachlich weiter bewerten, beginnen wir bereits mit der Beschreibung von Gefühlen. Gefühle sind also bewertete Empfindungen. Und somit gibt es diese Gefühle nicht wirklich. Es sind Interpretationen unserer Empfindungen. Nur geschieht diese Interpretation so schnell, daß wir dies nicht zu bemerken scheinen.

Doch ist dies die erste und unwillkürliche Bewertung. Sie bezieht sich in aller Regel auch nicht auf eine einzelne Empfindung, sondern eher auf einen Komplex unterschiedlicher Empfindungen. Die ganz spezifische Zusammensetzung von Empfindungen – in einem Komplex – beschreiben wir dann als Gefühl. Vielleicht können Sie hierzu einen kleinen vergleichenden Versuch vornehmen: Lassen Sie in sich die Befindlichkeit lebendig werden, die Sie einen Schreck nennen. Danach achten Sie bei sich darauf, wie es für Sie ist, wenn Sie

Angst haben. Welcher körperliche Unterschied zwischen beiden Erlebensweisen fällt Ihnen auf? Wo und wie spüren Sie diese beiden Erlebnisformen? Während der Schreck, als unerwartete Reaktion, unsere Wahrnehmung blitzschnell neu organisiert, bedeutet die Angst schon eine erste Bewertung. Sonst wüßten wir nicht, daß wir Angst haben. Vielleicht hatten Sie soeben die Schwierigkeit, Angst bei sich willkürlich zu erzeugen? Das wäre nicht weiter verwunderlich. Um ein Gefühl in uns selbst zu erzeugen, benötigen wir den Kontext, in den dieses Gefühl eingebettet ist! Denn erst aus dem bewerteten Kontext heraus ergibt sich das Gefühl.

Schmerzen – körperliche Alarmsignale auch für den Geist

Andere Empfindungen sind beispielsweise die Erregung, das Wahrnehmen von Temperatur, Druck und Schmerzen. Der Schmerz ist eine besondere Einrichtung unseres Körpers. Er warnt vor körperlicher Überbeanspruchung, bevor das Körpersystem seinen Dienst ganz oder teilweise einstellt oder eine Schädigung erfährt. Der Schmerz bringt die Botschaft: »Jetzt sofort muß diese Arbeit auf andere Weise fortgeführt werden.« Bei der Entwicklung künstlicher Intelligenz und ebensolchen Robotern sieht man diese Funktion als wichtig an. Bisherige Maschinen kollabieren einfach. Zwar ist der sich entwickelnde Notfall in der Maschine meßbar, doch gehört zu einer ›intelligenten‹ Maschine eine maschineneigene Schutzreaktion auch auf noch nicht vorprogrammierte Extremsituationen.

Empfindungen entsprechen unmittelbarem Körpererleben. Gefühle enthalten erste und oft unbewußte Grundbewertungen. Gefühlskomplexe tragen bereits einen komplexen ideologischen Überbau in sich. Dieser Überbau verhindert das Erkennen des zugrundeliegenden Gefühls. Im Gefühl steckt aber der Zünder für die Handlungskraft.

Lust und Unlust – unsere ›ältesten‹ Urteile

Lust und Unlust sind sicherlich die ursprünglichsten Gefühle des Menschen. In Erweiterung zur Empfindung enthalten Gefühle eine Bewertung durch uns selbst. Wir kommentieren das Erleben, die eigene Wirklichkeit. Lust oder Unlust erleben wir sehr unmittelbar. Es ist ein Urteil über von uns Wahrgenommenes. Die Urteilsbildung ist nur möglich, wenn es in uns eine Referenz gibt, die entscheiden kann, ob wir etwas mögen oder ablehnen sollen. Hierzu verfügen wir über nervliche Organisationen, die physiologische Bedürfnisse widerspiegeln – wie bei Hunger, Durst und auch Sexualität. Zusätzlich entwickeln wir über unsere persönlichen Erfahrungen ›Wahrnehmungen über Vertrautes‹. In meiner Arbeit konnte ich folgendes beobachten: Vertrautes versieht sich in uns eher mit einem Lustgefühl, Unvertrautes tendenziell häufiger mit einem Unlustgefühl. Diese Beobachtung ist auch durch Forschung in der Sozialpsychologie belegt: Die Dinge, die wir kennen, sind uns angenehmer. Es geht sogar so weit, daß wir Gesichter, die wir in Form von schnell eingeblendeten Photographien unterschwellig vorgeführt bekommen haben, bei danach folgendem bewußten Betrachten als sympathischer empfinden.

Dann würde nicht das Angenehme in erster Linie Lust erzeugen, sondern das Vertraute würde dafür verantwortlich sein. Ein Geheimnis bleibt aber, wie jeder Mensch dieses Vertraute in sich so organisiert, daß einiges mit Lust besetzt ist und anderes nicht. Wie geschieht es, daß eine von zwei Schwestern sich einen Säufer zum Mann nimmt und die andere nicht. Beide erlebten einen Vater, der übermäßig viel Alkohol trank. Beide sind sich bewußt, daß sie das an ihrem Vater verabscheut hatten. Eine ist wie magisch davon angezogen, für die andere ist das kein Thema. Diese Beobachtungen tragen zum Verstehen von Lust und Unlust bei. Wenn wir tun, worauf wir Lust haben, muß das nicht notwendigerweise etwas sein, was für uns angenehm ist. Diese Lust sitzt in uns tiefer, als unser Bewußtsein sie beobachten kann. So kann bei diesem Beispiel die Unterschiedlichkeit der Beziehungen beider Töchter zu ihrem Vater wesentlich darauf wirken, daß die eine im Muster des Trinkers mehr Sicherheit zu finden meint als die andere.

Gefühlszustände – eine weitere Erfindung

Jetzt bitte ich Sie, auf zwei weitere Begriffe unseres Sprachgebrauchs Ihre Aufmerksamkeit zu lenken. Der eine ist der ›Gefühlszustand‹, der andere die ›Stimmung‹. Wenn Sie beispielsweise Ärger erleben, wie lange erleben Sie dieses Gefühl unverändert? Oder stellen Sie sich vor, wie Sie einem Menschen begegnen, den Sie sehr mögen. Sie freuen sich, ihn zu sehen. Wie lange hält diese Freude völlig unverändert an? – Vielleicht fällt Ihnen auf, daß sich Gefühle ständig verändern.

Eher über unsere Gedanken können wir etwas von der Stimmung einfangen, die mit einem Gefühl ausgelöst wurde. Bei einer Angststimmung sehen wir beispielsweise vor unserem geistigen Auge, wie schlimm, gefährlich oder unheimlich etwas sein soll. Das bedeutet, daß es Gefühlszustände nur in unserer Sprache und somit in der Welt unserer Gedanken gibt. Unsere Physiologie kennt einen Zustand nicht. Mit dem Beschreiben eines körperlich nicht existenten Phänomens erzeugen wir aber dennoch eine Wirkung in uns. Wir organisieren in uns Routinen, die das Erleben von Ausweglosigkeit erzeugen. Das gelingt uns, indem wir von der Beobachtung unseres Körpers zur Beobachtung unserer Gedanken wechseln und dabei so tun, als würden unsere Gedanken körperliches Geschehen unmittelbar wiedergeben. Bliebe unsere Aufmerksamkeit beim Körper, könnten wir erleben, wie die Empfindungen und mit ihnen unsere Gefühle sich wandeln. So können sich Angst und Ärger auflösen, indem wir ihrem Erleben keine Widerstände entgegensetzen. Statt dessen passiert in uns etwas anderes. Vielleicht haben Sie die Möglichkeit, das auszuprobieren und dabei zu erfahren, was sonst in Ihnen geschieht. Erleben Sie in einer Situation Angst, sagen Sie zu sich selbst: »Ich bin jetzt ganz neugierig darauf, was in mir gleich weiter geschehen wird.«

Gefühle als Kopplung von Körper und Geist

Über Lust und Unlust hinaus haben sich einige wenige Grundgefühle über kulturelle Grenzen hinweg etabliert. Gefühle
berühren die Kopplung von Körper und Geist. Diese Kopplung
besteht nicht durchgängig: In unserem Körper laufen viele Prozesse ab, auf die der Geist nicht reagiert. Umgekehrt kann unser
Geist manches abstrakt denken. Abstrakt bedeutet hier insbesondere losgelöst vom Körper. Diese besonderen Kopplungs-
sensationen – die Gefühle – sind nicht bloß eine Laune unserer
Natur. Wir können sie auch funktional beobachten.

Als ich dieses Arbeitsmodell in einem Workshop vorstellte,
behauptete eine Teilnehmerin, sie könnte mir geistig folgen,
aber eines wisse sie mit Sicherheit: das Gefühl Wut würde sie
nicht kennen. Ich lud sie zu einem Experiment ein, und sie
nahm das Angebot an: Sie sollte auf einem Stuhl Platz nehmen
und sich erheben. Ich würde hinter ihr stehen und sie immer
wieder sanft runterdrücken. Ihre Aufgabe wäre, immer wieder
von neuem aufzustehen. Beide würden wir gewaltfrei arbeiten.
Das bedeutete, sie dürfte keine zusätzliche Kraft aufwenden,
um den Widerstand meiner Hände zu überwinden. Ansonsten
sollte sie mit ihrer Aufmerksamkeit bei sich bleiben. Dann begann sie mit dem Versuch, sich aufzurichten, und ich drückte
sie sanft wieder auf den Sitz zurück, wieder und wieder.
Schließlich blieb sie sitzen. Sie schaute mich an und sagte: »Ich
habe eine so ungeheure Wut auf all die Menschen, die immer
wieder versucht haben, mir einzureden, was ich alles nicht tun
und haben kann.« – Am Nachmittag des gleichen Tages behandelten wir das Gefühl Zorn. Zu Beginn der sich anschließen-
den Kaffeepause sprach mich dieselbe Teilnehmerin an: »Also
das mit der Wut habe ich eingesehen, aber bei Zorn bin ich mir
sicher. Zorn kenne ich nicht. Zu diesem Gefühl bin ich nicht
fähig.« Ohne ihr darauf zu entgegnen, rempelte ich sie auf dem
Weg zur Kuchentheke sehr unsanft an. Während sie mir weiter-
erzählte und dabei eine Zigarette rauchte, nahm ich mir ein
Stück Kuchen und rempelte sie wieder an. Sie nahm das hin.
Ich stellte meinen Kuchenteller ab und faßte sie mit beiden

Händen an ihren Oberarmen und stieß sie sehr grob zurück. Da stieß sie mich zurück und brüllte mich an: »Hey, was soll das? Wenn Du keine Lust hast, Dich mit mir zu unterhalten, dann kannst Du das sagen. Du brauchst nicht gleich so grob zu werden.« Ich schaute sie an und sagte nur: »Stop. Was fällt Dir auf? Was für ein Gefühl hast Du gerade?« Ohne zu überlegen, erwiderte sie: »Was meinst Du denn? Zornig bin ich natürlich auf Dich. Meinst Du, Du kannst Dir alles herausnehmen – bloß weil Du der Seminarleiter bist?«

Motor ›Emotion‹

Im Englischen entspricht das Wort ›feeling‹ mehr unserer Empfindung. Und ›emotion‹ wird entweder mit Emotion oder aber mit Gefühl übersetzt. Folgen wir diesem Sprachgebrauch und ersetzen das Wort ›Gefühl‹ durch ›Emotion‹, eröffnen wir den Blick auf eine Funktion der Emotion. Ihre lateinische Herkunft verweist auf das Verb ›emovere‹, übersetzt wird es mit ›herausbewegen‹. Ein Zweck der Emotion ist das Herausbewegen eines Menschen aus einer gegenwärtigen Befindlichkeit oder Situation. Damit dieses Herausbewegen möglich wird, bedarf es der vorherigen Wahrnehmung einer Situation und der Bewertung ihrer möglichen Folgen. Somit sind Gefühle Bewegungsimpulse auf der Grundlage einer unmittelbaren Wahrnehmung und einer ebenso schnellen Bewertung des Wahrgenommenen im Hinblick auf wesentliche existentielle Funktionen eines Menschen.

Wie genau ein solches Gefühl körperlich organisiert wird, mag bei unterschiedlichen Menschen verschieden sein. Der grundsätzliche Prozeß des Zuordnens der Bedeutung einer Wahrnehmung ist gleich. In jedem Fall ist das Gefühl grundlegend für die allererste Körper-Geist-Verknüpfung. Zeitlich erfolgt sie deutlich vor einer weiteren Interpretation und Bewertung durch den Geist. Diese Verknüpfung von Körperwahrnehmung mit einem Lebenszweck ist so elementar, daß jeder Mensch über sie verfügt. Allerdings mag die Deutlichkeit, in der wir Gefühle erleben, sehr unterschiedlich intensiv sein.

Wenn Menschen zuweilen den Eindruck haben, sie hätten keine Gefühle, kann es an ihrer Vorstellung von Gefühlen liegen. Manche meinen, Gefühle seien ›laut‹ oder dramatisch im Ausdruck. Das ›Dramatische‹ ist eher Theater. Gefühle machen in unserem Alltag überwiegend ›leise‹ auf sich aufmerksam – zumindest solange wir in ihrer Wahrnehmung ungeübt sind.

Es gibt weder ›gute‹ noch ›schlechte‹ Gefühle

Beobachten wir Gefühle auf diese Weise, gibt es weder positive noch negative Gefühle. Gefühle können nicht ›gut‹ und nicht ›schlecht‹ sein. Wir können unangenehmere von angenehmeren Gefühlen unterscheiden. Doch bedeutet diese Differenzierung etwas völlig anderes als eine Kategorisierung von Gefühlen nach guten und schlechten. Gefühle sind nichts anderes als Grundwahrnehmungen, ausgestattet mit Bewegungsimpulsen. Angst und Trauer werden in diesem Modell nicht mehr als ›schlimm‹ bewertet. Sie müssen somit auch nicht mehr bekämpft oder unterdrückt werden. Vielmehr können sie als ein unmittelbares Unterstützungsangebot der Systemeinheit Körper-Geist verstanden werden. In der Entwicklung künstlicher Intelligenz werden Gefühle als Auslöser für Kreativprozesse angesehen. Da sie nicht lange anhalten, ermöglichen sie einen Umschwung (shift) im Wahrnehmen und Denken. Das Beobachten unserer eigenen Gefühle trainiert unsere Wahrnehmung in ihrer unwillkürlichen Integration von innerem und äußerem Erleben. Möglicherweise erzeugt dieser Prozeß die sogenannte emotionale Intelligenz.

Wahrnehmung – Gefühle – Entscheidungen

Genaugenommen fördert das Beobachten von Gefühlen unsere Entscheidungsfähigkeit. Wir entscheiden dann weniger ausschließlich auf der Grundlage unserer Vernunft. Statt dessen entstehen in uns Entscheidungen, die wesentlich effizienter Geist und Körpererfahrung verbinden. Umgangssprachlich kommt das in Formulierungen wie den folgenden zum Ausdruck: »Einen guten Riecher haben. Ein geschicktes Händchen beweisen. Mit dem Bauch entscheiden. Aus der eigenen Mitte heraus handeln.« Um aus der eigenen Mitte heraus handeln zu können, muß sich in ihr etwas befinden.

Die bewußte Wahrnehmung unserer Emotionen bewirkt das ›Bei-Sich-Sein‹. Zuweilen wird das auch als Authentizität bezeichnet. Das Beobachten eigener Emotionen setzt auch fortwährendes, intensives Lernen in Gang. Die Verwendung von Kategorien wie ›zutreffend‹ und ›unzutreffend‹ erfolgt dynamischer, weil beobachtet und nicht behauptet. Für die Qualität von Entscheidungen bedeutet dies, sie fallen ideologieärmer aus. Ideologiearmut in Entscheidungen verspricht große Kraft im Hinblick auf deren Umsetzung. Ob wir wollen oder nicht, wichtige Entscheidungen treffen wir ohnehin emotional. Ob beim Kauf eines Autos, eines Kostüms oder der Wahl eines Sexualpartners. Rationale Kriterien sprachen gegen genau diese Entscheidung, und trotzdem haben wir sie getroffen. Über das Beobachten unserer Emotionen wird aber eine zusätzliche Reflexion in uns ausgelöst. Mit ihr entwickeln wir mehr hilfreiche Differenzierungen und auch mehr Entschiedenheit und Klarheit in unserem Wirken. Um so hilfreicher, je mehr wir wissen, was wir an Emotionen beobachten können. Denn Emotionen haben nicht einfach recht!

Sensibilisierung für die eigene Bedürftigkeit

Eine junge Frau verstand nicht, wieso sie immer wieder Schwierigkeiten in intimen Beziehungen erlebte. Sie beschrieb ihre Erfahrung so: »Wir lernen uns kennen und finden uns gut. Nach kurzer Zeit, wenn ich mehr von ihm will, will er nicht mehr.« Ich hatte die junge Frau in einigen Situationen mit anderen Menschen beobachtet, dabei waren mir an ihr einige Bewegungsmuster aufgefallen, die hier eine wesentliche Rolle mitspielen könnten. So ging sie ohne sichtbares Zögern in unmittelbare körperliche Nähe zu anderen Menschen. Sobald aber einer dieser Menschen begann, ihr sehr nahe zu kommen, hielt sie ihre Arme und Hände abwehrend gegen den anderen.

Nach diesen Betrachtungen schien es mir auch nicht eine spezifische Schwierigkeit im Umgang mit dem anderen Geschlecht zu sein. So fragte ich sie, ob sie mit mir etwas ausprobieren wolle. Nachdem sie eingewilligt hatte, bat ich sie, im Raum stehenzubleiben und auf sich zu achten. Ich betonte, daß ich für sie ein fremder Mann sei. Ich würde jetzt ganz langsam auf sie zugehen. Wenn Sie den Eindruck hätte, ich dürfte ihr nicht näher kommen, sollte sie nur »Stop« sagen. Ich kam bis auf eine Armlänge an sie heran. Danach ging ich zu meinem Ausgangspunkt zurück und bat sie, jetzt ganz langsam auf mich zuzukommen. Sie solle sofort stehenbleiben, wenn sie den Eindruck hätte, sie käme sonst zu nah. Sie ging auf mich zu, und wenn mein Körper ihr nicht physisch eine Grenze gesetzt hätte, wäre sie noch weiter gegangen. Über dieses Ergebnis war sie selbst verdutzt. Ich fragte sie, ob ihr dazu irgendwelche Ideen kämen, die nicht nur Männer, sondern auch Frauen beträfen. Ihr fiel auf, daß sie Schwierigkeiten damit hatte, wenn andere etwas von ihr wollten. Sie hätte aber keine Schwierigkeiten damit, von anderen etwas zu wollen. Nach dieser Aussage schwieg sie eine Weile. Dann meinte sie, das sei ihr bisher so nicht aufgefallen. Ich riet ihr, in der Zukunft darauf zu achten, welches Gefühl sich bei ihr einstellte, wenn ein anderer ihr zu nahe kam, etwas von ihr wollte. Ich bot ihr folgende Auflistung von Gefühlen an: Angst, Ärger, Wut, Zorn, Trauer, Freude und Lust.

Ein Arbeitsmodell mit sieben ›Grundgefühlen‹

Wenn wir eines dieser Gefühle erleben, können wir uns fragen, warum wir genau dieses Gefühl haben. Sicher werden wir uns eine Antwort geben, die wir mehr oder minder akzeptieren. Doch können wir uns auch die Frage stellen, *wozu wir ein Gefühl hatten*. Diese Aufgabe stellte ich Studierenden. Sie ahnen, wie begeistert sie über diese Arbeit waren. Nachdem ich ihnen versichert hatte, daß ich natürlich nicht wüßte, ob Gefühle eine Absicht hätten, ich sie aber bäte, so zu tun, als ob, begannen sie mit ihren Beobachtungen. Die Studenten hatten die Arbeit sehr ernst genommen. In kleinen Arbeitsgruppen mit immer wieder anderen Teilnehmern erarbeiteten wir gemeinsam ein Beobachtungsmodell mit vier Bereichen:

Angst	sorgt für	Überleben
Ärger, Wut und Zorn	sorgen für	eigenen Raum
Trauer	gewährleistet	Beziehung
Freude und Lust	sorgen für	Gestaltung

Diese funktionale Betrachtung von Emotionen läßt eine Unterscheidung zwischen guten und schlechten Gefühlen nicht mehr sinnvoll erscheinen. Ärger, Wut und Zorn werden in diesem Modell von ihrer Wirkung unterschiedlich gesehen. Alle drei weisen darauf hin, daß der eigene physische oder psychische Raum durch andere nicht gewahrt wird und eine angemessene eigene Reaktion ansteht. Beim Ärger wurde das Reflexive (sich ärgern) als Hinweis darauf gewertet, daß die sich ärgernde Person ihren Raum anderen gegenüber nicht ausreichend gekennzeichnet hat. Der Ärger wäre eine Aufforderung an sich selbst, dies nachzuholen. Bei der Wut fehlt einer Person der Mut, etwas zur Sicherung ihres eigenen Raums zu tun. Beim Zorn existiert diese Kraft, und die erforderliche Handlung wird auch vorgenommen. Im Gegensatz zu Ärger und Wut kommt es beim Zorn zu einer Kraftentladung, möglicherweise aber einer unangemessenen.

Diese Weise des Erkennens eigener Emotionen erlaubt eine

Vielzahl differenzierter Maßnahmen. Beim Ärger ist zu klären, wem gegenüber bei welcher Gelegenheit welche Klärung vorzunehmen ist. Ferner kann der Ärger auch Hinweise darüber enthalten, was diese Person immer wieder zu ihrem Nachteil übersieht. Bei der Wut ist zu prüfen, vor welchen Folgen einer Klarstellung des eigenen Raumes die Person Angst hat. Beim Zorn kann die Frage der Angemessenheit des eigenen Vorgehens beantwortet werden. Jede dieser Klärungen ist ein Lernprozeß, der zu einer geschärften Wahrnehmung führt. Übrigens, es ›gibt‹ auch keine Grundgefühle, ich benenne diese Phänomene nur so.

Natürlich gibt es Möglichkeiten, sich mit Hilfe von Fragen den Kontexten eines Gefühls zu nähern. Die nachfolgenden Angebote sollen nur als Einstieg hierfür dienen. Wenn Sie erleben, wie in Ihnen ein Gefühl ›aufsteigt‹, ordnen Sie es zunächst einem der sieben ›Grundgefühle‹ zu. Dann beantworten Sie sich folgende Fragen:

- **Bei Angst:** Worin genau meine ich eine Bedrohung meiner Existenz zu erkennen? Wie kann ich mir meine ›Existenz‹ in dieser konkreten Situation auf undramatische Weise beschreiben?
- **Bei Ärger:** In welcher Situation genau habe ich wem gegenüber nicht angemessen für meinen Raum gesorgt? Welches Tun (auch Denken und Fühlen) kennzeichnet meinen Raum?
- **Bei Wut:** Wem gegenüber habe ich mich nicht getraut, meine Interessen auf angemessene Weise zu vertreten? Welche Interessen sind in diesem Fall betroffen? Welchen Zweck verfolge ich mit ihnen für mich? Welche Absicht erkenne ich hinter diesem Zweck?
- **Bei Zorn:** Inwieweit bedroht oder beeinträchtigt mich die andere Person konkret, mein Leben auf meine Weise zu führen? Wie genau möchte ich mein Leben führen? Worin genau besteht die Bedrohung oder Beeinträchtigung?
- **Bei Trauer:** Von wem (was) habe ich mich noch nicht wirklich verabschiedet? Was genau weigere ich mich in einer Be-

ziehung einzusehen oder anzuerkennen? Wozu bin ich in der Lage, sobald ich mich wieder auf mich selbst beziehe?

· **Bei Freude:** Was sollte ich jetzt wagen, ohne den Raum anderer zu verletzen? Was wollte ich schon lange für mich selbst tun?

· **Bei Lust:** Wozu könnte ich die unbändige Kraft, die ich jetzt in mir spüre, noch einsetzen? Was wäre das Außergewöhnliche in meinem Leben, mit dem ich jetzt beginnen kann?

Lassen Sie den Fragen und den Antworten Raum, sich zu entwickeln. Beobachten Sie die Veränderung Ihrer Befindlichkeit und Ihrer Gedanken und Einfälle.

So ›bin‹ ich eben nicht!

Die Neigung zum geflissentlichen Übersehen wiederkehrender Unannehmlichkeiten nimmt auf diese Weise mehr und mehr ab. Damit entfällt auch die Notwendigkeit, diese Emotionen auf schädigende Art zu pflegen. Etwa mit der Aussage »So bin ich eben.« – Ein Personalvorstand ärgerte sich immer wieder über seinen Kollegen, der für das Finanzressort zuständig war. Der Finanzvorstand war der Auffassung, von seiner Position aus Personalfragen unternehmensweit regeln zu müssen. Als der Personalvorstand die Frage beantwortete, wozu dieser Ärger unverzichtbar und wertvoll sei, schmunzelte er und sagte dann: »Solange ich nicht klarstelle, daß das Regeln von Personalangelegenheiten eindeutig in meine Zuständigkeit fällt, werde ich mich immer wieder ärgern. Mein Gott, das ist ja schrecklich, wie einfach das ist.« Der Ärger erfüllte die Aufgabe, darauf aufmerksam zu machen, daß er für die Wahrung seines Gestaltungsraums nicht ausreichend sorgte.

Gefühle wollen durch uns hindurch

An dieser Stelle möchte ich Ihnen eine Geschichte von einem sehr engen Freund erzählen. Aus erster Ehe hatte er eine volljährige Tochter. Eines Tages erfuhr er von ihrem Tod. Die Nachricht traf ihn völlig unvorbereitet und mit voller Wucht. Die dadurch ausgelöste Trauer war so heftig, daß er manchmal dachte, es zerreisse seinen Körper. Trotz dieses unsagbar tiefen Schmerzes lehnte er jeden Trost von anderen ab. Er zog sich für einige Tage ganz von anderen zurück. »Als ich dachte, ich kann nicht mehr, ich sterbe, kehrte plötzlich eine ganz tiefe Ruhe in mir ein. Ich konnte mir mein Kind anschauen, ohne in Tränen auszubrechen. Irgendwie hatte ich eine ungeheure innere Kraft und war ganz klar im Kopf. Mir kam der Gedanke, das hat etwas mit Beziehung zu tun. Diese Trauer hat mit Beziehung zu tun. Die Trauer ist jetzt vorbei, aber Beziehungen aufzunehmen, das bleibt.«

Wem der Zusammenhang zwischen der Trauer und sozialen Beziehungen noch nicht klar ist, der mag sich die Bedeutung des Verlustes einer Beziehung vergegenwärtigen. Erst wenn wir in einer Beziehung bereit sind, uns ihren möglichen Verlust bewußt vor Augen zu führen, setzen wir unsere ganze Kraft für sie ein. Denn das Wissen um den möglichen Verlust einer jeden Beziehung begleitet uns ohnehin. Das Leugnen dieses Wissens schwächt uns. Wir treten mit Vorbehalten in die Beziehung. Das bedeutet, wir beziehen uns nicht ganz auf das, worauf wir uns beziehen wollen.

Wenden wir uns der Angst zu, werden wir feststellen, wie sehr sie uns fast im wörtlichen Sinn beflügeln kann. Die Angst als ein Gefühl ist vom Gefühlskomplex ›Angst‹ abzugrenzen. Das Gefühl Angst warnt und aktiviert eine weitere Wahrnehmungsebene, und sie konditioniert den Körper für viele ›Überlebenseinsätze‹. Es ist sehr hilfreich, sich bei Angst zu vergegenwärtigen, wovor genau die Angst warnt. Aufschlußreich bei Angst ist die Beantwortung der Frage, was jetzt zu tun ist, um die Angst zu überwinden. Seien Sie darauf vorbereitet, daß Ihnen unerwartet viele praktikable Einfälle kommen.

Gefühlskomplexe wirken auch – nur anders

Im Gegensatz zur Angst wirkt der Gefühlskomplex ›Angst‹ lähmend auf die Wahrnehmung und auf die eigene Handlungsfähigkeit und -willigkeit. Dieser Komplex etabliert sich in uns, wenn wir dem Angstgefühl den ›Durchmarsch durch unseren Körper‹ verwehren. Zum Beispiel indem wir unser Erleben kommentieren und uns dabei in unserer Gedankenwelt das ursprüngliche Gefühl ›Angst‹ bestätigen. Das ursprüngliche Gefühl, das Handlungsimpulse bereithält, wird durch Gedanken ersetzt. Diese befassen sich mit den selbst erdachten Folgen aus dem angstauslösenden Ereignis. Je mehr wir den Zugang zum Gefühl verlieren, desto mehr etabliert sich ein Komplex zu diesem Gefühl als eigenständiges Kommunikationssystem in unserem Kopf. Und das entwickelt ebenfalls Wirkung...

Wenn hier von Lust die Rede ist, dann von der plötzlichen Lust, etwas Bestimmtes zu tun. Ich meine damit nicht die sexuelle Lust, die für mich tiefer als ein Gefühl organisiert ist. Gegenüber der Freude ist das Gefühl ›Lust‹ unmittelbarer und handlungsaktiver. In diesem Sinne gibt es eher eine ›stille Freude‹ als eine ›stille Lust‹. Beide sorgen auf besondere Weise für das Entwickeln und Umsetzen neuer Ideen, sobald wir eben Lust auf sie entwickelt haben.

Die lebenslange Wut

Ein Bankdirektor mitten in einer vollentfalteten ›Midlife-Crisis‹ berichtete, er habe die vergangenen 25 Jahre immer wieder eine unheimliche Wut bei sich erlebt. Das Seltsame sei gewesen, daß er keine ernstzunehmenden Widersacher ausmachen konnte, auf die er seine Wut hätte richten können. Und jetzt zu Beginn seines sechsten Lebensjahrzehnts würden ihn diese Wutanfälle immer häufiger überfallen. Auf die Frage »Was wollten Sie in Ihrem Leben schon immer tun und haben es nie gewagt?« begann er plötzlich zu weinen. Offensichtlich hatte er mit dieser eigenen Reaktion nicht gerechnet.

Nachdem seine Erregung abnahm, erzählte er von seinem größten Wunsch als Jugendlicher. Er wollte Dirigent werden. Seine Eltern hielten das für »Phantastereien«, mit denen er keine Familie angemessen ernähren könnte. Sie hätten ihn schließlich nicht in die Welt gesetzt, damit er mit einer brotlosen Kunst ihnen auch noch im Alter zur Last fallen würde. Darauf begann er nach dem Abitur eine Ausbildung bei einer Bank und machte in diesem ›Beruf‹ auch Karriere. »Aber meine Kreativität und mein musikalisches Verständnis blieben auf der Strecke«, erzählte er. Als er das erzählt hatte, wirkte er ruhig, befreit und ›bei sich‹. Nach einer längeren Pause schaute er mich mit einem spitzbübischen Lächeln an: »Für das Dirigieren bin ich wohl schon ein wenig alt. Aber ich glaube auch nicht zu alt. – Mal sehen.«

Der Beobachter verändert das Ergebnis – nicht nur in der Quantenmechanik

Das Beobachten unserer Gefühle läßt sich in unseren Lebensalltag integrieren – als ein weiteres Werkzeug. Die Nützlichkeit erfahren Sie bereits in kleinen, wiederkehrenden, undramatischen Situationen. Immer wieder dann, wenn Sie kleine und dennoch weitreichende Entscheidungen treffen. *»Trinke ich das Glas Wein noch ganz aus?«, »Soll ich den Wagen jetzt oder erst morgen früh volltanken?«, »Nutze ich die Gelegenheit und spreche jetzt gleich mit meinem Mitarbeiter?«, »Spiele ich mit meinem Kind oder gehe ich Golfen?«, »Den stelle ich ein«, »Die Aktie verkaufe ich jetzt zu dem Preis«.* Achten Sie, während Sie solche kleinen Entscheidungen treffen, auf Ihr Gefühl. Beobachten Sie es, und nutzen Sie die kleine Matrix zur Zuordnung.

Nach einiger Zeit werden Sie erleben, wie sich die Weise Ihrer Entscheidungsfindung und der Umsetzung des Entschiedenen von innen heraus verändert. Auch hier greift der Satz aus der Quantenmechanik: »Der Beobachter verändert das Ergebnis.« Ohne zu wissen, wie das neue Ergebnis aussehen wird. Es sollte Sie nicht weiter verwundern, wenn Sie dabei die seltsame Erfahrung machen, daß Ihre Entscheidungen für Sie selbst stimmiger werden und die Ergebnisse Sie mehr befriedigen.

Sollten Ihnen einmal sehr starke Gefühle widerfahren, die Ihr Bewußtsein zu überfordern drohen, können Sie folgende Vorgehensweise einsetzen: Stehen Sie auf, lassen Sie Ihr Körpergewicht gleichmäßig auf beiden Füßen ruhen. Die Augen sind geöffnet, und atmen Sie dieses starke Gefühle mit offenem Mund aus Ihrem Bauch aus.

7 Sex, Gender, Lust und Liebe

»Da habe ich wohl etwas zu emotional reagiert«, erzählte mir ein männliches Vorstandsmitglied. »Was meinen Sie damit?« fragte ich. Nach kurzem Stirnrunzeln antwortete er mir: »Na ja, da habe ich halt unbeherrscht reagiert.« Üblicherweise sind Männer rational und Frauen überwiegend emotional – oder? Gemäß der Übersetzungsregel, die dieses Vorstandsmitglied für anwendbar hielt, hieße das, Frauen sind unbeherrscht und Männer bleiben eben rational. Auch wenn hier zu ›Tatsachen‹ nichts mehr angemerkt werden soll, gibt es beispielsweise folgende Fragen: Woher wissen Männer, daß sie rational sind? Woher wissen Frauen, daß sie emotional sind? Wer weiß, daß das eine das andere ausschließt? Und woher wissen wir überhaupt, wie wir sind? Unter Leadership-Gesichtspunkten sind unsere eigenen Antworten auf diese Fragen bedeutungsvoll. Sie entscheiden darüber, welche Handlungsmöglichkeiten wir aus unserem Umgang mit Frauen und Männern erkennen.

Schließlich können wir unsere Sexualität in der Berufswelt nicht wegschließen. Sie ist ein Teil unseres Seins. Sie kann uns beflügeln und zu Höchstleistungen führen. Ebenso kann sie uns verwirren oder für Verletzungen durch Übergriffe sorgen und damit für einen dramatischen Leistungsabfall. Auch unter diesen Gesichtspunkten lohnt es sich, gesellschaftliche Muster zu betrachten, die auf unser Handeln einwirken.

Mehr Gender als Sex in unserem Leben

Die englische Sprache kennt die Worte *sex* und *gender*. Sex meint das biologische Geschlecht, und Gender benennt das, was beide Geschlechter im sozialen Kontext unterscheidet: die Geschlechterrolle. Wenn wir in den Kategorien der ersten Sätze dieses Kapitels denken, benutzen wir Gender-Kriterien. Diese Kriterien werden oft herabsetzend verwandt. Eltern, die ihren Kindern sehr nachdrücklich ein anderes Bild beider Geschlechter vermitteln wollen, sind nicht frei von der Erfahrung, daß sich ihre aufgeklärten Zöglinge dennoch recht ungehemmt sexistisch gebärden können. Wenn auch nur hin und wieder. Wie entstehen Vorurteile, die so tief in uns sitzen, daß sie nicht einmal über Nüchternheit und wissenschaftliches Arbeiten aufgelöst werden, geschweige denn durch Erziehung? Oder was läßt Erziehende selbst zuweilen den Glauben an das verlieren, was sie vermitteln wollen?

Jede Kultur entwickelt ihre Rollenbilder, die einem ganzen Geschlecht zugeordnet werden. Soweit wir die christliche Kultur betrachten, haben wir es mit gedanklichen Vorstellungen über das Sein im allgemeinen und die Bedeutung der Geschlechter im besonderen zu tun, die uns über mehrere Jahrtausende infiltriert wurden. Ich gebrauche das Verb ›infiltrieren‹, weil sich dieser Prozeß völlig unabhängig davon vollzieht, ob wir uns auch zu einer dieser christlichen Religionsgemeinschaften bekennen. Dies wird durch die Beiläufigkeit und Alltäglichkeit bewirkt, in der viele Aussagen über die Geschlechter gemacht werden. Über Ausdrückliches können wir gezielt streiten, Beiläufiges vollzieht sich viel zu schnell und scheinbar nebensächlich. Entweder ein Widerspruch lohnt nicht in der gerade erlebten Situation, oder die streitbare Aussage ist bereits derart in unseren Wahrnehmungshintergrund gerutscht, daß wir sie fast nicht zu bemerken scheinen. Aber eben nur fast.

Sexualität unterliegt eigenen Regeln

Sexualität berührt uns unmittelbar. So unmittelbar, daß wir genügend Situationen erleben, in denen unser eigener Körper etwas anderes tut, als unser Geist ursprünglich wollte. Oder Situationen, in denen ein Teil unseres Geistes Gedanken denkt, Vorstellungen entwickelt, die ein anderer Teil desselben Gehirns verbieten wollte – aber nicht kann. Das alles ist nicht nur für Kinder und Heranwachsende aufregend. Auch Erwachsene können an sich Unerwartetes und Beunruhigendes und zu-

gleich Lustvolles erleben, das mit der eigenen Geschlechtlichkeit zu tun hat. In unserem Kulturkreis sind solche persönlichen Erfahrungen eine Unerhörtheit.

Wie kann sich der Körper das Recht herausnehmen, jetzt gerade sexuell erregt zu sein? Woher kommt es, daß ich nicht will
und dennoch eine ungeheure Lust verspüre? Was – zum Teufel –
geschieht da gerade bei mir, daß ich will und nicht kann?

Der Teufel – ein Mann in der Frau?

Das Christentum hat für diese unkontrollierten Erscheinungen
einen Schuldigen gefunden: den Teufel. Der Teufel ist selbstverständlich auch ein Mann, weil alle wichtigen Personen im
Leben Männer sind. Das Teuflische ist nur, daß dieser Kerl sich
immer wieder Frauen aussucht, über die er andere Männer ihre
leibliche Kontrolle verlieren läßt. Der Teufel erscheint dann in
Gestalt einer Frau. Da wir aber eine Frau von einem Teufel
nicht unterscheiden können, wenn er sich im Leib der Frau
eingenistet hat, müssen wir Männer annehmen, daß in allen
Frauen ein Teufel steckt. Und es kann auch nur der Teufel sein,
denn mein Geist beherrscht doch meinen Körper. Wenn mein
Körper etwas macht, was mein Geist nicht will, kann es sich
nur um eine fremde Macht handeln, die hier eingreift. Und
wenn sogar mein Geist etwas will, was derselbe Geist nicht zu
wollen hat, kann es sich nur um einen außerirdischen Eingriff
handeln.

Damit sind wir auch schon mitten drin in dieser vertrackten
Geschichte. Wenn Sie jetzt zufällig noch die kleine Bibel für
den Hausgebrauch hinzuziehen, im Hotel finden Sie sie im
Nachttischchen, können Sie jetzt gleich mitlesen. Ob wir die
Bibel als nicht zu beweisendes, aber darum nicht minder wahres
Zeugnis der menschlichen Herkunft betrachten oder ob wir
dieses »Buch der Bücher« der Welt der Mythen zurechnen, bewußt oder unbewußt, gewollt oder ungewollt wirken die vielen biblischen Metaphern als Archetypen in uns.

Biblisches – Wie alles kam!?

Krimis liest man von hinten, die Bibel von vorn. Das ist der einzige Weg, diesen ›Krimi christlicher Archetypen‹ zu verstehen. Falls Sie also am Anfang beginnen, im Alten Testament in der »Genesis«, dem sogenannten »Ersten Buch Moses«, erfahren Sie, wie alles kam. Nachdem Sie also auch gelesen haben, daß die Erkenntnis von Gut und Böse Menschen sterblich macht, wenn sie nicht auch vom Baum des Lebens genascht haben, wird Ihnen eine biblische Teilwahrheit über das Entstehen von Mann und Frau angeboten. Auf diese Unterschlagung des Rests der ›Wahrheit‹ komme ich noch etwas später zu sprechen.

Und dann nimmt die Unterscheidung von Mann und Frau ihren Lauf, das ›Gender Gap‹ des Alten Testaments beginnt sich zu entwickeln. Dieser Unterschied von Mann und Frau ist so ›schlüssig‹, daß bis heute keine Brüche ihn zu überwinden vermochten: weder das neue Testament mit seiner Nächstenliebe, noch die philosophische Aufklärung, noch neupolitische Behauptungen von der Gleichberechtigung von Ungleichen und auch nicht die sogenannten ›wissenschaftlichen‹ Forschungsergebnisse waren dazu in der Lage. Doch würde es mich nicht wundern, wenn auch hier der Teufel seine Finger wieder im Spiel hätte. Denn irgendeine Macht hindert den überlegenen menschlichen Geist zu erkennen, was eben dieser Geist beobachtet.

Was bekam Eva wirklich von der Schlange?

Vielleicht ist ja das Teuflische die Vorspiegelung von folgendem gewesen: Hätten Eva und Adam wirklich vom ›Baum der Erkenntnis‹ gegessen, hätte ihnen und uns als ihren Nachfahren manches klarsein müssen, was uns nicht klar ist, z.B. die eindeutige Unterscheidung von ›gut‹ und ›böse‹. Genau diese Zuordnung hängt aber von unserem Blickwinkel ab, der sich immer wieder ändert. So ist diese Erkenntnis von Gut und Böse offensichtlich Gott und seinem Teufel vorbehalten, und die beiden genießen ihre Unsterblichkeit.

Möglicherweise wurden Adam und Eva aber nicht wegen eines Apfels, den sie gar nicht gegessen haben konnten, aus dem Paradies vertrieben, sondern wegen einer Unwahrheit. Eva ist gar nicht Adams erste Frau! Vielleicht haben Sie so etwas bereits geahnt, oder Sie hörten von diesem Gerücht – oder haben ohne mein Wissen in einem großen Lexikon unter dem Stichwort *Lilith* nachgeschlagen.

Emotionale Lilith – einsamer Adam

Die Geschichte von Lilith möchte ich Ihnen auf meine, ebenfalls unbewiesene Weise erzählen: Zu Beginn gab es Adam und Lilith, Mann und Frau. Doch Lilith bestand darauf, daß die Benennung Lilith und Adam lauten sollte. Sie merken schon, es geht um die Kleinlichkeit, wer zuerst genannt wird. Adam war es egal, wer an erster Stelle in den Geschichtsbüchern aufgeführt wird. Und so sprach er zu seiner Frau Lilith: »Hör mal, mir ist es egal, wer als erster genannt wird. Was spricht dann dagegen, wenn mein Name an erster Stelle steht.« Lilith soll an dieser Stelle sehr emotional (unkontrolliert) reagiert haben und als Folge ihrer Uneinsichtigkeit über die gleichgültige Rangfolge ihren Mann Adam verlassen haben. Adam war sehr betrübt darüber. Nicht darüber, daß Lilith endlich aus freien Stücken gegangen war. Eigentlich hat ihn ihr Gehen entlastet, hatte sie doch ein zänkisches Wesen, das sich auch über unbedeutende Geringfügigkeiten wie Rangfolgen aufregen konnte. Betrübt hatte Adam das Fehlen einer Gespielin. Einer Gespielin, denn alleine macht auf Dauer auch das Mannsein keinen Spaß. – Sie verstehen doch, was ich meine. In seinem Gram wandte er sich an Gott, mit der Anspielung, beide seien sie schließlich Männer. Wenn auch er, Adam, mehr Mann im ursprünglichen Sinn sei. Gott soll sich damals auf keine langen Diskussionen eingelassen haben. Statt dessen habe er Adam geraten, sich doch einfach eine geeignete (willige) Frau zu erträumen. Darauf legte sich Adam hin und schlief einfach gleich ein. Gott erbarmte sich seiner dann schließlich, mit den Worten: »Mensch, Mann, noch nicht mal anständig träumen kannst Du.« Dann erst nahm er die erwähnte Rippe und formte aus ihr eine Frau, Eva. Übrigens ist dieses Ereignis auch gleichzeitig die erste verbriefte Schilderung einer biblischen gentechnologischen Anwendung.

Der Preis der Zweisamkeit – Lust in beiden

Da sie, Eva, aber aus dem gleichen Stoff gemacht war wie Adam – das ist das Essentielle der Gentechnik –, besaß sie auch seine Fähigkeiten, wie Uneinsichtigkeit, Rationalität und Lust. Wir alle wissen, wie es weiterging und immer noch geht. Die weiterentwickelte Rippe sagte Adam, wo es langging. Da es Adam aber gleich war, wer wem was zu sagen hat, tat er einfach so, als würde er ihr sagen, was zu tun wäre. Beide taten dann so, als wüßte jeder von ihnen besser, was für den anderen gut sei.

Nur eines konnte Adam nicht ertragen, daß Eva nämlich auch als erste Lust haben konnte. So wie aus freien Stücken. Doch nicht, daß Sie jetzt glauben, Lust hätte etwas mit Freiheit zu tun. Das wäre ein fataler Irrtum. Das Theater, das sich zwischen beiden entspann, störte den Frieden im Paradies.

Für die Vertreibung aus dem Paradies gibt es mehrere Versionen. Die eine besagt, Adam hätte von seinem Gott gefordert, er solle aus einer weiteren Rippe eine zweite Frau formen. Gott habe diesen Anspruch aber weit von sich gewiesen. Nicht aus moralischen Gründen, ihm war das dauernde Gekeife von Adam schlicht zuviel. Eine andere Geschichte erzählt, beide hätten das Paradies freiwillig verlassen, weil es ihnen dort zu langweilig gewesen sei. Diese Version würde beispielsweise erklären, warum so viele Menschen davon sprechen, wie gerne sie später im Paradies wären. Und im Leben halten sie sich überwiegend in der Hölle auf, weil dort was los ist. Meine Nachforschungen ergaben, daß das alles sehr verwirrend war.

Auch für Gott. Er soll gedacht haben: »Macht doch, was ihr wollt, aber kommt selbst damit klar. Ich muß mich jetzt um schwarze Löcher und expandierende Galaxien kümmern.«

Woher hatte Moses, was er aufschrieb?

Moses, der einige Zeit später seinem Ordnungstrieb unterlag, ging daran, die Geschichte selbst zu ordnen. Da ihm keiner bei seiner Arbeit widersprach – Gott hatte keine Lust mehr – begann er eine ungemein kreative Arbeit. Er beschrieb ganz beiläufig, welches Schicksal er, Moses, Männern und Frauen zusprach. Gottes Allmacht einbeziehend formulierte er hierzu Texte. Wenn der Allmächtige an ihnen keinen Gefallen fände, würde dieser dank seiner Allmacht eingreifen. Das dachte er mindestens. Gott griff aus den zuvor erwähnten Gründen nicht ein. Also dachte Moses, Gott, den Moses oder die Schreiber zu einem Langbärtigen gemacht haben, sei damit einverstanden. »Wenn das so ist, und nur so kann es sein, sonst wäre es anders, kann ich eigentlich auch sagen, daß Gott selbst es so gesagt hat, wie ich es hier aufschreibe«, überlegte sich der Gesetzestafelüberbringer. Und er fuhr fort mit dem Aufschreiben von Behauptungen.

Ob Sie diese Zeilen empört oder belustigt gelesen haben, diese erfundene Darstellung dient dem Zweck, auf die Unterschlagung von ›Lilith‹ in der Genesis hinzuweisen. Statt sich mit ihrer Person und ihrem Anliegen angemessen zu befassen, wurde die Genesis geschrieben, wie sie Ihnen bekannt ist – oder doch nicht? An dieser Stelle werde ich nicht die ganze Genesis abschreiben, Sie wissen ja, wo Sie sie nachlesen können. Doch folgender kleiner Ausschnitt soll Ihnen helfen, sich ein wenig mehr auf die biblische Betrachtungsweise unseres Themas einzulassen: »Zur Frau sprach er (Gott): ›Zahlreich will ich Deine Beschwerden machen und Deine Schwangerschaften: unter Schmerzen sollst Du Kinder gebären. Und doch steht Dein Verlangen nach Deinem Manne, er aber soll herrschen über Dich.‹ Zum Manne sprach er: ›Du hast auf die

Stimme Deiner Frau gehört und vom Baume gegessen, von dem zu essen ich Dir streng verboten habe; darum soll der Ackerboden verflucht sein um Deinetwillen; ...‹« 1 Moses 3,16–17.

Apostel Paulus' gestörte Beziehung zu Frauen

Sehr viel später greift der Apostel Paulus diesen Gedanken auf, und beiläufig äußert auch er sich zu dem leidigen Thema Frauen und Männer. »Wie in allen Gemeinden der Heiligen sollen die Frauen schweigen in der Gemeindeversammlung; denn es ist ihnen nicht gestattet zu reden, sondern sie sollen sich unterordnen, wie auch das Gesetz es sagt.« So lautet die Übersetzung in Paulus' erstem Brief an die Korinther (1. Korinther 14 Vers 34). Das Gesetz meint Moses.

Eine Frau, die mich auf die zuletzt zitierte Stelle aufmerksam gemacht hatte, brachte eine Einschränkung an. In einer neueren Übersetzung – »Die Bibel in heutigem Deutsch« – sei diese Stelle wiedergegeben mit »Wie es bei allen christlichen Gemeinden üblich ist, sollen die Frauen in euren Versammlungen schweigen«. Das Adverb *üblich* wäre ein abschwächender Hinweis darauf, daß sich dieses Gebot, wie sich Frauen bezüglich ihres Wissens zu verhalten habe, auch nach kirchlicher Auffassung wandeln könne. Meine Frage zu dieser Betrachtungsweise ist, wer darüber entscheidet, was üblich ist. War es die ›heilige Mutter Kirche‹, die den Frauen mehr Rechte aus einer göttlichen Eingebung heraus zugestand? Oder sind es Frauen, die sich nicht mehr alles bieten lassen?!

Seit mehreren Jahrtausenden erklären im christlichen Kulturkreis Menschen sich selbst, wie sie als Frauen und Männer sind und wer über wem liegt oder steht. Sie erfinden Regeln, wer was darf, und natürlich auch die zugehörigen drakonischen Strafen, wenn besonders Frauen etwas taten und tun, was ihnen kraft ›göttlichem‹ Willen weder zustand noch zusteht. Und dann wird so getan, als sei das biologisch. Denn manifestiert sich göttlicher Wille nicht am leichtesten in der Biologie?

Behauptungen neigen zu Gewalt

Die Wucht des Erlebens der eigenen Sexualität hat die bis
heute nicht gelösten Schwierigkeiten des evolutionären Prozesses offengelegt: Die Kompatibilität zwischen Geist und Körper erfordert eine reife Seele. Eine reife Seele entsteht aber
wohl nicht einfach durch Implementierung von Religion als
einem abgekoppelten, störrischen und wahrnehmungsfeind-
lichen Kommunikationssystem. Statt zu beobachten, wurde und
wird behauptet. Behauptungen sind auf das Ausüben von Macht
angewiesen. Ausgeübte Macht neigt zu Gewalt. Ist diese Gewalt göttlicher Natur, ›darf‹ sie auch durch dafür ausersehene
Menschen vollstreckt werden. Doch bedarf es vorher einer Of-
fenbarung von Regeln, nach denen die Macht ausgeübt wird.
Diesem Zweck dienen neben Gesetzen institutionalisierte Er-
zählungen, aus denen die Bibel überwiegend zusammengesetzt
ist.

Paulus' Unterscheidung zwischen Mensch und Frau

Der Gesetzeskanon für christliche Gendervorschriften wurde
über Jahrtausende gepflegt. In dem schon erwähnten Paulus-
Brief an die Korinther finden Sie noch einige weitere Hinweise
zur Verteilung von Macht zwischen den Geschlechtern. Die
Wirkung auf die Gläubigen leitet sich aus einer Grundver-
wirrung ab: Sie finden Überprüfbares, weil durch sie selbst erfahrbar, verstrickt mit Behauptetem, weil eben nur glaubbar.
Eine wahre Teufelsmischung.

  In Kapitel 7 beschreibt Paulus, geschickt wie ein Demagoge,
was – nach seiner Auffassung – gut und richtig ist. »Wovon ihr
aber mir geschrieben habt, darauf antworte ich: Es ist dem
Menschen gut, daß er kein Weib berühre.« Mit diesem Satz beginnt er beiläufig eine gewichtige Unterscheidung einzu-
führen, die zwischen Menschen und Frauen. Nur der Mann ist
ein Mensch! Ferner stellt er mit nur diesem Satz fest, daß die
Berührung von Frauen für Menschen abträglich sei. Um diese

Aussage etwas zu mildern, gibt er in den nachfolgenden Sätzen weitere Maßregeln aus. Sie beschreiben, unter welchen Voraussetzungen der geschlechtliche Umgang doch noch gerade duldbar sei. Insgesamt wäre aber die Geschlechtlichkeit abzulehnen. Natürlich fällt diese Aussage nicht in so klaren Worten, es geschieht ganz subtil und dadurch auch so wirksam: »Den Ledigen und Witwen sage ich: Es ist ihnen gut, wenn sie so bleiben wie ich.« Mit dieser Passage im Satz 8 spielt er auf seine eigene Partnerlosigkeit an. Weiter in 7, 25-27 wird von Paulus die Idee der Geschlechtsfeindlichkeit fortgesponnen mit den Worten: »Über die Jungfrauen habe ich kein Gebot des Herrn; ... So meine ich nun, solches sei gut um der kommenden Not willen – es sei dem Menschen gut, ledig zu sein. Bist Du an eine Frau gebunden, so versuche nicht, von ihr loszukommen; bist du los von der Frau, so suche keine Frau ...«

Im Zentrum steht der Mann. Die eigene Frau dient dem Manne dazu, dessen Begierde zu kanalisieren. Denn die Abfolge von Gebet und Geschlechtsverkehr mit der eigenen Frau führt dazu, daß der Satan diese Menschen nicht versuchen kann, I. Korinther 7, 5. Wenn Sie mehr zu dieser Quelle interessiert, lesen Sie diesen Brief aufmerksam durch, und achten Sie dabei auf die Abfolge der dort angebotenen Regeln. Einen letzten Hinweis auf die Stellung der Frau, auf ihren Platz in der christlichen Rangfolge – nach Meinung des Apostels Paulus – möchte ich hier noch anfügen. In selbigem Brief in Kapitel 11, Vers 3 verkündet er: »Ich lasse euch aber wissen, daß Christus ist eines jeglichen Mannes Haupt; der Mann ist aber des Weibes Haupt; Gott ist aber Christi Haupt.« Damit ist alles Wesentliche gesagt. Schließlich war und ist Paulus nicht irgendwer im Christentum.

Das Weibliche ist körperlich – das Männliche ist geistig!?

Die Herrschaft des Geistes über den Körper, demonstriert am Beispiel des Jesus von Nazareth bei seiner Kreuzigung, und dann übertragen auf den Mann schlechthin in seiner Eigen-

schaft als das Haupt der Frau, führt scheinbar ganz schlüssig
zum rationalen Mann. Im Filter christlicher Wahrnehmung
schließt das eine das andere aus – über die klaren Wertigkeiten,
die beiden Konzepten zugesprochen werden. So gewinnen wir
auf der Ebene der christlichen Kultur als Ideal den entemotio-
nalisierten Mann. Als geringzuschätzendes Objekt ist die ent-
rationalisierte Frau erfunden. Als Aufgabe für uns bleibt somit
das Entwickeln eines gangbaren Weges zur Aufhebung der
institutionalisierten Verachtung des Körperlichen in unserer
Kultur bestehen. Einer Kultur, die als Grundlage und Bezugs-
system aller gesellschaftlichen Prozesse des christlichen Abend-
landes dient. *Aller gesellschaftlichen Prozesse* meint unsere Rechts-
ordnung, unsere Forschung in den Naturwissenschaften, unser
Beobachten in den Geisteswissenschaften, unser Bildungssy-
stem und auch unser politisches Verständnis von Macht. Sie alle
wirken, bemerkt oder unbemerkt, im Kommunikationssystem
›Führung‹.

Gender betrifft Frauen und Männer

Genderaspekte sind so fein in gesellschaftliche Prozesse verwoben, daß sie sich nicht einfach auf der Grundlage eines Gesetzes
entfernen lassen. Mit Hilfe von Gesetzen und strukturellen Veränderungen in Organisationen lassen sich aber allenfalls gewisse
Änderungen anfügen. Dies alles bleibt so lange nur *ange*fügt, solange diese Bemühungen nur als Anliegen von Frauen und Aktion für Frauen verstanden wird. In der ›Männerwelt‹ wird
trotzdem weitergewitzelt und – an die ›neue‹ Lage angepaßt –
weiter herabgesetzt. Frauen, die heute selbst in einflußreichen
Positionen arbeiten, können sich trotz ihres Frau-Seins nicht
frei von Übergriffen gegenüber rangniederen Männern wäh-
nen. Möglicherweise sind Übergriffe weniger geschlechtlich
bedingt, sondern mehr ein Aspekt von Macht. Macht ist aber
geschlechtsneutral. Sie ist nicht an ein bestimmtes Geschlecht
gebunden.

     In der Führung ist es hilfreicher, unsere Beobachtungsweise

auch hier bereits im Ansatz zu ändern: Genderaspekte sind keine Frauenangelegenheit. Sie betreffen jede und jeden von uns. Gender ist ein Kommunikations- und ein Wahrnehmungssystem, das Verhaltensvorgaben auf der Grundlage von tradierten Behauptungen entwickelt und pflegt. Gender ist eine weitere Schublade des menschlichen Geistes.

Sexualität schließt ein – Gender schließt aus

Alles Reden über Vernetzungen zwischen Menschen und Organisationen bleibt Technokratengeschwätz, das nur das Thema der Verkabelung und Verdrahtung berührt, solange wir keine Einsichten in uns als Frauen und Männer gewinnen. Einsichten sind anfangs schwerer zu gewinnen als Ideologien oder Behauptungen. Wer an sich erlebt, wie sich Einsichten vollziehen, weiß um die Bedeutung von Aufmerksamkeit für die Einsicht. Denn Einsicht ist ausgesprochen facettenreich. Einsicht läßt sich nicht in einfachen Kernsätzen abbilden. In solchen Aussagen kann Einsicht leicht wieder in Behauptung umschlagen. Einsicht muß immer wieder neu gewonnen werden – bis sie sich in unserer Biologie manifestiert.

Es gibt nicht nur ein Gender-Verständnis christlicher Prägung. Andere Kulturen haben ihre eigenen Weisen entwickelt, die nicht minder diskriminierend sind. Gender ist also nicht einfach natürlich; vielleicht indirekt, indem es menschlich zu sein scheint. Doch das Menschliche ist nicht deshalb gut, weil es menschlich ist. Die großen und viel mehr noch die ganz kleinen Kriege führen uns die widersprüchlichen Qualitäten unserer Menschlichkeit immer wieder vor Augen.

Sexualität können wir als eine biologische Operation betrachten, die auf Systemvervollständigung, auf Kraftgewinnung angelegt ist. Gender läßt sich als eine Operation des menschlichen Geistes beobachten, die auf Abspaltung durch Machtanwendung aus ist. Sexualität schließt ein, Gender schließt aus.

Rollen richten sich nach dem Kontext

Männer können ›Idealtätigkeiten‹ von Frauen, also Kochen, Putzen, Kinder aufziehen oder Tratschen, mit ebenso großem Erfolg wahrnehmen, wie sich Frauen über Zoten lustig machen können. Die meisten typischen geschlechtsspezifischen Eigenheiten entpuppen sich bei genauerer Betrachtung als kontextspezifisches Verhalten. Studentinnen und Studenten der Lehrveranstaltung »Personalführung« stelle ich im Rahmen einer Gender-Sensitivity-Übung die Aufgabe, das typisch Männliche und das typisch Weibliche herauszuarbeiten. Dabei dürfen sie keine körperlichen Merkmale benennen, die beide Geschlechter voneinander unterscheiden. Bis jetzt erlebte ich regelmäßig ungläubiges Staunen über das Ergebnis. Nach dreißig Minuten Diskussion innerhalb monogeschlechtlicher Gruppen fanden diese jungen Leute bislang keinen Unterschied heraus, den sie vor ihrer eigenen Beobachtung aufrechterhalten konnten. Ihre Verblüffung war um so größer, je weiter sie in dieser Übung fortschritten, überzeugt, ganz klare und differenzierende Merkmale ausmachen zu können. Was wir als geschlechtsspezifisches Rollenverhalten brandmarken, ist eher behauptet als beobachtet.

Unser ›größtes‹ Geschlechtsorgan ist das Gehirn!

Frauen und Männer sind dennoch nicht gleich. Im folgenden werde ich Ihnen einen kurzen Abriß über Forschungsergebnisse auf dem Gebiet unserer Geschlechtlichkeit geben. Wer sich in dieses Thema einlesen will, dem empfehle ich das Buch »Brain Sex« von Anne Moir und David Jessel.

Über Gene wird die erste Entscheidung getroffen, ob wir männlich oder weiblich werden. Die Frau liefert hierzu das sogenannte X-Chromosom. Steuert der Mann ebenfalls ein X-Chromosom bei, ist die Entstehung einer Frau wahrscheinlich. Gibt er ein Y-Chromosom, so ist die Grundanlage für einen Mann gelegt. Aber eben nur die Grundanlage. Während der Schwangerschaft muß die Entstehung des Mannes erst noch hormonell bestätigt werden. Der Fötus muß mit männlichen Hormonen »getränkt« werden, um männlich zu werden.

Unterbleibt diese Hormonschwemme hat dies Folgen. Männliche Hormone sorgen nicht nur für die Ausgestaltung und Ausstülpung der Geschlechtsteile, sie nehmen auch Einfluß auf die Gehirnstruktur. Die Menge an männlichen Hormonen hat ebenfalls Auswirkungen, wie sich ein Mensch weiterentwickelt. Damit sich ein Fötus zu einem Mann entwickelt, bedarf es einer komplexen hormonellen Einflußnahme. So reicht es nicht aus, wenn die erste Hormondosis hoch genug war, um einen XY-Embryo zu veranlassen, männliche Geschlechtsorgane heranzubilden. Diese Geschlechtsorgane selbst müssen ihre Arbeit aufnehmen und männliche Hormone erzeugen, die für die Änderung der Gehirnstruktur erforderlich sind. Die Menge männlicher Hormone entscheidet darüber, wie männlich ein Gehirn wird. Je weniger männliche Hormone in der Entwicklungszeit produziert werden, desto weiblicher bleibt das Gehirn dieses Jungen.

Ein XX-Embryo entwickelt sich weiblich. Die weiblichen Geschlechtsorgane werden ganz normal herausgebildet. Die Gehirnstrukturen entwickeln sich weiblich. Männliche Hormone werden von den Eierstöcken nur in sehr geringen Mengen produziert.

Eine weitere Möglichkeit liegt vor, wenn ein X-Chromosom fehlt. In diesen Fällen werden die Frauen als extrem weiblich beschrieben. Zu dieser ›Überweiblichkeit‹ verhilft ihnen eine Besonderheit: ihnen fehlen die Eierstöcke! Diese aber produzieren geringe Mengen männlicher Hormone. Die bisher geschilderten Prozesse finden alle noch im Uterus statt. Bis zur Geburt werden über hormonelle Ansteuerungen die noch zu entwickelnden Strukturen von extrem viel Weiblichkeit bis extrem viel Männlichkeit angelegt. Jedes Extrem wird nur hormonell festgelegt. Damit ein Mann zu einem ›richtigen‹ Mann wird, bedarf es einer weiteren Hormonflutung. Sie findet während der Pubertät statt. In ihr werden die geschlechtlichen Leitungssysteme ›freigeschaltet‹.

Eindeutige Weiblichkeit oder Männlichkeit sind Hirngespinste!

Anhand dieser sehr kurzen Skizzen wird deutlich, daß Vorstellungen einer eindeutigen Weiblichkeit oder Männlichkeit Hirngespinste sind, erfundene Behauptungen. Biologisch ist die Unterscheidung nach diesen beiden Geschlechtern mehr als die Differenzierung nach den sichtbaren Geschlechtsmerkmalen. Das Gehirn selbst ist ein komplexes Geschlechtsorgan. Nur können wir von außen gar nicht erkennen, wie männlich oder weiblich dieses Organ ist. Seine Ausgestaltung ist dafür verantwortlich, wie ›weiblich‹ oder wie ›männlich‹ Wahrnehmen, Empfinden, Fühlen, Denken und Verhalten sind.

Folgende Beispiele aus dem Buch »Sex Brain« mögen Ihnen zeigen, was Neurologen unter diesen Zuordnungen in der Gehirnstruktur verstehen. Das ›männliche‹ Hirn scheint in der Hirnrinde insgesamt anders organisiert zu sein. So ist die funktionale Trennung zwischen linker und rechter Hirnhemisphäre bei einem ›weiblichen‹ Hirn weniger stark ausgeprägt, beide Hälften haben mit Sehen und Sprache zu tun. Beim ›männlichen‹ Hirn ist die linke Hälfte fast ausschließlich für Sprachsteuerung und die rechte für visuelle Fähigkeiten zuständig. Das Design der Hirnrinden wiederum ist verantwortlich dafür, wie die Abstraktionsfähigkeiten ausfallen, die Augen-Hand-Koordination gelingt, Ablenkungen auf die Aufmerksamkeit wirken können, wie viele Informationen gleichzeitig aufgenommen werden können, wie Landkarten gelesen und verstanden werden, Gesichter sich einprägen, ob Beziehungen eher zu Personen oder zu Gegenständen wichtig sind, wie Emotionen verarbeitet werden etc. In dieser Aufzählung habe ich bewußt darauf verzichtet, einzelne Funktionen als männlich oder als weiblich zu beschreiben. Denn in solchen Beschreibungen werden bereits Gender-Kategorien entwickelt, die allesamt eine diskriminierende Wirkung auslösen.

Beobachten statt Behaupten

Die Arbeit mit Studenten beiderlei Geschlechts zeigt mir, daß Menschen bei der Beobachtung ihres eigenen Verhaltens in der gleichen Geschlechtergruppe und der auch dem anderen Geschlecht zugestandenen Verhaltensmöglichkeiten zu sehr differenzierten Ergebnissen kommen. Eine Zuordnung nach ›männlich‹ oder ›weiblich‹ trägt nicht mehr dazu bei, sinnerzeugende Operationen zu fördern. Die Arbeit wird zunächst aufwendiger, wenn wir nicht mehr aufgrund der Frisur, des Körperbaus oder des Parfums ›wissen‹, was die andere Person kann oder nicht kann und was die andere Person ist. Damit wird die Arbeit unseres Beobachtens und somit unseres Lebens aber auch reizvoller.

Im Kontext dieses Buches geht es nicht darum, daß einige Wissenschaftler für uns die Unterschiede herausfinden, die wir dann ›wissen‹. Es geht um das Akzeptieren unseres Nichtwissens. Denn aus dem Nichtwissen darüber, was ein anderer Mensch ist, ergeben sich vielfältige kreative Gestaltungsmöglichkeiten. Auf diese Weise wird erkennbar, was dieser Mensch auf welche Weise gestalten und lösen kann. Diese Möglichkeiten wurden nicht konsequent wahrgenommen! Beobachtungen, die sich bei bestimmten körperlichen Merkmalen wiederholen, sollen nicht egalisiert werden. Der Wunsch nach Kindern wird von uns unterschiedlich erlebt. Solch unterschiedliche Erlebensweisen müssen gewürdigt werden, ohne mitleidiges Lächeln. Doch selbst bei diesen Vorgängen benennen die Betroffenen des gleichen Geschlechts Unterschiede in der eigenen Wahrnehmung. Wenn wir nicht mehr primär nach ›weiblich‹ und ›männlich‹ unterscheiden, können wir fragen, *wie* einzelne Persönlichkeiten Leben gestalten und Ziele erreichen. Wir prüfen nicht mehr, *ob* ihnen das aufgrund ihres Geschlechts gelingen kann. Genau das Gegenteil der Anwendung von Gender-Kategorien. Das alles beginnt mit dem Wahrnehmen der eigenen, sich ständig verändernden Befindlichkeit, und es setzt sich fort mit dem Beobachten, wie Menschen ihre Talente und Bedürfnisse mit anderen in einen Austausch bringen. Das sind ebenfalls Aspekte von Leadership.

Gesellschaftliche Vorgaben oder persönliche Bedürftigkeiten und Fähigkeiten

Soziale Reaktionen auf biologische Bedürftigkeiten des einzelnen Menschen können Entlastung oder Belastung auslösen, können zur Entfaltung von Kraft und Kreativität beitragen. Sie können aber ebenso den Versuch der Unterdrückung leisten. Unterdrückung entsteht aus der Anwendung von Gender-Kategorien. Erstens geben wir mit ihnen vor, was männlich oder weiblich ist. Zweitens ordnen wir dieser Differenzierung auch gleich das angemessene Verhalten und das angebliche Können zu. Damit beobachten wir in erster Linie gesellschaftliche Vorgaben und ihre Erfüllung. Mit diesem Vorgehen beobachten wir aber nicht mehr die unterschiedlichen Fähigkeiten und Fertigkeiten, die sich unverschämterweise losgelöst von sichtbaren Geschlechtsmerkmalen heranbilden und die wir unter Führungsgesichtspunkten erkennen sollten.

Das Beobachten von Vorgaben gelingt nur über das Kreieren von Behauptungen: Frauen sind gut für einfache Durchführungsarbeiten, Männer sind tapfere Führer. Männer können denken, Frauen verlieren sich in Emotionen. Emotionale Frauen sind intelligenter als Männer mit einem gefühllosen Verstand. Frauen gehört die Zukunft, Männer haben ausgedient. Das Patriarchat fällt zugunsten des Matriarchats. Eine alte Ideologie wird durch eine neue ersetzt – mehr nicht. Solange Menschen in ganz konkreten Zusammenhängen das Weibliche und das Männliche thematisieren, befassen sie sich mit dem Aspekt angewandter Macht, meistens der Unterdrückung. Das gilt auch, wenn dies zum Schutz der einen vor der anderen Geschlechtergruppe dienen soll.

Uns stehen hierbei in der Führung andere Wege offen, z. B. unsere Kreativität zu nutzen, unseren Bedürftigkeiten entsprechend zu leben und mit anderen zu kommunizieren. Wollen wir das erreichen, müssen wir dazu übergehen, unsere Talente und unsere Bedürfnisse zu beobachten. Das Beobachtete wird uns selbst immer wieder in Erstaunen setzen, denn wir werden zuerst das Auseinanderklaffen von Behauptungen und von Be-

obachtetem erkennen. Erst danach wird uns immer öfter das
Beobachten von Befindlichkeiten, Wünschen, Interessen und
Fähigkeiten gelingen. So können wir in neue Interaktionen
mit anderen treten, die wir nicht mehr nur in die Kategorien
von Männern und Frauen aufteilen. Spielerisch könnten Sie
sich an dieser Stelle die Frage stellen, ob es gut wäre, die alte
Aufteilung beizubehalten, und wozu es dienen kann, andere
Kategorien anzuwenden. Und dann können Sie sich auf diese
beiden Fragen noch selbst eine Antwort geben. Seien Sie bitte
nicht erstaunt, wenn die Antworten anders ausfallen, als Sie sie
erwarten. Seien Sie aber erstaunt, wenn Ihnen auffällt, daß Sie
etwas Bestimmtes erwartet hatten.

Erleben eigener Sexualität

Welche Annäherung an andere bevorzugen Sie? Welche Annäherung anderer an sich ziehen Sie vor? Wie verändert sich Ihr
Befinden, wenn Sie keinen Fluchtweg erkennen?

Wie verändert sich Ihr Bedürfnis nach eigenem Raum in der
Begegnung mit anderen? Wie spüren Sie geistigen Raum? Wie
erleben Sie die Mißachtung Ihres körperlichen Raums?

Wie erleben Sie sich, wenn Sie sich ausdrücklich in Ihrer eigenen Geschlechtlichkeit beobachten? Erleben Sie einen Unterschied, wenn Sie sich mit der Geschlechtlichkeit anderer
Gleichgeschlechtlicher befassen?

Was wollten Sie eigentlich schon immer über das andere Geschlecht wissen – und haben nie danach gefragt?

Soweit Sie sich auf diese Fragen antworten wollen, bewerten
Sie Ihre Antworten nicht mit *»gut, schlecht, wie dumm von mir«* etc.

Genital und genial

Das Genitale und das Geniale unterscheiden sich lediglich
durch den Buchstaben ›t‹ voneinander. Wenn Sie diesem Umstand zwei Bedeutungen verleihen würden: Was wäre das Ei-

nende und was das Trennende? Wenn beides mit dem Erschaffen von Neuem zu tun hätte, was könnte auch eine gemeinsame Folge sein? Beobachten Sie Ihre Antworten – mehr nicht.

Lust oder Liebe

Zum Thema Sex und Gender gehören für mich auch Beobachtungen menschlicher Lust und Liebe. Denn wo verschiedengeschlechtliche Menschen arbeiten, gewinnen sie auch über die Arbeit hinausgehendes Interesse aneinander. Schlägt unsere Biologie zu, überwinden wir mit größter Selbstverständlichkeit selbsterrichtete Standesgrenzen (wie z. B. Alter, Vermögen, Zivilstand, Bildung und Kleidung). Und nicht nur die, auch die Grenzen des Anstands können wir dann mühelos überschreiten. Wir tun dann auch so, als sei das ganz natürlich. Was wohl auch wahr ist. Es entspricht unserer Natur.

Mitten in einer Beerdigungszeremonie schweift der Blick ab und – bleibt an einem anderen Geschöpf hängen, um insgeheim das Thema eines unverhofften Liebesabenteuers zu erörtern. Typisch männlich? Quatsch! Phantasien von Klientinnen erwiesen sich ebenso begabt und häufig wie die meiner männlichen Klientel. Eine Unternehmerin erzählte mir, wie sie sich während der Trauung in den Trauzeugen ihres Mannes verliebte und mit ihm nach der Hochzeit einige Wochen zusammenlebte. Schließlich kehrte sie zu ihrem Ehemann zurück – mit einem Schuldgefühl, das sie über Jahre begleitete. Lust und Liebe sind in der Betrachtung von Leadership zu bedeutungsvoll, als daß sie unerwähnt bleiben dürften.

Psychose ›Verliebtsein‹

Es gibt Lebenssituationen, in denen es zu einer derart nachhaltigen Irritation des Hormonsystems kommen kann, daß diese für den Psychiater von einer Psychose kaum zu unterscheiden ist. Als Betroffene nennen wir diesen Schockzustand unseres

Nervensystems ›Verliebtsein‹. Wer verliebt ist, liebt auch? Mitnichten, sehr verehrte Leserinnen und Leser. Dazu hat unser Geist in dieser Verfassung gar keine Zeit. Sie glauben mir nicht? – Dann probieren sie es doch noch einmal aus, und beobachten Sie sich dabei. Die konkurrenzlose Überlegenheit des Körpers über den Geist macht das Lieben so schwer, wenn wir uns verlieben. Denn Verliebtsein ist ein biologisches Konzept mit schweren psychosomatischen Folgen und Liebe ein geistig-seelisches mit biologischem Ursprung. Letzteres ist auf ungetrübte Wahrnehmung von sich und dem geliebten Menschen angewiesen. Ersteres verzichtet mit Vehemenz auf Klarheit und drängt auf geistige Vertrübung. Denn bei wichtigen Prozessen läßt sich der Körper nicht gerne vom angehängten Geist ins Handwerk pfuschen. Den biologischen Ursprung der Liebe finden wir im limbischen System unseres Gehirns. Hier wird u.a. das vorbereitet, was wir dann ›Fürsorge‹ nennen.

Nun bitte ich Sie, sich selbst folgende Fragen ehrlich zu beantworten:

- Ist Ihnen eine Elternschaft bekannt ohne jegliche Sorge um das oder die eigenen Kinder?
- Wie viele Schwangerschaften kennen Sie aus allernächster Nähe – ohne jeden Schmerz oder ohne jegliche Komplikationen?
- Von wie vielen völlig schmerzfreien Niederkünften ohne schmerzstillende Medikamente haben Sie gehört?
- Wie viele Eltern kennen Sie, die aufgrund ihrer Elternschaft keine weiteren einengenden Folgen erlebt haben?

Ihre Antwort kenne ich nicht. Meine Erfahrungen und die Antworten anderer auf diese Fragen sind negativ. Obwohl Eltern Sorgen um ihre Kinder erleben, Schwangerschaften von irgendwelchen Komplikationen begleitet werden, Niederkünfte nicht schmerzfrei ablaufen und die Folgen der Elternschaft regelmäßig mit nachhaltigen Einschränkungen für die Eltern verbunden sind, werden immer noch Kinder geboren, trennen sich Paare sogar, wenn Kinder ausbleiben.

Liebe nimmt wahr

Der Vollständigkeit halber schließe ich die folgende Betrachtung zur Liebe an: Wir können sicherlich zwischen Gefühlen hin und her oszillieren, wir können aber nicht parallel zwei unterschiedliche Gefühle erleben. Vor allem dann nicht, wenn wir Gefühlen weitergehende Funktionen zuweisen als die, körperlich erfahrbare Sensationen zu sein. Dennoch muß es sich bei dem Phänomen ›Liebe‹ um etwas Außergewöhnliches handeln. Unterstellen wir weiter, der Gebrauch dieses Wortes in unterschiedlichen Kontexten muß gleiche Elemente enthalten, um sinnvoll zu bleiben. Was bleibt gleich in der Liebe der Eltern zu ihren Kindern, zwischen Erwachsenen in einer ›platonischen‹ Liebe, zwischen Erwachsenen in intimen Beziehungen oder in der sogenannten Nächstenliebe?

Das einzige, was ich mit anderen immer wieder erarbeite, ist ein besonderes Konzept aufmerksamen Handelns. Eine Aufmerksamkeit, die nach außen gerichtet mit den Maßstäben einer untrüglichen Selbstbeachtung Verhalten generiert. Oder für die Liebhaber von Formeln: »Dir das gleiche wie mir, so und nicht anders.« Ein Gefühl wird erlebt. Liebe handelt. Dieses Konzept aus Wahrnehmen und Handeln erfährt die gleichen Grenzen, wie andere Systeme auch: Der oder die Liebende kann keine anderen Operationen anderen Menschen gegenüber hervorbringen als sich selbst gegenüber. Oder mit einfachen Worten: Ich kann andere nicht mehr lieben als mich selbst. Mit Worten können wir natürlich viel, viel mehr. Aber eben nur mit Worten. Liebe ist nicht dramatisch, Liebe ist eher still. Denn das Stille ermöglicht die doch so erforderliche Aufmerksamkeit für sich und den anderen. Verliebtsein läuft dramatisch ab, natürlich. In dieser Befindlichkeit ist ja auch wesentlich weniger Aufmerksamkeit erforderlich.

Der Unterschied zu einem ›Gebot‹

Die Aufforderung im »Neuen Testament« weist eine kleine Verschiedenheit zum soeben Beschriebenen auf: Das Gebot der Nächstenliebe »Liebe Deinen Nächsten wie Dich selbst« ist eben ein ›Gebot‹ zu einem Tun. Liebe bedarf keines Gebotes, keiner Aufforderung. Liebe vollzieht sich von selbst. Das meine ich auch mit der Benennung eines geistig-seelischen Konzeptes mit biologischen Wurzeln. Das Biologische verlangt den Selbstvollzug.

8 Unbarmherzige Werte

Arisha (26 Jahre) wurde mir während meiner Arbeit in einem Krisengebiet als Dolmetscherin an die Seite gestellt. Mir fiel auf, wie sie immer wieder zwischen zwei Grundstimmungen wechselte. Zum einen schien sie mit ihrer ganzen Aufmerksamkeit bei der jeweiligen Aufgabe zu sein, zum anderen wirkte sie zerstreut und unglücklich. Ich erkundigte mich nach ihrem Befinden. Lächelnd sagte sie mir, es würde ihr nicht gutgehen. Sie lebte bei ihren Eltern. Jetzt nach dem Krieg sah sie in der Fortsetzung ihres Ökonomiestudiums keinen Sinn mehr. Am liebsten würde sie das Studium abbrechen. Schließlich wollte sie die Beziehung zu ihrem Freund abbrechen, obwohl sie annahm, daß das für ihn schlimm sei. Zum Zeitpunkt unseres Gesprächs war er politischer Häftling der gegnerischen Kriegspartei. Ich fragte sie nach der Haltung ihrer Eltern. »Meine Mutter unterstützt mich in meinem Trennungswunsch, aber sie würde es niemals zulassen, wenn ich mein Studium abbreche. Bei meinem Vater ist es genau umgekehrt. Er hat Verständnis dafür, daß ich nicht weiterstudieren möchte. Doch eine Trennung von meinem Freund bedeutet für ihn Verrat. Das kommt für ihn auf keinen Fall in Frage«, berichtet Arisha. »Welche Werte habt Ihr bei Euch zu Hause?«, fragte ich. Nach kurzem Überlegen antwortete sie: »Das Wichtigste ist die Ehre, dann kommt die Ehrlichkeit.« – »Und was ist Ehre?« – »Also Ehre ist ungeheuer wichtig. Wenn man sie nicht hat, gehört man nicht dazu.« – »Das verstehe ich,« fragte ich weiter, »aber was ist Ehre?« Sie schwieg eine Weile und meinte dann, »Ehre hat man einfach – oder nicht!« – Wieder fragte ich, was Ehre denn sei, doch Arisha schaute mich nur an, lächelte unsicher und zog ein wenig hilflos ihre Schultern hoch. »Gut, und was ist Ehrlichkeit?« – Ohne langes Überlegen gab sie die Antwort: »Wenn ich etwas so erzähle, wie es für mich ist.« Danach saßen wir schweigend da und schauten uns an. Schließlich sprach ich zu ihr: »Arisha, merkst Du etwas? Fällt Dir etwas auf?« Unverwandt schaute sie mir in die Augen, dann nickte sie unmerklich. »Was fällt Dir denn auf?« – Sie hob ihren Kopf und sprach mit leiser Stimme: »Wenn ich ehrenvoll bin, bin ich nicht ehrlich. Wenn ich mich ehrlich verhalte, bin ich nicht ehrenvoll.«

Werte sind nicht wertvoll – sie sind Meßgrößen

Werte dienen uns zur Orientierung. Ein und derselbe Wert ist aber nicht in allen Lebensumständen gleichermaßen geeignet, uns Handlungsanleitungen zu geben. Wenn uns Werte zur Orientierung für Entscheidungen dienen, müssen wir für uns selbst entscheiden, wann sie anwendbar sind und wann nicht. Klären wir dies für uns nicht immer wieder von neuem, können uns unsere eigenen Werte paralysieren. Unter dem Zwang, mehreren Werten gleichzeitig folgen zu müssen, können wir unfähig werden, für uns angemessen zu entscheiden und zufriedenstellend zu handeln. Nehmen Sie einen Kompaß, erklären Sie sich, daß Ihnen der Norden und der Süden gleichermaßen wichtig sind. Jetzt bewegen Sie sich gleichzeitig in beide Richtungen. »Geht nicht«, sagen Sie. Trösten Sie sich, mir ist das bisher auch nicht gelungen.

Stellen Sie sich jetzt bitte einen Nachthimmel vor, an dem Sie viele Sterne gut erkennen können. Diese Sterne können wir zur Orientierung verwenden. Dabei werden wir zwei Erfahrungen machen: Erstens orientieren wir uns lediglich an diesen Himmelskörpern – wir erreichen sie nicht. Zweitens müssen wir uns für unser Ziel geeignete Sterne auswählen. Die Position eines bestimmten, einzelnen Sterns ist zur Orientierung nicht für jedes Ziel gleichermaßen gut geeignet.

Werte erfordern einen funktionalen Gebrauch

Werte benutzen wir alle in unserem Leben. Ob wir nun darüber direkt sprechen oder unser Werk stillschweigend verrichten. Doch gibt es einen funktionalen und einen dysfunktionalen Umgang mit Werten. Um Werte nutzen zu können, müssen wir ihnen eine Funktion zuordnen. Das hätte beispielsweise zur Folge, daß es bei dieser Sichtweise einen ›an sich guten Wert‹ ebensowenig geben kann wie einen ›an sich schlechten‹. Vielmehr verwenden wir Werte als Maßeinheiten. Wir messen mit ihrer Hilfe die Qualitäten eines Denkens oder Handelns. Sind 16 Grad Celsius kalt? (Unabhängig davon, daß es physikalisch keine Kälte gibt.) Ist 1 kg Äpfel immer viel? Verwenden Sie einen Zollstock, um eine bestimmte Menge einer Flüssigkeit abzumessen? Oder legen Sie ihn an, um Mehl abzuwiegen? Messen Sie mit seiner Hilfe die Temperatur in »cm« oder in Äpfeln? Vermutlich werden Sie üblicherweise für jede dieser Operationen ein Werkzeug mit einer passenden Maßeinheit verwenden. Oder Sie prüfen, in Verhältnis wozu eine Temperatur hoch oder niedrig, eine bestimmte Menge viel oder wenig ist. Seltsamerweise übersehen wir zuweilen, daß Werte nichts anderes als Werkzeuge und Maßstäbe sind.

Werte einer Prostituierten

Die folgende Geschichte stammt aus dem Kosovo nach dem Krieg 1999. Eine Kosovarin, die als Prostituierte arbeitete, wurde von der Mitarbeiterin einer Hilfsorganisation gefragt, warum sie das tue. Sie antwortete zaudernd: »Warum fragen Sie? Sind Sie Journalistin?« – »Nein«, erwiderte die Mitarbeiterin, »ich bin nur neugierig, warum Sie Prostituierte wurden.« Die Kosovarin erzählte daraufhin: »Mein Mann schlug mich, ich konnte das nicht länger aushalten. Also kehrte ich zu meiner Familie zurück, um ein Dach über dem Kopf zu haben. Mein Vater wurde wütend und sagte mir, ich würde meinem Mann gehören. Er brachte mich zurück zu meinem Mann, der mich für eine Woche im Stall einsperrte. In dieser Zeit bekam ich von ihm nur Wasser und Brot. Er erklärte mir, ich würde unter seiner Obhut stehen und hätte zu tun, was er mir auftrage. Als er mich nach dieser Woche freiließ, rannte ich von ihm weg. Ich wollte per Anhalter weiterkommen. Ein Wagen mit drei

Männern hielt an. Sie nahmen mich in einen Wald mit und vergewaltigten mich. Als ich endlich in die Stadt kam, traf ich eine Frau, die Prostituierte anstellte. Sie gab mir einen Job. Ich sagte zu mir: Warum soll ich meinen Körper nicht verkaufen und Geld dafür erhalten, wenn ich ohnehin mißbraucht werde. Für mich gibt es keinen Ort, wohin ich gehen kann. Es gibt keinen Schutz, und ich kann zu meiner Familie nicht zurückkehren.«

Was denken Sie über diese Frau aus dem Kosovo? Sollten Sie gerade Mitleid oder Scham oder Wut empfinden, bitte ich Sie, innerlich ganz ruhig zu werden. Beantworten Sie sich die folgenden Fragen:

· Handelt es sich um eine starke oder eher um eine schwache Frau?
· Erleben Sie vor ihr eher Abscheu oder Respekt?
· Wenn diese Frau handelt, wie sie handelt, halten Sie es für würdelos?

Was ist Würde?

Als ich während meiner Schulzeit in den Ferien in einem Gartenbaubetrieb jobbte, sagte mir eines Tages mein Vorarbeiter: »Georg, Du gehörst nicht hierher, das wissen wir beide. Die Arbeit ist hart und fällt Dir schwer. Und Du brauchst das Geld, das verstehe ich. Aber keiner zwingt Dich, bei uns das Geld zu verdienen. Wenn Du hier trotzdem schaffst, mach es mit Würde.« – Ich wußte zunächst nicht, was er damit meinte, aber irgendetwas war für mich plötzlich anders. Als ich am letzten Tag meine Lohntüte geholt hatte und mich bei ihm verabschiedete, sagte er: »Wenn Du etwas machst, dann mach es immer zuerst für Dich. Wenn Du etwas für Dich machst, brauchst Du Dich weder zu schämen noch Dich zu bemitleiden.« Irgendwie fühlte sich mein Rücken danach fester an. Und dennoch vergaß ich diesen Satz für viele Jahre, er gehörte nicht zu den Werten meiner Familie. In vielen Begegnungen mit Menschen, Viel-

besitzenden oder Handlungsfreudigen, ›Arbeitslosen‹ oder
Arbeitenden, schulisch Gebildeten oder vom Leben Gebildeten, gewann ich die Einsicht, daß sich die Würde eines Menschen für mich am leichtesten daran festmachen ließ, wie
diese Menschen für sich selbst sorgen. Ob das eigene Schicksal bejammernd, die eigene Leistung lobend, die persönliche
Abhängigkeit hervorhebend, den eigenen Erfolg vor sich her
tragend, die eigene Ausweglosigkeit beschwörend – oder einfach nur achtsam für sich und die selbst gewählte Lebensauf-
gabe sorgend.

Unser Wertehimmel

Werte entsprechen Sternen an unserem ›Wertehimmel‹. Doch
ist dieser Wertehimmel auch insofern nur bedingt mit dem
Sternenhimmel vergleichbar, als wir Menschen selbst die Werte
an ihm ›aufhängen‹. Zunächst werden wir in eine Gesellschaft
hineingeboren, die uns einen ›fertigen‹ Wertehimmel anbietet.
Dies geschieht beispielsweise über die gerade geltende Moral.
Darüber hinaus verfügt auch jede Familie über eigene Werte
und Prioritäten. Diese werden oft gar nicht ausdrücklich benannt, die Mitglieder der Familie werden einfach in ihrem Tun
bestätigt. Das, was immer wieder bestätigt wird, erweist sich
für uns als zuverlässig. Das Zuverlässige ist für uns ein Orien-
tierungswert. An diesem Wert richten wir uns zunächst aus.
Wir befolgen ihn. Je weniger über ihn gesprochen wird, desto
bindender erleben wir ihn.

Werte werden vollzogen

Greifen wir nochmals das Beispiel mit der ›Prostituierten‹ in
diesem Kapitel auf, können wir folgendes beobachten: Beide
Männer, Vater wie Ehemann, sind der Überzeugung, daß eine
Frau einem Mann gehören muß, um eine geschützte Seinsbe-
rechtigung zu haben. Die Ehefrau gehört ihrem Ehemann. Das

ist fraglos! Das ist ein Wert, an dem sich beide Männer orientierten, indem sie für seine Einhaltung sorgten:

- Der Vater, indem er es nicht zuließ, daß sich seine verheiratete Tochter von ihrem Ehemann entfernt. In diesem Fall repräsentierte die Ehe der Frau – als aktuelles ›Besitzinstitut‹ – einen höheren Wert als ihre Herkunftsfamilie, als ehemaliges ›Besitzinstitut‹.
- Der Ehemann, indem er seine Frau immer wieder schlug – wie einen Gegenstand – und indem er die zurückgebrachte Frau eine Woche einsperrte wie ein Stück Vieh. Und Vieh ist im ›abendländischen‹ Rechtsraum eine Sache, die einen Besitzer hat.

Für beide Männer war das ein gültiger Wert, zumindest solange sie ihn nicht überprüften. Für die Frau war dies ein schlimmer Wert, der für sie die Gültigkeit verloren hatte. Sie floh. Die drei Männer, die sie im Auto mitnahmen, befolgten ebenfalls den Wert, eine Frau ohne den Schutz ihres Ehemannes und ihrer Familie sei ein besitzloser Gegenstand, und vergewaltigten sie. Damit bestätigten sie indirekt auch gleichzeitig den Wert ›Ehefrauen gehören ihren Ehemännern‹.

Wenn Werte beobachtet werden

Die Frau erkannte den Wert ›Frauen, die nicht einem Mann gehören, werden mißbraucht‹. Sie akzeptierte diesen Wert, indem sie für sich den Doppelwert ›Dann wenigstens nur für kurze Zeit und gegen Geld.‹ hinzufügte. Durch das Beobachten der vorgegebenen Werte aktivierte die Frau den Wert »für das eigene Leben ohne Ehemann sorgen«, was für sie eine Form von ›Würde‹ war. Alle Akteure folgten fraglos den Werten, in die sie hineingeboren waren.

Im ersten Beispiel dieses Kapitels legten zwei sogenannte ›gute‹ Werte wie *Ehre* und *Ehrlichkeit* eine junge Frau in ihrer Lebensgestaltung lahm. Allerdings nur solange sie die Kollision dieser beiden Werte ihrer Familie nicht beobachtet hatte. In einer E-Mail, die sie mir einige Monate später sandte, berichtete sie, daß sie sowohl das Studium abgebrochen als sich auch von ihren Freund getrennt hatte. Letzteren besuchte sie im Gefängnis und erzählte ihm von ihrer Entscheidung. Dann trat sie eine Stelle als Dolmetscherin bei einer internationalen Organisation an.

Vertrauen und Vertrautes

Werte können über Vertrauen entstehen. Vertrauen entsteht über die Wiederholung von Beobachtungen oder Handlungen. Damit werden uns diese Beobachtungen und Handlungen vertraut. Vertrauen bedeutet nicht, daß wir ein Verhalten gut finden müssen. Es ist uns lediglich sehr vertraut! Wenn wir vertrauen, trauen wir uns zu, eine bestimmte Situation so zu kategorisieren, daß wir meinen, für sie über passende Erkennungswerkzeuge zu verfügen. Das ›Vertraute‹ läßt uns dieses Geschehen als ›So ist eben das Leben‹ interpretieren. Solange wir keine Erfahrungen machen, daß das Leben wesentlich vielfältiger ist, orientieren wir uns auch an dysfunktionalen Wertegruppen. Der Wert ›So ist eben das Leben‹ sorgt dafür, daß wir andere Erfahrungen nicht so ohne weiteres machen werden. Selbst wenn wir eine Abweichung von diesem Wert erleben, werden wir unserem Erleben nicht sofort oder unbedingt trauen. Denn das, was wir in einer ›neuen‹ Situation erleben, ist uns eben nicht vertraut! Wir glauben unserer Wahrnehmung einfach nicht, wenn sich in unserem Wahrnehmungshintergrund Werte organisiert haben und das aktuell Wahrgenommene davon abweicht.

Die ›böse‹ Legende von ›gut‹

Daneben erkennen wir auch Werte, die in unserem sozialen Raum als ›gut‹ gelten. Diesem Phänomen unterliegen wir solange, als wir der Illusion von ›gut‹ und ›schlecht‹ als absoluten Qualitäten aufsitzen. Ist Dreck gut oder ist er schlecht? – Es kommt darauf an. Klebt er an meiner Schuhsohle, ist er schlecht. Rutsche ich auf ihm aus, verpasse deswegen den Bus und gerate dadurch nicht in einen Unfall, bei dem alle Insassen des Busses umkommen, ist er gut – oder? Die Qualitäten ›gut‹ oder ›schlecht‹ können wir nur relativ ausmachen. Relativ heißt ›in Beziehung zu etwas anderem‹. Absolut bedeutet aber ›losgelöst‹ von jedweden Beziehungen. Etwas Absolutes können wir nicht beobachten. Wir können es weder verneinen noch bestätigen. Könnten wir etwas Absolutes betrachten, würden wir im Augenblick des Betrachtens eine Beziehung von uns als Betrachter zum ›Absoluten‹ herstellen. Damit wäre es bereits relativ und nicht mehr absolut. Möglicherweise hat die Erzählung von paradiesischen Äpfeln zu unserer Vorstellung von absolut Gutem oder Schlechtem beigetragen. So können wir ebenfalls keine Gotteserfahrung machen, solange wir uns Gott als etwas Absolutes vorstellen. Selbst ›Gott‹ zu denken relativiert. Ebensowenig kann in diesem Logiksystem ein ›absoluter Gott‹ mit uns in Verbindung treten, sonst würde er relativ werden – mit uns in Beziehung stehend. Aber auch einen ›relativen Gott‹ können wir nicht beobachten, so wenig wie uns selbst. Denn schauen wir in den Spiegel, sehen wir nicht uns, sondern unser Spiegelbild. Sind wir unser Spiegelbild? Betrachten wir unseren Körper, sehen Sie unseren Körper. Sind wir nur unser Körper? Was wir einigermaßen gut erkennen können, sind Beziehungsprozesse. Und Werte sind Beziehungsprozesse besonderer Art.

Mißverständnisse und Corporate Identity

Ein Mann sagt zu einer Frau: »Ich liebe Dich.« Die Frau erwidert: »Ich Dich auch.« Da fragt er nach: »Was meinst Du, wenn Du sagst, Du liebst mich?« Sie antwortet ohne Zögern: »Ich möchte, daß Du mich heiratest? Und was hast Du gemeint?« Etwas irritiert entgegnet er: »Ich wollte mit Dir gerade ins Bett.« So ein Geschehen können wir auch als ein Mißverständnis bezeichnen. Nicht anders kann es uns in unserer Beziehung zu Werten ergehen.

In Unternehmen finden sich solche Mißverständnisse leicht in Erklärungen, die in schön gedruckten Broschüren zur »Corporate Identity« oder zum »Corporate Design« abgegeben werden. In einem Gespräch bat ich einen österreichischen Unternehmer, mir die wichtigsten Werte zu nennen, die seiner Meinung nach für die Vergangenheit des Unternehmens maßgebend waren. Stolz holte er aus einem Schrank einen bedruckten Karton. »Wir haben in den vergangenen Wochen an einer Schrift zu unserem Corporate Design gearbeitet. Darin haben wir alles Wesentliche auch zu unseren Werten zusammengetragen. Wenn Sie wollen, kann ich Ihnen hierzu die wesentlichen Passagen vorlesen.« Ich wollte. Und während ich ihm zuhörte, beschlich mich ein seltsames Unbehagen. Die Ausführungen hörten sich irgendwie gekünstelt an, sie standen in klarem Gegensatz zu meiner Wahrnehmung von diesem Menschen. Dann kam mir der Gedanke, daß alle Werte nach ihrer Veröffentlichung in einem »Corporate Identity-Papier« in ihrer Anwendung als Beziehungsprozesse gefährdet wären. »Was hindert Sie, diese Werte in einer betrieblichen Verfassungsordnung zu fixieren?« fragte ich den Unternehmer. »Wir haben uns auch damit befaßt und schließlich von diesem Vorgehen Abstand genommen. Denn das hätte für unser Haus ja juristische Konsequenzen. Andere hätten einen Rechtsanspruch auf die Erfüllung dieser Werte«, lautete die Antwort. Aha! – Wenn ›Werte‹ nur noch als schöne Formulierungen existieren, haben sie sich zu Behauptungen verwandelt und mit dieser Umwandlung ihre ursprüngliche Funktion verloren.

Damit wird auch das Thema der Corporate Identity in seinem Zentrum berührt. Wie sollen sich Mitarbeiter eines Unternehmens mit Werten ›identifizieren‹, die nur bedingt ernst gemeint sind? Was klar ist, bedarf keiner weiteren Erklärung. Was erklärt wird, soll ablenken von dem, was nicht klar ist, aber einer Klarheit bedarf. Klarheit in Beziehungsprozessen kann auf Dauer nicht verbal geleistet werden. Sie ergibt sich aus der Wiederholung einer bestimmten Handlungsweise. Deklarierte Werte sind für uns Worte, bei denen unser Geist eher mißtrauisch wird. Möglicherweise hängt das auch mit einschneidenden Erfahrungen in unserer Kindheit zusammen. Einer Lebensphase, in der wir von unseren Eltern und anderen Erwachsenen ›erzogen‹ wurden. Wenn wir damals beispielsweise zu hören bekamen, wir sollten nicht rauchen, weil das der Gesundheit schade, und wir bei unseren Erziehungspersonen sahen, wie sie rauchten, rauchten wir eben auch. Wir trauen eher dem Gesehenen und Erlebten als dem Gehörten und Gelesenen.

Werte werden über Handlungen beobachtet

Ein anderer Unternehmer erzählte mir, wie er bei der Übernahme der Leitung des Unternehmens von seinem Vater einen älteren, leitenden Mitarbeiter weiterbeschäftigte, obwohl er ihn in dieser Funktion nicht mehr brauchte. »Bestimmte Angelegenheiten gehören mit Anstand zu Ende gebracht«, war die Formulierung. Während des Gesprächs fiel mir ein, daß dieser Mann auch andere private Angelegenheiten mit Anstand zu Ende gebracht hatte. Das schien für ihn tatsächlich ein Wert zu sein, denn dieser wurde nicht von anderen eingefordert, er wurde durch diesen Menschen selbst vollzogen.

Diese innere Haltung traf ich in meiner Beratungspraxis häufiger in Familienunternehmen als in klassischen Kapitalgesellschaften an. In der Regelung der Nachfolge in Familienunternehmen gebührt dem Umstand besondere Beachtung, wie der Nachfolger im Amt die Werte seines Vorgängers beobachtet,

was er als Werte ausmacht und welche persönlichen Handlungs-
schlüsse er hieraus zieht. Das hat mehr Bedeutung für das weitere Wohl eines Traditionshauses als viele abgegebene Erklärungen, die eben nichts erklären können.

Jemand, der sich an einem Wert orientiert, weiß nicht, wie
ein anderer Mensch dieses interpretiert und dann für sich selbst
verwendet. Ein Mann im Alter von 35 Jahren beschrieb die
vorherrschenden Regeln in seiner Herkunftsfamilie mit den
Worten ›Nicht auffallen, Träumen statt Handeln‹ und für seine
Eltern noch zusätzlich ›Sich streiten, um sich wieder zu versöhnen‹. Auf meine Frage, was er an sich selbst für charakteristisch
hielt, zählte er auf: »Handeln statt Überlegen, Auffallen durch
Überraschung« und »Mit unwesentlichen Tüfteleien Zeit ver-
trödeln«. – »Waren Sie auf Ihre Eltern sehr wütend?« fragte ich
ihn. »Als Kind habe ich meine Wut nicht gespürt. Ich glaube,
erst jetzt als Erwachsener fallen mir immer wieder Situationen
ein, in denen ich im nachhinein entweder eine ungeheure Wut
oder starken Ärger erlebe«, antwortete er. »Meinen Sie, Sie haben jetzt genug Kraft eingesetzt, um den Werten Ihrer Eltern
Ihre Referenz zu erweisen?« setzte ich das Gespräch fort. »Wie
meinen Sie das?« – »Na ja, dem ›Nicht auffallen dürfen‹ begegneten Sie mit ›Auffallen durch Plötzlichkeit‹, dem ›Träumen
statt Handeln‹ setzten Sie ein ›Handeln statt Überlegen‹ entgegen. Und einem ›Sich streiten, um sich wieder zu versöhnen.‹
entsprachen Sie mit unwesentlichen, zeitintensiven Tüfteleien,
statt mit Ihrer Frau einige unangenehme aber sehr wesentliche
Entscheidungen herbeizuführen.« – »So habe ich das noch nie
gesehen. Oje, da habe ich vielleicht Zeit verschwendet.« Solange wir Werte in ihrer Funktion als Orientierungswerkzeuge
nicht erkennen, geraten wir in Streßsituationen entweder in
die unausweichliche Befolgung dieser Werte oder in ein genau
entgegengesetztes Verhalten, auch wenn wir es eigentlich gar
nicht wollten. Wir erkennen dann keine anderen, ernstzunehmenden Handlungsoptionen. Denn Werte, denen wir uns aus
Solidarität verpflichten, entfalten eine magische Anziehungs-
kraft auf uns.

Die Orientierung an Werten hat auch ungewollte Folgen

Werte können wir auch als Präzisionswerkzeuge ansehen. Gebrauchen wir sie als Werkzeuge für das Grobe, nämlich als grundsätzlich einzuhaltende Richtungsgeber, gehen wir ohne Not ungewollte Konsequenzen ein. Eine Unternehmerin litt als Kind daran, daß sie sich von anderen Kindern ihrer Schulklasse zu sehr in der Kleidung unterschied. Sie erlebte das als eine unnatürliche Grenze. Sie schuf in sich den generellen Wert: »Ich möchte mich nicht abgrenzen.« Eine ungewollte Folge in ihrem späteren Berufsleben war die mangelnde Abgrenzung gegenüber anderen Erwachsenen. Sie erlitt Übergriffe in bemerkenswerter Häufigkeit.

Einem anderen Klienten erzählte ich von der Möglichkeit, mit Werten zu arbeiten. In diesem Zusammenhang erklärte ich, wie hilfreich es sein könnte, herauszufinden, was für ihn das Aufgeben eines bestimmten Wertes bedeuten würde. Gereizt fragte er mich: »Warum soll ich mich fragen, was das Aufgeben dieses Wertes für mich bedeutet?« Statt einer Antwort bot ich zwei weitere Fragen an: »Was verlieren Sie, wenn Sie diese Frage beantworten?« – »Lust.« – »Was gewinnen Sie mit der Beantwortung?« – »Klarheit.« – »Könnte das in Ihrem Fall bedeuten, daß sich bei Ihnen Lust und Klarheit gegenseitig ausschließen?« – »Das ist ja verrückt, aber Sie haben recht. Wenn ich genauer hinschaue, fallen mir gerade einige Beispiele aus jüngster Vergangenheit dazu ein.« Die Aufgabe eines bestimmten Wertes verband sich in ihm mit der Aktivierung des Wertekomplexes ›Klarheit verhindert Lust‹. Was, meinen Sie, wird uns näherliegen – Klarheit oder Lust? Wie auch die Antwort im Einzelfall ausfällt, ein solcher Wertkomplex wirkt dysfunktional. Wenn dieser Mensch Lust erleben will, meint er, Klarheit verhindern zu müssen. Wem Klarheit wichtiger ist, der meint, sie nur als lustloses Phänomen erleben zu können. Auf diese Weise versagte sich dieser Klient bislang die kraftvolle Erfahrung einer ›lustvollen Klarheit‹.

Verbote wirken oft entgegengesetzt – als Werte

Auch in Gesetzen können wir Werte antreffen. Hier wirken sie – abhängig von der Formulierung und dem Kontext – zuweilen gerade entgegengesetzt zu der eigentlichen Absicht ihrer Schöpfer. Ein Beispiel hierzu ist der Umgang der katholischen Kirche mit Abbildungen von Gott und ›dem, was droben im Himmel oder auf der Erde oder im Wasser unter der Erde ist‹. Im ersten der ›Zehn Gebote‹ wird das ausführlich beschrieben. Die Praxis ist genau entgegengesetzt.

Dieses Phänomen läßt sich auch bei staatlichen Gesetzen beobachten, wenn sie die Qualität eines Wertes gewinnen. Nicht jede Gesetzesvorschrift erreicht aus eigener Kraft bereits die Bedeutung eines Wertes. Manche Rechtsvorschriften, wie die Verfassungen von Staaten, entsprechen Werten. Daneben gibt es Verbotsgesetze, die von ihrer Anlage her einen Wert bilden, wie der ›Unwert‹ der Steuerhinterziehung. Bemerkenswerterweise wird er von Angehörigen aller politischer Lager mit großer Nachhaltigkeit verletzt. Wohlgemerkt gilt nicht der Wert ›Steuern entrichten‹. Das ist für einen Wert zu kompliziert. Je mehr ›Wenn, dann-Regeln‹ eine Vorschrift enthält, desto weniger eignet sie sich als Grundlage für einen Wert. Bei der Steuerhinterziehung verhält es sich genau umgekehrt, sie ist in ihrer Anwendung einfach und klar. Die staatspolitische Geschichte aller Länder liefert hierzu Beispiele jeder Güte. Wenn gegen Gesetze einer Gemeinschaft oder einer Gesellschaft derart eklatant verstoßen wird, könnte es sinnvoll sein, zu überprüfen, mit welchen Werten sie kollidieren. Die Kanalisierung solcher Überprüfungen in juristischen oder parlamentarischen Gremien reicht nicht. Denn dann entsteht nur eine Übereinkunft der herrschenden Funktionäre. Die gleichen Funktionäre orientieren sich aber als Privatpersonen wie andere Privatpersonen auch: Sie erkennen den ›Komplex der komplizierten Steuerehrlichkeit‹ als ein Gebilde an, dem es auszuweichen gilt. Verboten wohnt zuweilen eine systembedingte Verletzungsneigung inne. Positiv formulierte Werte werden beachtet, wenn sie auch in einer konkreten Situation angemessen sind. Angemessen sind Werte, wenn sie von uns schnell und ohne Zweifel erkannt werden. In diesem Fall erleben wir sie als funktional und hilfreich.

Identität – Richtung ohne Wiederkehr?

In der abendländischen Kultur wird einem Wert besonderer Tribut gezollt. Sowohl in der Philosophie als auch in der Politik und der Psychotherapie begegnen wir dem Wert der ›Identität‹. Und wie wichtig unsere Identität ist, erfahren wir alle als Angehörige staatlicher Gemeinwesen: Haben wir keine Identitätspapiere, wird es sehr aufwendig, unsere Existenz als eine bestimmte Person anderen glaubhaft zu machen. Sicher wird durch andere nicht bestritten, daß es uns gibt, – aber wer sind wir? Einige Menschen machen sich sogar auf die Suche nach ihrer wahren Identität. Andere erleben Identitätskrisen. Manche finden ihre eigentliche Identität in einer Glaubensgemeinschaft.

Wer sich über die Bedeutung des Wortes ›Identität‹ Klarheit verschaffen will und in Lexika nachschlägt, wird bemerkenswert unaufdringlich in einen Widerspruch geführt: Etymologisch läßt sich ›Identität‹ auf das lateinische Wort *idem* ›derselbe‹ zurückverfolgen. In der Mathematik findet es in der ›identischen Gleichung‹ oder der ›identischen Abbildung‹ eine herkunftsgerechte Verwendung. Der Wert auf beiden Seiten des Gleichheitszeichens bleibt derselbe. Für die Psychologie wird die Identität als ›die als Selbst erlebte innere Einheit einer Person‹ beschrieben. In der Psychoanalyse findet es Verwendung als ein ›Sichgleichsetzen mit anderen Personen oder einer Gruppe und die Übernahme ihrer Motive und Ideale in das eigene Ich‹. So hat auch hier die gleiche Verzerrung gegriffen wie bei den Identitätspapieren. Sind Sie Ihre Identitätspapiere? Oder sind Ihre Identitätspapiere Sie? Sind Sie eine andere Person, die sich an anderen Leuten auszurichten scheint? Jeder von uns kann nur mit sich selbst identisch sein. Das hat Folgen. In einer Identitätskrise die eigene Identität außerhalb von sich zu suchen wird schwerlich von Erfolg gekrönt sein.

Identität oder Identifizierung – eine Verwechslung mit Folgen

Wer seine Identität wiederfinden oder erstmalig entdecken will, muß bei sich mit Beobachtungen beginnen. Identität geht mit Eigenwahrnehmung einher. Die ›Identität‹, die ich außerhalb von mir zu entdecken meine, ist sprachlich genau benannt, eine ›Identifizierung‹. In diesem Prozeß *machen* wir etwas gleich, was nicht gleich ist (›-fizieren‹ lat. *facere* ›machen‹). Wir lassen etwas etwas anderem entsprechen. Identitätspapiere müßten Identifikationspapiere heißen. Denn eine Person identifiziert eine andere Person mit Hilfe von Identifikationshilfen.

Nicht umsonst gibt es für das Substantiv ›Identität‹ kein entsprechendes Verb, ebensowenig wie bei dem Wort ›selbst‹. Wenn in einer Gesellschaft ›Identität‹ ein Thema ist, wandelt sich das Thema zu einem Wert, einer Orientierungsgröße. Orientierungsgrößen werden nicht erreicht, denn ihre Funktion erschöpft sich darin, sich an ihnen zu orientieren. Sichergestellt wird dies im vorliegenden Fall über eine stillschweigende gesellschaftliche Übereinkunft: die Verwechslung von Identität mit Identifizierung. Identität kann kein Wert sein, Identität ist Sein. Am eigenen Sein können wir uns nicht orientieren, der Versuch führt zu Spiegelfechterei. Dieses Beispiel diente dazu, zu beschreiben, wie in größeren Systemen dysfunktionale Werte kreiert werden. Dysfunktionale Werte legen Menschen genauso lahm wie dysfunktionale Wertekomplexe.

Der Prozeß der Wertebildung

Orientierungsprozesse sind besondere Handlungsweisen. Ihr Gelingen erfordert ein Beobachten, das sich mit einem Komplex von Fragen in Gang bringen läßt: »Was ist mir persönlich wichtig?« – »Für wen tue ich es?« – »Wozu ist es mir wichtig?« – »Welche weiterführende Absicht steht hinter dem zuletzt benannten Zweck?« Ihre Beantwortung führt zu einer inneren Klärung, die ihrerseits eine Wertebildung in Gang setzt. Denn wir können Werte nicht einfach behaupten. Sie generieren sich in uns selbst. Eine junge Frau, die um eine Handlungsanweisung zum Auffinden ihrer Werte nachsuchte, bekam folgende Empfehlung: »Achte darauf, was Dir gut tut. Ich meine damit die ›kleinen Dinge‹ im Leben. Wenn Du einen Sonnenaufgang genießt, was an ihm genau ist so schön? Wenn Dir eine Speise so zusagt, ist es ihre Konsistenz, ihr Geruch, ihr Geschmack? Oder geht es um die erwartete Umgebung, in der Du sie bereitest oder einnimmst? Ist die Umgebung der Raum oder die Menschen oder die Tageszeit? Was genau tut Dir gut, wenn Du Musik hörst?«

Über viele kleine Beobachtungsschritte setzen wir eine Eigenwahrnehmung in uns in Gang, die frei von vorgefaßten Meinungen ist. Wenn sie uns sinnvoll erscheint, etabliert sie sich in uns und sorgt für ein feines und ausgesprochen sicheres Gespür. Hin und wieder bezeichnen wir dieses dann auch als Instinkt. Es reicht tiefer als unser Verstand. Unser Instinkt beteiligt sich immer wieder am Gebären neuer Werte, die unserer Orientierung tatsächlich dienen. Dann ist ›Friede‹ kein Dogma mehr. Ebensowenig wie ›Auseinandersetzung‹. In einer Familie war ›Friede‹ für die Mutter zweier Töchter ein so prinzipieller Wert, daß sie um seinetwegen darüber hinwegsah, wie der Ehemann und leibliche Vater beide heranwachsende Töchter mißbrauchte. Einen Wert ›Wohlergehen meiner Kinder‹ gab es für sie nicht.

Wirkung, Zweck und Absicht

Werte sind für uns Menschen unersetzbar. Sie generieren sich selbst. Sie wirken, wenn sie echte Werte sind, unaufhaltbar – ohne Rücksicht auf das weitere Ergebnis. Werte sind nicht gut oder schlecht. Sie müssen auf ihre Wirkung, ihren Zweck und die dahinterliegende Absicht hin beobachtet werden. Aufgrund von Beobachtung beginnt sich ihr Gebrauch angemessen zu organisieren. Die Arbeit mit Werten verändert unser Zusammenleben und unsere Sinnbildung nachhaltiger als viele Diskussionen und Debatten um den ›rechten‹ Weg.

Auf dem Umweltgipfel von Rio, 1991, wurde der Weltöf-
fentlichkeit ein bemerkenswerter Wertekomplex vorgestellt:
das Konzept der ›Nachhaltigkeit‹. Es wurde mit drei Dimensionen beschrieben, der ökologischen, der sozialen und der öko-
nomischen. Funktionale Wertekomplexe verfügen in Relation
zu ihren Anwendern über eine Selbstregulierung. So auch das
Konzept der Nachhaltigkeit. Denn Nachhaltigkeit wird erreicht,
wenn eine Maßnahme allen drei Dimensionen gleichermaßen
genügt. Durch diese Prozeßvorschrift werden einseitige Ver-
schiebungen sowohl in der Planung wie in der Ausarbeitung
und Durchführung verhindert. Ohne den Einsatz von ›Spezia-
listen‹ bleiben solche Wertekomplexe aber nur funktional, solange sie über wenige Werte verfügen und diese Werte auch in
eine Relation zueinander gestellt werden. Verfassungen stellen
oft auch Wertekomplexe dar. Doch ist ihre Funktionalität in
aller Regel durch den Grad ihrer Komplexität beeinträchtigt.
Ohne die sachkundige Hilfe anderer ist die einzelne Persönlichkeit überfordert, das Zusammenspiel der Normen auch nur
einigermaßen zutreffend zu beobachten.

9 Führung – Das System ist nicht seine Operation

Sind Sie als Unternehmer auch eine Führungskraft? Oder delegieren Sie Führungsaufgaben an Führungskräfte? Wenn Sie nach Ihrem Arbeitsverhältnis und -verständnis eine Führungskraft sind, was ist das Spezifische an Ihrer Führungsaufgabe?

Ein Vorstandsmitglied beantwortete die Frage, ob er zur Kategorie der Führungskräfte gehöre, mit der bemerkenswerten Auskunft, seine Aufgabe sei anders gelagert – aber im Unternehmen gäbe es selbstverständlich Führungskräfte. Auf die gleiche Frage reagierte ein Unternehmer mit der Gegenfrage, ob denn die Meinung bestünde, in seinem Unternehmen herrsche ein Mangel an Führung. Ein leitender Angestellter in einem Handelsunternehmen erzählte, seit sein Aufgabengebiet gestrafft worden sei, brauche er keine fachlichen Entscheidungen mehr zu treffen. Er habe sich nur noch mit der Führungsproblematik seines Bereiches zu befassen. Im Konkreten würde dies die Leistungsbeurteilung der Mitarbeiter und ihre Motivation bedeuten.

Ein Experiment zu Führen und Führung

Konzepte im sozialen Raum vollziehen sich nicht nur auf geistiger Ebene, sondern sind auch körperlich erfahrbar. Wegen des offensichtlich unklaren Verständnisses von Führung sollten während eines Seminars mit Führungskräften eines Konzerns einige konkrete Erfahrungen mit den Konzepten *Führen* und *Führung* erarbeitet werden. Dazu waren eine Reihe von Experimenten auf ihre Wirkung hin zu beobachten.

Eine junge Dame erklärte sich als erste zu einer Übung bereit. Sie erhielt die Aufgabe, einen Kollegen an der Hand von seinem Sitzplatz zu der Türen des Seminarraums zu führen. Danach wurde die gleiche Teilnehmerin gebeten, nunmehr zwei Kollegen zu zwei weit voneinander gelegenen Orten im Raum *gleichzeitig* zu führen. Die Dame forderte einen weiteren Herrn auf, zu ihr zu kommen. Dann faßte sie beide Männer beherzt an den Händen und begann loszugehen. Dieses Vorgehen wurde mit dem Hinweis auf die geforderte Gleichzeitigkeit abgebrochen. Nach einer sehr kurzen Besinnungspause erklärte sie den beiden Kollegen, daß auf ihre mündliche Aufforderung hin sich der eine zur Tür und der andere zum gegenüberliegenden Fenster selbständig zu bewegen hätten.

Nachdem auch diese Übung erfolgreich abgeschlossen war, wurde den Teilnehmern mitgeteilt, daß man sich nun der betrieblichen Praxis stärker annähern wolle. Mitarbeiter wüßten im allgemeinen nicht soviel wie ihre Führungskräfte (»Mitarbeiter sind blind«). Diesem Umstand sollte in den folgenden Übungen dadurch Rechnung getragen werden, daß die geführten Mitarbeiter die Augen zu schließen hätten. Die drei Kandidaten der ersten Runde waren (zur offensichtlichen Erleichterung der anderen) bereit, weiter mitzuarbeiten. Die Führungskraft gab nun sehr genaue Anweisungen, wie jeder Mitarbeiter seinen Platz zu erreichen hätte – unfallfrei. Der Streßpegel stieg mit einem Mal nicht nur bei den Akteuren spürbar an. Die Anspannung nach Abschluß dieser dritten Übung war bei allen dreien so hoch, daß sie sich sehr dankbar durch andere Seminarteilnehmer ersetzen ließen.

Für den vierten Durchgang bekam die zweite Versuchsgruppe den Hinweis, daß in der betrieblichen Wirklichkeit eine Führungskraft ihre Mitarbeiter nur in sehr wenigen Fällen im Blick behielte. Dieses Merkmal von Führung sollte dadurch erfahrbar werden, daß nun auch die Führungskraft (ein älterer Herr) die Augen zu schließen hätte. Um Unfälle zu verhindern, bekamen beide Mitarbeiter je einen Sehenden zur Seite gestellt. Die Führungskraft begann, ihre Mitarbeiter über Anweisungen zu den Zielen zu lotsen. Nach wenigen Minuten bat sie um eine Unterbrechung des Experiments. Sie selbst hatte die Orientierung verloren. Die Versuchsteilnehmer durften ihre Augen nicht öffnen. Dem Führenden wurde die Aufgabe gestellt, zu prüfen, wie er seine Mitarbeiter dennoch zu ihren Zielen geleiten könne. Dabei dürfe er keine Hilfe von den Zuschauern oder den Unfallverhütern beanspruchen. Schließlich erklärte der Herr: »Da wird mir wohl nichts anderes übrigbleiben. Ich muß mir von meinen Mitarbeitern Rückmeldungen einholen und mit ihnen zusammen den Weg erarbeiten.« Auch wenn im folgenden immer wieder komische Situationen entstanden, gab es von den Zuschauern kaum ein Lachen, und schon gar nicht Gelächter. Nach geraumer Zeit wurde das Experiment mit dem Ergebnis beendet, daß ein Mitarbeiter sein Ziel erreicht hatte und der andere an einem ähnlichen Ziel, einem anderen Fenster, angelangt war.

Die nachfolgende Erörterung von Akteuren und Zuschauern sollte die noch frischen Erfahrungen auswerten helfen. Als radikalen Bruch während der vier Experimente empfanden alle Seminarteilnehmer das Geschehen im letzten Durchgang. Die Führungskraft dieses letzten Experiments erklärte, sie habe an sich zunächst einen unerwartet großen Widerwillen gespürt, von ihren Mitarbeitern »Führungshinweise« anzunehmen. Es sei ihr geradezu grotesk vorgekommen, eigentlich nicht mehr zu wissen als die Mitarbeiter, und dennoch Entscheidungen treffen zu müssen. Und plötzlich sei ihr klargeworden, was das Tragen von Verantwortung bedeute: »Obwohl ich nicht wirklich mehr wußte als die beiden Kollegen, war ich für das Ergebnis verantwortlich. Das war mir noch nie so klar.« Die junge Dame aus den ersten drei Runden erklärte: »Als Herr B. seine Führungsaufgabe antrat, war mir sofort bewußt, daß das etwas völlig anderes ist als das, was ich zuvor zu tun hatte. Ich war noch wer, und er war der Situation völlig ausgeliefert.«

Der Unterschied zwischen Operation und System

Die gesamte Runde erhielt die Aufgabe, in Dreiergruppen herauszuarbeiten, worin das »völlig andere« bestand: Den ersten drei Durchgängen wurde übereinstimmend bescheinigt, sie seien in der Durchführung und den anzuwendenden Maßnahmen sehr klar abgegrenzt gewesen. Beim vierten Durchgang wären die Impulse für einzelne Aktionen von allen Beteiligten ausgegangen, eigentlich sei jeder einmal in der Rolle des Impulsgebers gewesen, und ein »Vorgesetztengetue« wäre in dieser Situation sinnlos. Schließlich sei der Streß für die Führungskraft davon abhängig, inwieweit sie sich auf die Mithilfe ihrer Mitarbeiter einlassen würde. So weit zu den Erfahrungen eines Vormittags.

Das Thema ist die Richtung

Diese Erkenntnisse, die bei anderen Gelegenheiten wiederholt wurden, lassen Rückschlüsse auf die Konzepte von *Führen* und *Führung* zu. Beiden gemeinsam ist der Aspekt der Richtung. Entweder wird eine Richtung selbst bestimmt, oder sie ist vorgegeben. Während sich ›Führen‹ (zumindest in einigen Situationen) noch mit ›Anweisungen geben‹ oder ›direktes Anleiten‹ übersetzen läßt, trifft diese Bedeutung für ›Führung‹ nicht mehr zu. ›Führen‹ ist eine Operation und ›Führung‹ ein Kommunikationssystem. Eine Operation ist eine sehr spezifische Aktion, die zweckgebunden, zeitlich befristet und lösungsorientiert ist. ›Führen‹ wäre also nur eine unter vielen, anderen möglichen Operationen im Kommunikationssystem ›Führung‹. In Unternehmen, gleich welcher Größe, ist es hilfreich, wenn sich Führungskräfte mit der Aufgabe beauftragen, selbst sinnvolle Führungsoperationen zu entwickeln. Gemeinsam mit den betroffenen Mitarbeitern sind diese Operationen auf ihre Wirkung hin zu überprüfen. Geeignete Operationen werden dann im Unternehmen von selbst genutzt. Diese Vorgehensweise erspart viele unnütze Geldausgaben für Beratungsleistungen, die nicht auf die gegebenen Beziehungsprozesse der Klienten passen. Die Führungskräfte binden sich in eine Arbeit ein, die ihrer beruflichen Aufgabe unmittelbar entspricht. Sie entwickeln Führungswerkzeuge, statt nur über ›Führen‹ und ›Führung‹ zu reden.

Die Bedeutung der ›verborgenen‹ Absicht in der Kommunikation

Ein Kommunikationssystem wird durch eine hohe Komplexität der Strukturen und Prozesse bestimmt. Dadurch entsteht ein Eigenleben wie in einem Ameisenhaufen. Die Absicht dieses Systems ist zunächst nicht offensichtlich. Vor diesem Hintergrund entwickeln sich eigene Regeln, die üblicherweise nicht aufgeschrieben werden. In dem Kommunikationssystem ›Führung‹ ist die ›verborgene Absicht‹ um so bedeutungsvoller, als sich mit ihrer Hilfe Richtungsvorgaben und Ziele entwickeln, die zunächst ebenfalls aus dem Verborgenen wirken.

In einer Unterredung mit den Mitgliedern einer Geschäftsleitung erwähnte ich diesen Gesichtspunkt der verborgenen Absicht eines Systems. Der Finanzvorstand merkte an, daß dies doch wohl nur in Familienunternehmen denkbar sei. Dort könnten private Interessen der Inhaber den eigentlichen Betriebszweck überlagern. Ohne direkt auf seinen Einwand einzugehen, stellte ich allen Vorstandsmitgliedern folgende Frage: »Was, meinen Sie, sind die wichtigsten beruflichen Motive Ihrer Abteilungsdirektoren?« – Nach Meinung der Befragten handelte es sich ausschließlich um eigenes wirtschaftliches Weiterkommen. »Würden Sie sagen, daß diese Herren ihrer Arbeit hier im Unternehmen nachgehen, um diese Ziele zu erreichen?« fragte ich weiter. Nach kurzem Überlegen wurde mir dies bestätigt. »Würden Sie auch so weit gehen, daß die Erfüllung dieser Ziele für diese Mitarbeiter so wichtig ist, daß sie dafür auch Unannehmlichkeiten in Kauf nehmen?«, wollte ich wissen. Zustimmendes Nicken war die Antwort. »Können Sie sich vorstellen, daß einige dieser Herren auch bereit wären, das Unternehmen zu wechseln, wenn sie anderswo ihre Ziele leichter erreichen könnten?« ließ ich nicht locker. Nach einer etwas längeren Pause, in der viele Blicke ausgetauscht wurden, fragte mich der Vorstandsvorsitzende: »*Wollen Sie damit sagen, daß für diese Mitarbeitergruppe der Unternehmenszweck nicht der eigentliche Zweck ihrer Arbeit ist?*«

Was ist schon der ›eigentliche‹ Zweck und was die Absicht

hinter dem Zweck, wenn sich mehrere Menschen zu einem gemeinsamen Tun versammeln? Und welches Eigenleben führen Zweck und Absicht, wenn diese Menschen sich nicht immer wieder vergewissern, wozu sie sich versammelt haben? Und was herrscht dann mehr, der offizielle, deklarierte Zweck oder die Summe der persönlichen, ähnlichen aber andersgelagerten Absichten – das ›Eigen‹-tliche? Private wirtschaftliche Interessen müssen nicht die einzige Absicht sein. In jungen Firmen des ›Neuen Marktes‹ ist der Zweck des Arbeitens hin und wieder einfach die Lust am elektronischen Tüfteln – ohne Rücksicht auf die wirtschaftlichen Folgen für das Unternehmen. Hinter dieser Lust kann sich das Erfahren von persönlicher Bedeutung verbergen, als eigentlicher Absicht! Die Absicht verbirgt sich nicht in der Kommunikation, doch sie wird von den Führungskräften nicht erkannt. Besonders dann, wenn diese nicht erkennen, daß Führung überhaupt ein Kommunikationssystem ist und sie sich an der Kommunikation mit ihren Mitarbeitern nicht beteiligen. In der Folge können Entwicklungen entstehen, die von einer Unternehmensleitung als ›nicht gewünscht‹ klassifiziert werden. Es treten auch dann ungewollte Folgen auf, wenn die Mitarbeiter hinter dem Unternehmenszweck keine weiterführende Absicht erkennen oder eine Absicht der Unternehmensleitung nicht akzeptieren.

Führung – Unterwerfung oder Kommunikation?

Nicht jedes System muß ein Kommunikationssystem sein. Nicht jedes Kommunikationssystem hat mit Führung zu tun. Im Unterschied zu anderen Systemen gilt für die Kommunikation, daß mehrere Akteure gemeinsam für eine bestimmte Aufgabe sorgen. Ganz nebenbei entspricht dies auch der Übersetzung des lateinischen Verbs ›communicare‹, gemeinsam (für etwas) sorgen. Von einem solchen Verständnis ausgehend bedeutet Führung auch nicht zwangsläufig ›Beherrschung‹. Genaugenommen hat Kommunikation mit Beherrschen im Sinne von ›Unterwerfung‹ nichts zu tun.

Doch solange Führung von Führen abgeleitet wird, werden von uns der Einfachheit halber auch die dem ›Führen‹ zugrundeliegenden Muster auf ›Führung‹ übertragen. In der deutschen Geschichte des vergangenen Jahrhunderts war es ein ›Führer‹ und in der italienischen ein ›Duce‹, die jeweils eine ganze Nation ›führten‹. Der militärische ›Führer‹ führt nach ›Führungsgrundsätzen‹, der Unternehmensführer führt, wenn es sein muß, ganze Wirtschaftsimperien. Wir treffen auf ›Kirchenführer‹, die den Gläubigen den rechten Weg weisen. Die erfolgreichsten Musterproduzenten für ›Führen‹ in der abendländischen Kultur waren die katholische Kirche und das Militär. Die katholische Kirche ist es in der überwiegenden Anzahl ihrer Prozesse geblieben, während sich im Militär neben Befehlsstrukturen mehr und mehr Kommunikationsstrukturen durchsetzen.

Sinn des Gehorsams

Sowohl Kirche als auch Militär setzten und setzen auf Gehorsam und Unterwerfung. Wer genau ausführt, gehorcht. ›Gehorchen‹ ist verwandt mit ›Gehören‹. Letzteres drückt Besitzansprüche aus. Der Besitzer leitet aus seinem ›Besitzen‹ besondere Rechte für sich und besondere Pflichten für das ›Besessene‹ ab, wie z. B. bedingungslose Unterwerfung. Was uns gehört, hat uns zu gehorchen – Dinge wie Menschen. Diese Betrachtungsweise wirkt in uns immer noch fort. Dabei kollidiert sie mit der Beobachtung vom ›Sinn des Gehorsams‹. Genaues Ausführen nach Anweisung setzt besondere Umstände voraus. Ein Umstand kann das beabsichtigte Verhindern eines ›Funke-im-Gas-Effekts‹ sein, eine ungewollte und explosive Reaktion bei Nichtbeachten der Anweisung. Ein anderer Umstand kann der fehlende Zugriff auf erforderliche Daten oder Informationen sein. In beiden Fällen scheinen die genaue Anweisung und ihr ebenso genaues Befolgen sinnvoll.

Dysfunktionalität entsteht, wenn nicht funktionale Aspekte maßgebend für den Gehorsam sind, sondern der Gehorsam selbst. Über solchen Gehorsam will der Führende sicherstellen, daß die Geführten sich ihm, dem Führenden, unterwerfen, ohne nach dessen ›verborgener Absicht‹ zu fragen. Je mehr wir aber erkennen, welche Zugänge zu Informationen wir als einzelne haben, desto weniger ist Gehorsam um seiner selbst willen sinnvoll. Geht es in der Führung nicht mehr um den Gehorsam um seiner selbst willen, bedarf es einer Konsequenz: Für unterschiedliche Führungssysteme müssen immer wieder passende Führungsoperationen neu entwickelt werden. Bei der Auslegung von Führung als einem Kommunikationssystem ergibt auch das ›Delegieren von Führung‹ keinen Sinn mehr. Es sei denn als eingestandene Weigerung von Führungskräften eines Unternehmens, mit ihren Mitarbeitern und Kollegen unternehmensspezifisch und zielorientiert zu kommunizieren.

Es sollte hervorgehoben werden, daß Führungskräfte sich selbst entlasten, wenn sie Führung als Kommunikation erkennen und nutzen:

· Erstens müssen sie sich weniger Gedanken um ›Führungsstile‹ machen. Diesen haftet oft etwas Gewolltes an, das nicht selten manipulativ erlebt wird. Führungsstile entsprechen Verhaltensmodifikationen, mit denen die Absicht des unbedingt eingeforderten Gehorsams verschleiert werden soll.

· Zweitens können sie für sich und ihre Gruppe spezifische Führungsoperationen erarbeiten. Damit verliert Führung den Anschein eines mystischen Prozesses weniger Eingeweihter. Statt dessen wird die Kommunikation effizienter. Die Führungskraft bleibt nicht mehr auf sich alleine gestellt, um in den ›Höhen des Olymp‹ unverstanden zu vereinsamen.

Möglicherweise fallen Ihnen hierzu noch eine ganze Reihe weiterer Folgen ein. Und wenn Sie jetzt dieses Kapitel gelesen haben und sich über seinen Inhalt ärgern oder voll irgendeiner ›klammheimlichen Freude‹ lachen, denken Sie daran: Es gibt keine Wahrheit zu diesem Thema. Experimentieren Sie, und vergessen Sie dabei nicht, die eintretenden Wirkungen zu beobachten. Beobachten ersetzt Behaupten.

Mitarbeitermotivation – oder wie trivial funktionieren Mitarbeiter?

Lassen Sie uns in diesem Zusammenhang noch einen kurzen Blick auf eine traditionelle Geheimwaffe von Führungsspezialisten werfen – die ›Mitarbeitermotivation‹. »Dann müssen Sie Ihre Leute halt motivieren!« – Kommt Ihnen dieser Satz bekannt vor? Manche Führungskraft weiß bei einer solchen Anweisung nicht wirklich, was sie konkret tun kann und soll. In Seminaren zum Thema ›Mitarbeitermotivation‹ werden diese geheimsten Techniken der Mitarbeiterführung ganz konsequent nicht verraten. Die angebotenen Motivations-Kochrezepte erweisen sich in der nicht mehr seminargeschwängerten Arbeitsumgebung des betrieblichen Alltags als unwirksam. In Großunternehmen wurden ab etwa 1980 sogenannte Incentives eingeführt. Sie galten eine ganze Zeitlang als einer der wirkungsvollsten Schlüssel zur Motivation von Leistungsträgern in Unternehmen. Ausschließlich für diese Aufgabe wurden mancherorts sogar Stabsabteilungen eingerichtet.

Einige wenige Mitarbeiter befaßten sich Jahr für Jahr mit der Organisation der ausgefeiltesten und edelsten Luxusreisen für die Besten der Guten. Was am Anfang noch die Reise nach Ibiza sein durfte, war bald darauf der Flug nach New York oder ins Reich der Mitte, mit einem Festbankett im ›Palast der Nationen‹ in Peking. Die feststellbare Wirkung solcher Anreize zeigte es: Die gewünschte Motivation entstand nicht genau so, wie es die amerikanischen Erfinder dieses Instruments versprachen. Überwiegend waren es die immer gleichen Mitarbeiter, die an diesen Reisen teilnahmen. Nicht selten verabredeten sie sich am Ende einer Reise schon für die kommende im Folgejahr. Der noch unbekannte Reiseort war das einzige Spannungsmoment, das blieb. Aufgrund dieses Ergebnisses fanden schließlich immer weniger Reisen als Incentives statt.

Eine noch ›raffiniertere‹ Weise, einen Leistungsanreiz zu gewähren, ist das Dauer-Incentive Gewinnbeteiligung in unveränderter Höhe, häufig über Jahre hinweg. Bei Verlust des Arbeitsplatzes entfällt dann auch die Gewinnbeteiligung.

Wenn nicht einmal so gewaltige finanzielle Anstrengungen wie Incentives ausreichen, Mitarbeiter zu mehr Leistung zu motivieren, gibt es sie dann überhaupt – diese Motivation? Es ist ein alter, wenn auch seltsamer Traum des Menschen, die eigenen Artgenossen steuern zu wollen und ihnen dabei Trivialität zu unterstellen. Möglicherweise steht hinter diesem Wunsch die Vorstellung eines allmächtigen Gottes, der immer wieder steuernd in Einzelschicksale eingreift. Und wenn wir Menschen nach seinem Ebenbild geschaffen sind, dann müssen wir uns wohl wie er verhalten? Dabei wird aber verkannt, daß Mitarbeiterinnen oder Mitarbeiter genauso komplex – und somit unberechenbar – sind wie Vorgesetzte.

Motivation ist autonom

Natürlich können wir ein Phänomen beobachten, das wir ›Motivation‹ nennen. Nur liegt es in dem Innersten eines jeden Menschen. Motivation entstammt dem lateinischen Verb *movere*, zu deutsch ›bewegen‹. Lassen Sie uns diesen Vorgang mit Sorgfalt betrachten: Einen anderen Menschen können wir nur unter Anwendung von Kraft bewegen. Wir können den anderen ziehen oder drücken. Sobald wir die unmittelbare physische Kraftanstrengung in eine sprachliche Aufforderung umwandeln, ist die Wirkung unserer Worte als Bewegungsauslöser ungewiß. Wer es nicht glaubt, braucht sich nur Eltern bei der Erziehung ihrer Kindern anzuschauen. »Wie oft muß ich Dir noch sagen, daß Du nach dem Essen die Zähne putzen sollst.«

Verwechslung von ›Ausnahme‹ mit ›Regel‹

Bei Erwachsenen verhält es sich nicht anders. Mit einer Ausnahme: Unter ›normalen‹ Umständen folgen wir sprachlichen Aufforderungen, uns zu bewegen. Das ›Normale‹ gilt für uns aber nur so lange, als die Bewegung und ihre Folgen für uns absehbar und von uns akzeptiert sind. Zeitlich ist dieser Raum

sehr befristet. Führungskräfte unterliegen einem folgenschwe-
ren Irrtum, wenn sie diese gesellschaftliche Ausnahme-Kon-
vention als Norm in unserem gesamten Arbeitsleben zu erkennen glauben. Ganz nüchtern ist festzuhalten, wir können einen
anderen Menschen nicht motivieren. Was uns selbst und andere in Bewegung setzt, ist viel zu komplex, um es genau zu erkennen.

Was bleibt dann noch einer Führungskraft?

Was bleibt für Führungskräfte dann noch zu tun? Überlegungen, mit welchem Trick andere zu hohem Leistungsverhalten
gebracht werden können, führen zu keinem dauerhaften Füh-
rungsergebnis. Überhaupt hat Führung sehr wenig mit Tricks
gemeinsam. Welche Person wäre damit einverstanden, wenn sie
erfahren würde, daß sie regelmäßig hereingelegt wurde, damit
sie etwas Bestimmtes tut?

Möglicherweise findet sich eine gangbare Lösung am ehesten, wenn wir prüfen, was wir benötigen, um uns *selbst* in Bewegung zu setzen. Solange wir nicht wissen, was überhaupt
getan werden soll, werden wir keine Bewegungskraft aufwenden – sofern wir unsere Kraft sinnvoll einsetzen. Hier bereits
beginnt eine wesentliche Beobachtung des Phänomens Motivation:

· *»Was genau soll getan werden?«* – Funktionierende Handlungs-
  routinen täuschen nicht selten darüber hinweg, wie unklar
  den Handelnden ihr Tun ist. Doch wie kann ein Mensch Be-
  geisterung für sein Tun entwickeln, wenn er nicht weiß, was
  er da im Konzert mit anderen anrichtet? Erst die konkrete
  Vorstellung des Handlungssystems führt zur Sinnbildung
  und nachhaltigen Handlungsbereitschaft. Eine angemessene
  Beantwortung dieser Frage gelingt am leichtesten mit der
  Beantwortung der nächsten Frage.
· *»Wozu ist eine gewählte Handlungsweise gut?«* – Was wird durch
  sie gewonnen oder sichergestellt? Unsere Angewohnheit,

nach dem Grund zu fragen, verleitet den Gefragten zum Erzählen von ›Geschichten‹. Über Gründe können wir heftig
rätseln und miteinander streiten. Das nennen wir dann vor-
nehm ›diskutieren‹. Die Frage nach dem Zweck ist eindeutig.
Sie läßt in der Beantwortung keinen Spielraum für Unsinni-
ges. Doch auch ein Zweck hat eine weiterführende Absicht.
So schließt sich die dritte Frage ebenso elegant an, wie wir
üblicherweise über unsere Unterwäsche Oberbekleidung anlegen. Oder machen Sie das im Alltag anders?

· *»Welche Absicht wird mit diesem Zweck verfolgt?«* – Die Frage
  nach der Absicht eines Zwecks führt zum ›*Grund der Zukunft*‹. Es ist so ähnlich wie in der Empfehlung von Antoine
  de Saint-Exupéry:»Wenn Du ein Schiff bauen willst, dann
  trommle nicht die Männer zusammen, um Holz zu beschaffen, Aufgaben zu vergeben und die Arbeit einzuteilen, sondern lehre sie die Sehnsucht nach dem weiten endlosen
  Meer.«

Wünsche werden durch Nüchternheit verwirklicht

Die in diesem Kapitel beschriebene Vorgehensweise hört sich
nicht so poetisch an wie die Worte Saint-Exupérys. Doch sollten wir nicht vergessen, daß wir im Arbeitsleben nicht nur
›sehnsüchtige‹ Männer antreffen! Immer mehr Frauen gehen
bemerkenswert nüchtern und lösungsorientiert an ihr Werk.
Und erfolgreiche Männer beobachten, entscheiden und handeln ebenso – nüchtern und lösungsorientiert. Die Begeiste-
rung, die sich dabei einstellen kann, ist wesentlich nachhaltiger
und trägt verläßlicher zum Erfolg bei als der durch Halluzinationen entfachte Abenteuerrausch. In Aristoteles' Unterscheidung zwischen *Praxis* und *Poesis* ist diese Betrachtungsweise
auch schon anzutreffen. Für ihn ist Praxis die Tätigkeit, welche
die Belohnung für ihr Tun bereits in ihrem Tun trägt. Dieses
Tun eröffnet sich uns in seiner Wirkung, wenn wir auch seinen
Zweck und die Absicht des Zwecks erkennen können.

Beobachten und Kommunizieren statt Behaupten und Motivieren

Die folgenden Begleitumstände von ›Führung‹ seien an dieser Stelle ausdrücklich benannt. Erstens müssen Führungskräften beobachten, statt Behauptungen aufzustellen. Das erscheint zunächst aufwendiger, weil es manchmal auch länger dauert. Das Beobachtete läßt unzutreffende, eigene Vorlieben nicht mehr gelten. Zweitens kann eine Führungskraft nicht mehr für sich beanspruchen, ihre Mitarbeiter durch eine kurze Zauberformel motiviert zu haben. Sie kann bestenfalls für ein Klima sorgen, in dem es Mitarbeiterinnen und Mitarbeitern leichter fällt, sich selbst zu motivieren. Wen dieser letzte Umstand schmerzt, dem sei ein funktionaler Trost mit auf den Weg gegeben: Führungskräfte müssen keine Psychologen sein, um in dem Kommunikationssystem ›Führung‹ ihren Anteil zu leisten.

Führung als Handlungssystem – zwei unterschiedliche Beobachtungen

Nach diesem Ausflug in die Geheimnisse der Motivation, bitte ich Sie, Ihre Aufmerksamkeit noch einmal auf ›Führung‹ zu richten. Während eines Seminars bat ich die Teilnehmer darum, auf ›Führung als Herrschaftsinstrument‹ (Tabelle 3) und ›Führung als Kommunikation‹ (Tabelle 4) die Matrix eines Handlungssystems (siehe Kapitel 4; Handeln und Handlung) anzuwenden.

Wird Führung als Herrschaftsinstrument genutzt, orientiert sich der Führende daran, den Geführten weder Erklärungen noch irgendein Feedback abzugeben, und will auf die Meinung der Geführten einen entscheidenden Einfluß gewinnen. Um diese Herrschaft für die Zukunft zu sichern, werden zum einen Strafen für den Fall einer verweigerten Unterwerfung eingeführt, zum anderen wird ein ›Wir-Gefühl‹ beschworen. Die Macht dieses Systems äußert sich in Terror, einem hohen Maß an Kontrolle und Rigidität. Die Macht wird mißbraucht. In

wirtschaftlicher Hinsicht versucht dieses System, über Mono-
polbildung seine Interessen auch langfristig zu sichern.

Zeitachse Beziehungsachse	Gegenwart	Zukunft

Beziehung
nach innen
	Werte:
	– keine Erklärungen
	– Autorität – eine Person
	  bestimmt, wie die Mei-
	  nung der anderen ›ist‹.
	– Kein Feedback
		Systemregeln:
		– Strafen bei Nicht-
		  Unterwerfung
		– Wir-›Gefühl‹ –
		  »Gemeinsam sind wir
		  stark.«

Beziehung nach außen	**Macht:** – Terror – Machtmißbrauch – Kontrolle – Rigidität	**Ökonomische Planung:** – Monopol

Tabelle 3

Bei Führung als Kommunikation orientieren sich alle System-
angehörige an einem lerngestützten Wachstum. Die Operationen des Beobachtens und des Informationsaustauschs gewinnen
eine zentrale Bedeutung. Die dem System innewohnenden Regeln werden aufmerksam beobachtet. Feedback gehört zum
›guten Ton‹. Es wird auf die ›System-Homöostase‹ über Selbstregulierung gesetzt. Macht wird geteilt, um dadurch mehr
Handlungsoptionen möglich zu machen. Abstimmung mit anderen Teilnehmern eines größeren Systems führen zu mehr
Ökologie und damit zum Schutz von Ressourcen. Das führt in
der Ökonomie zur Anwendung des Konzepts der Nachhaltigkeit.

Zeitachse / Beziehungsachse	Gegenwart	Zukunft
Beziehung nach innen	**Werte:** – Lernen – Beobachten – Informationsaustausch	**Systemregeln:** – Regel-Akzeptanz – Feedback – Selbstregulierung
Beziehung nach außen	**Macht:** – Ökologie durch Abstimmung untereinander – Macht wird geteilt – Einflußzonen	**Ökonomische Planung:** – Konzept der ›Nachhaltigkeit‹

Tabelle 4

Auch wenn beide Darstellungen keinen Anspruch auf Vollständigkeit oder wissenschaftliche Genauigkeit erheben, lassen sich mit ihnen die Anmutungen beider ›Führungsverständnisse‹ im Ansatz erfassen. Doch auch hier gilt: Keine der beiden Betrachtungsweisen ist an sich gut oder schlecht. Eine Bewertung läßt sich nur aus dem Kontext der Anwendung vornehmen. In der Praxis werden wir beobachten, daß ein Führungssystem zwischen beiden Funktionsweisen oszilliert. Doch je deutlicher das Bild des Herrschaftsverständnisses hervortritt, desto mächtiger wird der Anspruch auf Unterwerfung der Geführten.

Auf Dauer sind Kontrolle und Unterwerfung sehr teuer

Unterwerfung bindet Kraft. Diese wird zur Verwaltung der Kontrolle, zur Kontrolle der Unterworfenen und zur ständigen Wiederholung der Unterwerfung benötigt. Denn Unterwerfung als Handlungssystem ist kein einmaliger Vorgang. Je mehr ein Herrschaftssystem zu kontrollieren sucht, desto weniger Kreativität produziert dieses System. Kontrolle und Kreativität laufen als Prozesse gegeneinander. Dies kann dazu führen, daß ein Führungssystem seine Ressourcen nicht mehr für seine eigene Entwicklung einsetzen kann. Zuletzt verschließt sich das System immer mehr nach außen, um erfolgreich zu kontrollieren und immer wieder und subtiler zu unterwerfen. In der Physik, genauer: in der Thermodynamik: führt das Verschließen eines Systems zu Entropie. Entropie entspricht einer unumkehrbaren Unordnung, die zum Wärmetod des Universums führt (Zweiter Hauptsatz der Thermodynamik). In sozialen Systemen führt das Verschließen zum Zusammenbruch dieses Systems von innen heraus. Ein äußerer ›Feind‹ wird nicht mehr benötigt.

Soweit die Funktion von Kontrolle als unentbehrlich für ein Führungssystem erachtet wird, sollten die nachfolgenden Fragen *immer wieder* von neuem beantwortet werden:

· Welche Kontrollmethoden setzen wir ein?
· Wozu genau setzen wir diese Kontrolle ein?
· Was erreichen wir mit dieser Kontrolle ganz konkret?
· Wieviel eigene Kraft binden wir mit dieser Kontrolle?
· Was wären die voraussichtlichen Ergebnisse, wenn wir diese Kontrolle nicht mehr einsetzten?

Legitimationstypen der Herrschaft und deren Zeitbezug

Wer für sich prüfen möchte, inwieweit die angewandte Führung mit Unterwerfungsansprüchen verhaftet ist, kann sich auch die jeweilige Beziehung zwischen ›Herrschaft‹ und der ›Legitimation dieser Herrschaft‹ vor Augen führen. Der Politikwissenschaftler Otto Heinrich von der Gablentz untersuchte die Legitimationstypen der Herrschaft. Dabei arbeitete er einen Bezug zwischen Legitimation und der Zeitspanne heraus, über die sich diese Herrschaft rechtfertigt. Der Prozeß der ›Rechtfertigung‹ beschreibt die Tatsache, daß ein Recht erst noch ›gefertigt‹ werden muß, damit ein Ereignis ›recht‹, also richtig ist. Mit dem

ausdrücklichen Bezug auf Vergangenes, Gegenwärtiges, Zukünftiges oder Ewiges soll der Anspruch auf Unterwerfung begründet werden. Die nachfolgende Beschreibung soll helfen,
›Legitimationsfallen‹ schneller oder leichter zu erkennen:

- Wird die *Vergangenheit* bemüht, wird mit ihr das ›Bewährte‹
  herangezogen. Die Macht liegt beim ›Herrn‹, der sich entweder ›Günstlinge‹ oder ›Vasallen‹ für die Verwaltung seiner
  Macht hält. Belohnt wird ihre Treue durch irgendwelche
  ›Pfründe‹.
- Mit dem Bezug auf die *Gegenwart* fällt der Blick auf die ›Leistung‹. Die Macht liegt in den Händen einer ›Obrigkeit‹, die
  sich auf ›Beamte‹ stützt. Als Entgelt gibt es ein nüchternes
  Gehalt.
- Soll die *Zukunft* herhalten, einen Machtanspruch zu rechtfertigen, wird mit ›Erwartungen‹ operiert. Der ›Führer‹
  höchstpersönlich wendet sich an seine ›Anhänger‹, denen er
  ›Beute‹ oder künftige ›maximierte Gewinnzuwächse‹ verspricht.
- Und die *Ewigkeit* hat nach wie vor nicht ausgedient. Sie beruft sich auf eine wie auch immer geartete ›Heilssicherheit‹.
  Die Macht liegt bei einem ›kosmisch Auserwählten‹, einem
  ›Gottessohn‹, dessen Gefolgschaft aus ›Gläubigen‹ besteht.
  Die Bezahlung der Gläubigen besteht darin, daß sie an ihren
  Führer zahlen, indem sie beispielsweise ›Opfer‹ erbringen!

Nutzen Sie die Ihnen hier angebotene Brille zum Erkennen
von Legitimationstypen mit großer Sorgfalt. Sie werden überrascht sein, wie häufig z.B. das ›Ewigkeitsmodell‹ anzutreffen
ist – nicht nur bei Kirchen! Manche Kirchen greifen eher auf
die ›Gegenwart‹ zurück. Beobachten Sie, versuchen Sie nicht,
im voraus zu ›wissen‹, auf welche Legitimationen in einem
Führungssystem zurückgegriffen wird. Führung als Kommunikationssystem ist auf solche Legitimationen nicht angewiesen.
Führung entsteht aus Aufgaben und Kompetenzen, die von
den Beteiligten in gleicher Weise erkannt werden. Für Führung
reicht eine bloße Idee nicht aus. Erst wenn sie von anderen ge

teilt wird, kann sie in der Führung wirken. Damit sie von anderen geteilt wird, bedarf es der Kommunikation. Kommt es zur Kommunikation, bilden sich eigene Regeln und eigene Operationen heraus.

Bestimmung der Position im sozialen Raum

Beobachten wir Führung als ein Kommunikationssystem, sehen wir uns ein soziales System an. Mehrere Individuen handeln als Elemente gemeinsam im System. Nun hilft es uns nicht besonders weiter, wenn wir die Elemente lediglich betrachten. Einsichten über ein System gewinnen wir, wenn wir uns anschauen, was diese Elemente auf welche Weise miteinander anstellen. Stellen Sie sich einen Raum vor, der nach oben, unten, vorne, hinten, links und rechts nicht begrenzt zu sein scheint. In diesem Raum erkennen Sie verschiedene kleine Körper, unsere Elemente. Um die Position dieser Elemente im Raum festzulegen, benötigen Sie drei Achsen. Im Kommunikationsraum verhält es sich nicht anders. Hier benötigen die Elemente ebenfalls drei Zuordnungskategorien, die ihnen helfen, zu bestimmen, ob und wie sie miteinander vernetzt sind und welche Funktion sie ausüben.

In einem sozialen System sind die Elemente Personen, deren Zuordnung über die Beantwortung dreier Fragen geklärt werden kann:

· »Wer gehört dazu?«
· »Seit wann gehört diese Person dazu?« und
· »Was erhält sie und was gibt sie dafür?«

In der Sprache der betrieblichen Ordnung sind es die Fragen nach Zugehörigkeit, Rang im Unternehmen und den Leistungsmerkmalen einer Position. Leistung wirkt bekanntlich in zwei Richtungen: sie erfordert eine Gegenleistung, damit sie wiederholt erbracht wird. Alle drei Fragen bedürfen einer eindeutigen Beantwortung, die von anderen Personen im System

nicht in Frage gestellt wird. Ist auch nur eine Frage nicht ein-
deutig zu beantworten, kann die Position dieser Person im
Kommunikationsraum nicht angemessen erkannt werden. Die
Folge ist, daß diese Person ihre Funktion, ihre Aufgabe im
Kommunikationssystem, nicht auf die bestmögliche Weise
wahrnehmen kann. Selbst wenn sie es will! In einem sozialen
System wächst Menschen die Kraft für ihre Aufgaben aus der
ihr ›zustehenden Position im Kommunikationsraum‹ zu.

Das System beobachtet, wer dazugehört

Nicht eine einzelne Person hat die Macht, festzulegen, ob jemand zum System dazugehört oder nicht. Die Beantwortung
dieser Frage ergibt sich aus der ›Geschichte‹ des Systems (des
Betriebs oder des Unternehmens). Das heißt, die Zugehörigkeit
ergibt sich, losgelöst von Deklarationen. In einem militärischen
Verband war ein Kommandeur durch einen anderen ersetzt
worden. Dem Vorgänger war von der vorgesetzten Komman-
doebene vorgeworfen worden, er habe gegenüber den unterstellten Soldaten die Belange der Armeeführung nicht entschieden genug vertreten. Dies führte zu seiner frühzeitigen
Ablösung. Sein Nachfolger schilderte seine Dienstzeit auf diesem Posten mit den Worten: »Bei jeder Stabsbesprechung hatte
ich den Eindruck, hinter mir sitzt der ›Alte‹. Und alle schauen
nur zu ihm. In Dienstbesprechungen mit den Einheitsführern
meinte ich, einem latenten Spott der unterstellten Offiziere zu
begegnen. Es war nicht greifbar, keiner sagte mir diesbezüglich
etwas. Und das war schlimm – der ›Alte‹ war präsent, und ich
konnte nichts machen.« In den Kategorien der Systembeob-
achtung bedeutet es, daß der Vorgänger immer noch im System
ist. Er gehört ihm weiterhin an. Diese Zugehörigkeit bleibt so
lange erhalten, bis seine Leistungen doch noch gewürdigt werden, z.B. durch den Nachfolger, und solange noch genug Soldaten in diesem Verband ihren Dienst verrichten, die den alten
Kommandeur persönlich gekannt haben. Das ›ungute‹ Ausscheiden von Personen aus einem Unternehmen neigt in seiner

Wirkung dazu, daß die ›Ausgeschiedenen‹ im System destabilisierend nachwirken.

In einem Großunternehmen nahm sich der Geschäftsführer, der gleichzeitig persönlich haftender Gesellschafter war, einen externen Berater. Mit diesem besprach er über Jahre alle anstehenden Entscheidungen von unternehmenspolitischer Bedeutung. An Besprechungen der Leitungsgremien des Hauses nahm der externe Berater nicht teil. Zwischen den beiden Herren war das so abgesprochen und von beiden so gewollt, um die Stellung des Geschäftsführers nicht zu untergraben. Genau so wurde sie aber untergraben. In einer Sitzung des Marketingausschusses sprach der Leiter der Marketingabteilung den Geschäftsführer an: »Das ist doch nicht Ihre Idee, Herr Dr. G. Bringen Sie doch endlich die Person mit, von der Sie diese Ideen beziehen. Dann können wir endlich einmal klären, wer hier welches Sagen hat.« Der Geschäftsführer war perplex, er hatte keinem im Unternehmen von seinem Berater erzählt. Nachdem die ›graue Eminenz‹ an der nächsten Besprechung teilgenommen hatte, wurde das Beratungsverhältnis aufgehoben. Der Berater wurde als neuer, zusätzlicher Geschäftsführer eingestellt. Ein System beobachtet auch über die Grenzen des Arbeitsrechts oder anderer Rechtsnormen hinaus.

Der Rang ist ein Aspekt der Zeit

Auf einer Veranstaltung sprach mich ein jüngerer Mann an: »Ich bin in das Unternehmen meines Vaters eingestiegen. In den kommenden zwei Jahren soll ich die Leitung unserer Firma vollständig übernehmen. Jetzt haben sich aber einige Komplikationen mit altgedienten Mitarbeitern ergeben. Für mich ist das sehr überraschend, weil diese Menschen mich ja schon lange kennen. Sie scheinen nicht akzeptieren zu können, daß ich jetzt ihr Vorgesetzter bin.« Auf meine Frage nach seinem Lebensalter und dem der Mitarbeiter antwortete er mir: »Ich werde im nächsten Monat 30 Jahre. Die Mitarbeiter, um die es geht, sind so zwischen Mitte 40 und 60. Sie gehören unserer

Firma mindestens 20 Jahre an. Sie kennen mich also schon sehr lange. Ich verstehe nicht, wo das Problem liegt.« – »Schauen Sie sich doch mal den Ältesten von ihnen vor Ihrem geistigen Auge an. Wie geht es Ihnen dabei?« wollte ich von ihm wissen. »Ich fühle mich angespannt und nervös. Herr B. schaut mich an, als würde er mich nicht ernst nehmen.« – »Ist es Ihnen wichtig, von Herrn B. ernst genommen zu werden?« Nach einer kurzen Pause bestätigte er mir die Wichtigkeit. Daraufhin bot ich ihm ein kleines Experiment an: »Schauen Sie nochmals in Gedanken zu Herrn B., und denken Sie dabei den nachfolgenden Gedanken – ohne sich dabei Gewalt anzutun: ›Du bist älter als ich, Du gehörst diesem Unternehmen länger an als ich, und ich bin Dein neuer Chef.‹« – »Wie geht es Ihnen jetzt?«, erkundigte ich mich. Er schaute mich ernst und ruhig an: »Ich weiß nicht genau, was gerade geschehen ist. Aber bei mir ist da unheimlich viel Druck raus. Irgendwie nehme ich ihn jetzt ernst. Und er lächelt mir freundlich zu.« Ich empfahl dem jungen Unternehmensnachfolger dieses Experiment ohne Worte bei einer konkreten Begegnung mit dem älteren Mitarbeiter zu wiederholen. Bei einem späteren Wiedersehen berichtete mir der junge Unternehmer: »Das Seltsame war ja, daß ich mit Herrn B. darüber nicht wirklich gesprochen hatte. Aber es war auch nicht nötig. Wir hatten plötzlich eine Beziehung zueinander. Ich bin wahnsinnig froh, daß er bei mir blieb und sich nicht in den vorzeitigen Ruhestand verabschiedete.«

Der ›Rang‹ im Unternehmen ist zuallererst ein Aspekt der Zeit. Der Rang leitet sich aus einer Ordnung ab. ›Ordnung‹ entwickelt sich aus einer Reihenfolge. Was kommt als erstes, was als nächstes. Es ist ein Nacheinander der Beziehungsaufnahme, also eine zeitliche Abfolge. Das, was zuerst kommt, ist das, was früher da war. In Unternehmen begegnen sich Menschen auf der Ebene der unwillkürlichen (biologischen) Wahrnehmung zunächst als Menschen, dann als Unternehmensangehörige und erst dann in ihrem betrieblichen Rang. Wer in dieser Reihenfolge bewußt zu anderen Menschen schaut, wird in Beziehungen natürliche Entspannung erleben. Dabei spielt es keine Rolle, von wem diese Beobachtung ausgeht. So kann auch der ältere Mitarbeiter von sich aus den beobachtenden Gedanken denken: »Ich bin älter als Du, ich gehöre diesem Unternehmen länger an als Du, und Du bist mein Chef.« Die klärende Wirkung tritt ein.

Das Konzept der Ebenbürtigkeit

Wir können diesen Zusammenhang auch vor dem Hintergrund des Konzepts der ›Ebenbürtigkeit‹ verstehen. Wir sind ungleich, aber ebenbürtig. Nur die Ebenbürtigkeit kommt uns allen gleichermaßen zu. Etymologisch läßt sich dieses Wort auf das mittelhochdeutsche *ebenbürtec* zurückführen, übersetzt ›von gleicher Geburt‹. Vordergründig meinte man damals die gleiche vornehme Abstammung. Hintergründig bleibt nur eins, das gleich bleibt für alle Menschen, die Tatsache der Geburt. Keiner von uns kann sich selbst zeugen. Das ist keine geheimnisvolle, magische Formel. Es ist das Ergebnis von Beobachtung. Insoweit ist das Konzept der Ebenbürtigkeit keine Manipulation, sondern ist auf einen inneren Vollzug, die Einsicht, angewiesen. Letztere ermöglicht es, über den eigenen Rang und die Stellung anderer Menschen nicht reden zu müssen. Oft entspricht solches Reden eher einem Zerreden.

Ohne Ausgleich mißlingen Beziehungen

Kennen Sie Menschen, die gerne immer wieder etwas umsonst machen? Wahrscheinlich nicht! In Leadership-Kategorien bedeutet das, darauf zu achten, was diese Menschen dennoch wollen, ohne daß sie es ausdrücklich benennen. Wenn wir etwas tun, dann, um durch unser Handeln ein mehr oder minder bestimmtes Ergebnis zu erhalten. Das »mehr oder minder« bezieht sich auf die Deutlichkeit des Ergebnisses. Auch wenn wir sagen: »Dafür möchte ich nichts, ...«, bleibt das unausgesprochene Wort »außer« hörbar. Wir wollen nicht nur ›Dinge‹ als Wertentsprechung für unser Tun, oft verlangen wir statt dessen

nach Aufmerksamkeit, Anerkennung oder einem ›Pluspunkt‹,
den wir später einmal gegen etwas anderes eintauschen können.
Anerkennung, beispielsweise, wünschen wir uns auch nicht
immer nur von Menschen. Es kann sein, daß wir sie von einer
übermenschlichen Instanz erwarten, wie z. B. von Gott, der
Natur oder der Schöpfung. Dieser Wunsch in uns muß nicht als
menschliche Schwäche ausgelegt werden.

Strukturen sind Beziehungsprozesse

Ein Element, das mehr nimmt, als es gibt, entwickelt die Tendenz, das System zu verlassen. Insoweit läßt sich in der Gegen-
seitigkeit von Geben und Nehmen auch eine Bindungskraft
erkennen. Je regelmäßiger zwischen denselben Personen über
›Geben und Nehmen‹ eine Bindungskraft Gebrauch entwickelt wird, desto schneller entsteht das, was wir eine ›Struktur‹ nennen. Eine soziale Struktur ist ein fortlaufender Bezie-
hungsprozeß zwischen wenigstens zwei Personen. Wenn Sie
von Strukturen in einer Organisation hören oder lesen, achten
Sie gleich darauf, um welche Art von Beziehung es zwischen
welchen Personen genau geht. Auf diese Weise erfahren Sie
mehr über die Organisation, als wenn Sie sich ein sogenanntes
Organigramm anschauen. Organigramm genannte Zeichnun-
gen geben meistens die Behauptungen über eine Organisation
wieder.
 Selbstverständlich kann es wichtig sein, auch unzutreffende
Behauptungen in ihrer Wirkung zu beobachten: Nach der Reorganisation einer regional operierenden Bank wurden der neu
geschaffenen Position des Gebietsleiters fünf Geschäftsstellen
unterstellt. Der Gebietsleiter leitete darüber hinaus die sechste
Geschäftsstelle, die auch früher schon die umsatzstärkste war.
Die dadurch »freigesetzten Synergien« sollten »für eine stärkere
Kundenbindung durch bessere Betreuung« eingesetzt werden.
Auf die Frage, wie sich die beruflichen Beziehungen zwischen
allen Geschäftsstellen seit der Reorganisation geändert haben,
antwortete der Geschäftsstellenleiter: »Genaugenommen über-

haupt nicht. Wie in der Vergangenheit werden alle Angelegenheiten der Firmenkunden von den Kundenberatern vor
Ort direkt mit unserer Zentrale abgestimmt. Ich als Gebietsleiter bin davon nicht betroffen. Und bei den Privatkunden wird
das Hypothekengeschäft ebenfalls zentral bearbeitet. Aber der
Versicherungsberater, der für alle sechs Geschäftsstellen zuständig ist, berichtet mir.« – »Welche Aufgabe fällt Ihnen dann in
Ihrer Leitungsfunktion gegenüber den Mitarbeitern der Geschäftsstellen zu?« – »Ich trage eben die Personalverantwor-
tung, unterzeichne die periodischen Beurteilungen und so.« –
»Mit den unterstellten Geschäftsstellenleitern waren Sie früher
auf einer Ebene. Hat sich da die Beziehung verändert?« – »Das
kann man wohl sagen. Der Umgang mit den Herren ist sehr
kompliziert. Einer erklärte mir, er wisse nicht, wo ich ihm be-
hilflich sein könne, wenn die fachlichen Themen weiter in der
Zentrale entschieden würden.« So also kann ›Synergie‹ auch
interpretiert werden.

Rolle oder Funktion

In dem am Anfang dieses Kapitels erwähnten Führungsseminar
sprachen die Teilnehmer davon, daß ein »Vorgesetztengetue« in
der konkreten Situation sinnlos sei. Diese Äußerung soll hier
unter einem besonderen Gesichtspunkt aufgegriffen werden.
Nehmen Sie bei sich zu Hause die Rolle der Mutter oder des
Vaters gegenüber Ihren Kindern ein? Nehmen Sie in einer intimen Beziehung die Rolle der Geliebten oder des Liebhabers
ein? Und wie ist es in Ihrem Unternehmen? Spielen Sie den
Chef oder sind Sie der Chef? Es geht um die Unterscheidung
von ›Rolle‹ und ›Funktion‹. Wenn wir Rollen wahrnehmen,
spielen wir sie. Das bedeutet, wir folgen von anderen über-
nommenen oder selbst erfundenen Regieanweisungen. Dabei
produzieren wir eher einen ›Anschein‹, als daß wir in der Lage
wären, die mit einer Position verbundenen Aufgaben angemessen zu lösen. Mit dieser Differenzierung von ›Rolle‹ und
›Funktion‹ können Sie ein weiteres Werkzeug für Ihre persön-

liche innere Klarheit bei der Wahrnehmung von Führungsaufgaben nutzen.

Der Inhaber einer Gartenbaufirma schilderte mir seine
Schwierigkeiten beim Wechsel zwischen den Rollen ›Ehemann und Vater‹ und ›Firmenchef‹: »Schon beim Frühstück bin
ich mit meinen Gedanken bei der Arbeit. Ich stelle mir vor,
wie ich mich meinen Mitarbeitern gegenüber gleich verhalten
muß. Sie erwarten von mir auch ein entsprechendes un-
mißverständliches Auftreten. Sonst geht in so einem Betrieb alles drunter und drüber. Und abends kann ich diese Rolle nicht
so einfach ablegen. Meine Frau versteht das nicht. Sie beklagt
sich, ich würde mit ihr und den Kindern sprechen, als wären sie
auf der Baustelle – als Arbeiter.« Diese Schilderung gilt nicht
nur für Selbständige. Sie behält ihre Gültigkeit auch über den
beruflichen Rahmen hinaus. In ihr wird beschrieben, wie wir
mit anderen Menschen auf dysfunktionale Weise in Beziehung
treten können.

Leben ist eben doch kein Theater

Das Schaffen einer ›Vorstellung vom eigenen Auftreten‹ mag
nicht unüblich sein, dennoch generieren wir mit diesem Vorgehen unnötige Schwierigkeiten für uns. Wir ziehen dabei unsere Aufmerksamkeit von uns selbst und von unseren Aufgaben
ab, um sie auf unsere ›Vorstellung über die vermuteten Erwartungen‹ anderer Menschen zu richten. Dieser Prozeß verlangt
unserem Gehirn eine sehr hohe Leistung ab. Denn wir müssen
Vorstellungen erfinden, die im Augenblick des Erfindens nicht
auf ihre Richtigkeit geprüft werden können. Erfindungen darüber, was andere Menschen von uns erwarten könnten, sind
nebenbei bemerkt eine ungemein kreative Leistung unseres
Gehirns. Dabei erfinden wir nicht nur die Erwartung anderer
Menschen. Wir erfinden unser Verhalten, die Reaktion auf
unser Verhalten und unsere Reaktion auf die erwartete Reaktion. In unserem Geist entsteht ein ganzes Drehbuch – die
Rolle. Diese Rolle statten wir in Gedanken auch mit Texten

aus. Und während unser Geist mit dieser kreativen Leistung befaßt ist, produziert der Körper auch die dazu passende Gefühlslandschaft. Das Drama der selbst gewählten Rolle ist vollständig.

Sobald eine Rolle erschaffen ist, drängt es sie, eingesetzt zu werden. Rollen hängen nicht wie ungebrauchte Kleidungsstücke im Schrank unserer Einbildungskraft. Sie nehmen sich uns einfach als Ausführende – gewissermaßen ungefragt. Sobald wir uns in einer Rolle bewegen, wird unsere Aufmerksamkeit noch intensiver vom Gebrauch dieser Rolle beansprucht als in der Phase ihres Erschaffens. Ein gewisses Maß an Aufmerksamkeit richtet sich auf die anderen Beteiligten, ein anderes Maß an Aufmerksamkeit richtet sich auf uns selbst. Es prüft, ob wir die Rolle auch entsprechend unserer eigenen Vorgaben ausüben. Für diese aufwendige ›Supervision‹ wird wertvolle Aufmerksamkeitsleistung abgezogen. Sie fehlt uns in der Wahrnehmung unserer Befindlichkeit und unserer eigentlichen Aufgaben. Ob wir uns in einer Rolle befinden, können wir relativ leicht feststellen. Sobald wir unser eigenes Verhalten im Geist kommentieren, ist ein Rolleneinsatz ziemlich wahrscheinlich. »Jetzt hast Du es ihm aber gegeben«, »Mein Gott bist Du dumm, daß Du schon wieder darauf ›reingefallen bist«, »War ich eben nicht verdammt gut!« – so ähnlich können sich unsere Kommentare anhören. Vor, während und nach einem Rollengebrauch führen wir gerne Selbstgespräche über das Rollenspiel.

Klären von Funktionen

Eine wirkungsvolle Vorgehensweise, um anfallende Aufgaben zu erledigen, ist die Klärung von Funktionen, die wir wahrzunehmen haben. ›Chef-Sein‹ ist keine Funktion! Aber ein Chef hat viele sehr spezifische Funktionen auszuüben. Es ist ausgesprochen hilfreich, für sich zu klären, welche konkreten Aufgaben Sie alleine und welche Sie mit anderen gemeinsam durchführen müssen. Beantworten Sie sich auch den Zweck solcher

Aktionen. Und benennen Sie dann die Absicht, die für den Zweck verantwortlich ist. Sie werden möglicherweise erstaunt sein, wie entspannt Sie danach an Ihren Tätigkeitsbereich herantreten werden. Begegnen Sie mit dieser Arbeitshaltung anderen Menschen, werden diese ebenfalls von ihr Gebrauch machen. Erschrecken Sie nicht, wenn sich über diesen Weg die gesamte Kommunikation ändert. Plötzlich verlieren das ›Oben‹ und das ›Unten‹ ihre machtvolle Bedeutung und entlasten damit unseren Geist und betriebliche Prozesse. Eine weitere Ungeheuerlichkeit ist auch nicht auszuschließen: Es kann sein, daß Sie als Chef hin und wieder Aufgaben ausführen, die Ihnen früher zu ›niedrig‹ waren. In Familien läßt sich Ähnliches beobachten: Väter versorgen ihre Kinder, Männer schmieren sich ihr Butterbrot selbst, Mütter schaffen sich Freiräume – nur für sich selbst, Frauen kümmern sich um funktionierende Technik, Kinder räumen ihre Zimmer selbst auf etc.

Verantwortung oder Zuständigkeit

Das Arbeiten mit Funktionen führt zu der Unterscheidung von Verantwortung und Zuständigkeit. Mancher mag keine wesentliche Differenz – außer der sprachlichen – erkennen. Sie können es gleich für sich ausprobieren. Sagen Sie zu sich selbst: »Für die Aufgabe X (hier setzen Sie bitte eine eigene Aufgabe ein) bin ich verantwortlich.« Achten Sie auf die Wirkung bei sich. Jetzt sagen Sie zu sich: »Für die Aufgabe X bin ich zuständig.« Welchen Unterschied machen beide Aussagen in ihrer Wirkung? Sie können die Wirkung auch bei anderen Personen testen.

›Verantwortung‹ trägt die Antwort in sich. Eine Antwort können wir erst im nachhinein geben. ›Zuständigkeit‹ ist nicht an eine zukünftige Vergangenheitsbetrachtung gebunden. Sie ergibt sich jetzt. Wer für eine Aufgabe zuständig ist, muß nicht alles wissen, was für die Lösung dieser Aufgabe erforderlich ist. Wer für eine Aufgabe zuständig ist, wird auch nicht zwangsläufig alle möglichen Folgen erkennen. Und er wird auch nicht für alle Folgen zwangsläufig einzutreten haben. Wer für eine Aufgabe die Verantwortung trägt, trägt auch für die Folgen seines Wirkens die Verantwortung. Er trägt selbst dann die Verantwortung, wenn er sie wegen ihres Umfangs gar nicht tragen kann. Wir sind in aller Regel in der Lage, diese Folgen von ›Verantwortung‹ zu sehen. Erkennen wir eine Folge als nicht oder kaum tragbar, gibt es verschiedene Alternativen. Wir können die Einstellung entwickeln ›Augen zu und durch. Es wird schon schiefgehen‹. Wir können aber auch einfach kollabieren, und wir können eine ›Absicherungsmentalität‹ entwickeln. Letztere verhindert nicht unbedingt Kreativität, aber ganz bestimmt kreative Lösungen.

Die Frage nach der Verantwortung sucht oft genug den Schuldigen schon für die Zukunft. Die Frage nach der Zuständigkeit will die Kompetenz. Prüfen Sie genau, wann welches Konzept angemessen ist.

Anpassung oder Gangbarkeit

Gerade in der heutigen Zeit sind anpassungsfähige Mitarbeiter und ebensolche Arbeitskonzepte der Schlüssel zur Lösung aller Unbill. Oder nicht? Betrachten wir uns das Konzept der Anpassung ein wenig genauer. Um mich anzupassen, muß es eine Umgebung geben, der ich mich anpassen kann. Dazu habe ich diese Umgebung genau zu beobachten, um daraus die Erkenntnis zu gewinnen, was ich bei mir selbst zu ändern habe, damit ich in diese Umgebung ›passe‹. Dieser Vorgang ist ständig zu wiederholen. Sobald sich in meiner Umgebung etwas ändert, muß ich diese Veränderungen auch in oder an mir in Änderungsarbeit umsetzen.

Beispielsweise ist unser Körper mit dieser Arbeit ständig befaßt, wenn es um die Regelung der Körpertemperatur geht. Doch was geschieht, wenn unser Geist mit einer solchen Aufgabe betraut wird? – Er ist ausgelastet. Wenn wir eine Rolle ausüben, erbringen wir ebenfalls sehr viel Anpassungsleistung. Anpassung, über längere Zeit erbracht, erschöpft uns. Das andere Konzept ist das der ›Gangbarkeit‹. Hierbei prüfen wir nur, ob ein bestimmtes Vorgehen von Erfolg gekrönt ist oder nicht. Dabei geht es nicht um die ›grundsätzlich‹ richtige Lösung. Wir sind bereits zufrieden, wenn es in genau dieser Situation klappt. Der Vorteil dieser Vorgehensweise liegt in einem ökonomischeren Umgang mit unserer Wahrnehmung und in einer besseren Nutzung unserer Kreativität.

Sie sollen mir nicht glauben. Probieren Sie es aus. Z.B. mit folgenden Fragen: »Was muß ich unternehmen, um für eine bestimmte Person interessant zu werden?« gegenüber der Beantwortung der Frage »Was muß ich unternehmen, um mich dieser Person anzupassen?« Sollten Sie auf die Idee kommen, daß es sich um zwei unterschiedliche Prozesse handelt, werde ich Ihnen nicht widersprechen.

Konflikt und Konsens – Geschwister

Um das Thema ›Macht‹ und ›Auseinandersetzung‹ nicht einfach in einer ›friedsülzigen Kommunikationsideologie‹ untergehen zu lassen, lassen Sie uns noch einen Blick auf die Konzepte ›Konflikt‹ und ›Konsens‹ werfen. Was von beiden hilft mehr? In der Führung sind beide Operationen wichtig. Mit dem Konflikt erhöht ein Kommunikationssystem seine Überlebensfähigkeit nach außen wie nach innen. Entweder kommt es zu einer erfolgreichen Abgrenzung, oder das Objekt des Konflikts wird integriert werden. Werden Abgrenzung oder Integration zu intensiv eingesetzt, droht Entropie. Wir kennen das aus der physikalischen Beobachtung der Thermodynamik. Zuviel Integration raubt dem Integrierten seine ›Freiheit‹. Das muß für das Integrierte nicht nur gut sein. Konsens in der Kommunikation ist gut, aber zuviel Konsens kann der Kommunikation über eine Verharmlosung auch Lösungsenergie entziehen. Für jede Kommunikation ist es hilfreich, beide Operationen zuzulassen. In diesem Fall bilden sich angemessene Regeln, die das Ausufern beider Operationen verhindern.

10 Visionen und Ziele

Auf meine Frage nach ihrer persönlichen Vision reagieren viele Menschen zunächst mit einem Lächeln. Dennoch erlebe ich es nicht, daß eine von mir befragte Person keine hätte. In manchen Situationen mußte ich nur die Frage zeitlich präzisieren. Also etwa so: »Als Sie mit Ihrer Ausbildung fertig waren, was schwebte Ihnen für Ihre eigene Zukunft vor?« oder »Wenn Sie heute so tun, als hätten Sie jetzt eine Vision, was . . .« Unterhielt ich mich mit Menschen, die älter als 50 Jahre waren, stellte sich recht häufig heraus, daß sich ihre erste Vision bereits verwirklicht hatte. Eine Unternehmerin aus Süddeutschland schilderte ihren unternehmerischen Weg folgendermaßen:

»Mein erstes Kind bekam ich bereits mit 21 Jahren, das zweite folgte drei Jahre später. Damals wollte ich für meine Kinder dasein und gleichzeitig einer beruflichen Tätigkeit nachgehen. Ich fand keinen Arbeitgeber, den ich davon überzeugen konnte, daß ich mit je zwei Stunden Arbeitszeit am Vor- und am Nachmittag genausoviel leisten würde wie eine normale Halbtagskraft. Damals sagte ich mir, wenn ich einmal eine eigene Firma habe, stelle ich Frauen ein, die in der gleichen Situation sind wie ich. Und ich nahm mir vor, daß Frauen für gleiche Arbeit gleich entlohnt werden müßten wie Männer.«

Mit 26 Jahren gründete sie ihre eigene Firma. Dreißig Jahre später ist der Vorsatz einer Zwanzigjährigen verwirklicht: Ein Unternehmen in einer ›Männerdomäne‹ mit einem Anteil von mehr als 50 Prozent Frauen. Über die Männer in ihrem Unternehmen sagte sie: »Doch, die Männer bei uns haben es gut.« Als wir uns unterhielten, hatte diese Dame bereits eine neue Vision, die sich über die folgenden fünfzehn Jahre erstreckte. Und sie befand sich mitten in der Verwirklichung ihrer zweiten Vision, die die Regelung der Unternehmensnachfolge betraf.

Physiologische Aspekte von Visionen

›Vision‹ leitet sich vom lateinischen Verb ›videre‹ ab, zu deutsch
sehen. Es hat etwas mit der Funktion des Sehens zu tun. Doch
sehen wir nicht das, was wir meinen zu sehen, also worauf wir
schauen. Physiologisch werden die sensorischen Reize, die wir
über das Auge aufnehmen, im Gehirn zunächst in ein Bild
›übersetzt‹. Die ›Konstruktion‹ dieses Bildes wird über eine Re-
aktivierung von mustermäßig organisierten Nervenzellverbindungen ermöglicht, die höchste Übereinstimmung mit den
aktuellen Sehreizen aufweisen. Das entspricht dem Prozeß des
Wiedererkennens. Damit so etwas überhaupt möglich ist, gibt es
Prozesse, die unabhängig von äußeren Sehreizen das ›Sehen von
Bildern‹ ermöglichen. Dies ist uns von jeder Art Traum her (also
auch von dem Tagträumen her) vertraut, und immer, wenn wir
uns etwas vorstellen, worauf wir nicht schauen. Gegenüber dem
Rekonstruieren dessen, was wir mit dem ›Funktionsbereich
Hören von Sprache‹ erschaffen, weist der ›Funktionsbereich Se-
hen‹ die Möglichkeit einer sehr hohen ›Gleichzeitigkeit vieler
Elemente‹ in gedanklichen Bildern auf.

Auf diese Weise können wir uns vor unserem geistigen Auge
das Gesehene auf sehr differenzierter Weise vorstellen. Etwa
indem wir den Focus zwischen Detail und Überblick ändern,
zwischen Farbe und Schwarzweiß oder zwischen Standbild und
Film wechseln. Bilder enthalten in aller Regel mehr gleichzeitige Einzelinformationen, als dieses mit Hilfe von Sprache
möglich ist. Letztere ist auf das Abspielen einer Wortfolge angewiesen, Informationen werden nacheinander benannt.

Die Fähigkeiten der visuellen Repräsentation macht sich das
Gehirn auch bei der Erzeugung einer Vision zunutze. In uns
stellt sich plötzlich ein Bild ein, das noch nicht ›wirklich‹ ist.
Aber wir ›wissen‹, daß dieses Bild wirklich werden wird. Es
handelt sich dabei um eine innere Überzeugung, die stärker ist
als alle rationalen Abwägungen und Einwände oder Wahr-
scheinlichkeiten. Diese Überzeugung kann entweder bedeuten, daß sich etwas einstellen wird, oder daß wir zu einem späteren Zeitpunkt etwas ganz Bestimmtes getan haben oder tun

werden. Visionen stellen sich selbst ein, sie werden nicht willentlich gemacht. Dennoch können wir Einfluß auf die Visionsbildung nehmen – über die Weise unseres Beobachtens und Denkens.

Ein weiterer Vorzug jeder sich in uns einstellenden Vision ist ihre Lebendigkeit. Im Gegensatz zu willentlich gemachten Ideologien mit dem Etikett ›Vision‹ lernen Visionen ständig aus unseren Erfahrungen dazu. Denn die Prozesse, die sie erschaffen, halten ihre Tätigkeit weiter aufrecht – es sind nämlich ganz natürliche Prozesse unseres Nervensystems.

Instinkt und Intuition – ein hilfreiches Geschwisterpaar

Es ist noch sehr früh am Abend, als eine junge Dame das Restaurant betritt. Der Kellner führt sie an einen Nachbartisch. Als sie beginnt, ihre Bestellung aufzugeben, unterbricht sie der Kellner freundlich und schlägt ihr einige Gerichte vor, die nicht auf der Karte zu finden sind. Sie hört sich sein Angebot kurz an und sagt unvermittelt: »Stop! Ich bin schwanger. Ich weiß genau, was ich will.« Danach gibt sie ihre Bestellung weiter auf. Ihre Aussage elektrisiert mich. Sie ist Ausdruck einer instinktiven Sicherheit, wie ich sie bei vielen erfolgreichen Menschen antraf.

Woher ›wissen‹ Menschen, was für sie gut ist? Was gibt ihnen die Sicherheit, diese und keine andere Entscheidung zu treffen? Womit hängt es zusammen, daß sie für sich recht behalten? Könnte es mit dem zu tun haben, was wir ›Instinkt‹ und ›Intuition‹ nennen?

Unter ›Instinkt‹ (lat. *instinguere* ›antreiben, anstacheln‹) wird die Fähigkeit beschrieben, bestimmte Impulse in bestimmten Stimmungen mit einem koordinierten Verhalten zu beantworten. Dieser Prozeß erfolgt mit Hilfe ererbter Koordinationsfunktionen des Nervensystems und dient dem Erhalt des eigenen Lebens. Die Impulse können von außen wie von innen kommen. Sie werden vom Zentralen Nervensystem als ›War-

nung vor etwas‹ oder als ›Ausrichtung auf etwas‹ interpretiert.
Die Forschung geht davon aus, daß sich das instinktive Verhal-
tensrepertoire über Lernen erweitern läßt. Da es sich um eine
angeborene Fähigkeit handelt, sind alle Menschen mit ihr ausgestattet.

Unter ›Intuition‹ (lat. *intueri* ›genau hinsehen, anschauen‹)
wird eine spontane, bildhafte Erkenntnis verstanden, die nicht
auf begrifflichem oder schlußfolgerndem Nachdenken beruht.
Allgemein wird diese ›Begnadung‹ besonders Künstlern und
Wissenschaftlern nachgesagt. Der Kontext, in dem ›Intuition‹
erfahrbar wird, geht mit einer Aufgabenstellung einher, mit der
sich der intuitive Geist sehr intensiv beschäftigt. Beispielsweise
stellen sich Künstler und Wissenschaftler oft Aufgaben, mit denen sie sich über lange Zeit intensiv befassen. Die ›spontane Erkenntnis‹ braucht eine Aufgabenstellung, die nach neuen Verknüpfungen bereits gemachter Erfahrung verlangt.

Das Spontane ist das Unerwartete. Es ist unerwartet, daß sich
genau in diesem Augenblick eine Erkenntnis einstellt. Unerwartet auch, mit welch neuen Verknüpfungen unser Geist eine
Erkenntnis erzeugt. Erkenntnis setzt ein Erkennen voraus, das
seinerseits ein Prozeß des Wiedererkennens ist. Wir können
nichts *er*kennen, das wir nicht bereits auf irgendeine Weise kennen. So könnte Intuition als das Ergebnis eines nicht mehr willentlich gesteuerten intensiven Denkens gedeutet werden. Also
eines Prozesses, der sich in uns abspielt, wenn wir unbemerkt
und unbeeindruckt vom ›Bewußtsein‹ und dessen Begrenzun-
gen einfach weiterdenken und Wertsprünge generieren.

Bedürftigkeit und Vision

Stehen Instinkt und Intuition jedem Menschen zur Verfügung,
können wir uns anschauen, welche Auswirkungen beide Fähigkeiten auf unsere Ziele und unsere Visionen nehmen können.
Dabei gilt es, von der Operation des Beobachtens Gebrauch zu
machen. Mit ›Beobachten‹ ist jede Wahrnehmung gemeint,
nach ›innen‹ wie nach ›außen‹. Nach innen beobachten wir

zunächst Empfindungen, dann Gefühle und Gedanken. Nach
außen beobachten wir, was uns als Ereignis vorkommt. Häufig
verknüpfen wir beide Beobachtungen so miteinander, als würden sie ganz natürlich zueinander gehören. Wir schauen auf
einen wolkenlosen blauen Himmel und erklären uns, daß das
ein ›gutes Wetter‹ sei oder daß es uns bei gutem Wetter gut-
geht. Je aufmerksamer wir beobachten, desto eher fällt uns die
Willkürlichkeit solcher Verknüpfungen auf. Wie genau wirkt
ein Wetter außerhalb meines Körpers auf mein inneres Befinden? Teilweise werden wir unmittelbare Einflüsse wie z.B. die
Temperatur oder Luftfeuchtigkeit erkennen können, und teilweise werden wir beobachten können, wie wir ausgedachte
Folgen mit einem erlebten Eindruck verweben.

Je häufiger wir diese Aufmerksamkeit leisten, desto mehr erleben wir unsere eigene Befindlichkeit. Desto leichter fällt es
uns auch zu beschreiben, was sich außerhalb unseres Körpers abspielt. Wir verwechseln dann beispielsweise nicht »blauen Himmel« mit »gutem oder schönem Wetter« oder »grauen Himmel«
mit »schlechtem Wetter«. Aufgrund dieser Beobachtungsweise
erfahren wir, was uns in welchem Kontext wie bekommt. Was
uns wann guttut, wovon wir mehr brauchen. Worauf wir getrost
verzichten können und was uns unverzichtbar scheint. Über
unsere Sinne bekommen wir mit, was für uns sinnvoll ist. Wir
erfahren dadurch, wie wir für uns Sinn erzeugen, anstatt auf ihn
zu warten.

Sie können Ihre eigenen Sinne bewußt schulen, indem Sie
auf sie eine Weile ganz bewußt achten. Sie streichen beispielsweise mit Ihrer Handfläche über unterschiedliche Oberflächen.
Sie wiederholen diesen Vorgang mit Ihrem Handrücken. Achten
Sie dabei auf Ihre Empfindungen. Riechen Sie an verschiedenen Gewürzen. Geben Sie diesen Gerüchen beispielsweise Namen von Personen. Achten Sie auf Klänge und deren Lautstärke. Wie verändert sich Ihr Befinden mit dem Ansteigen der
Lautstärke eines Dreiklangs. Bleiben Sie beim Beobachten. Leiten Sie aus Ihren Beobachtungen keine Grundsätze ab. Grundsätze verhindern Beobachten. Das ist ein Lernprozeß, der unseren Instinkt immer feiner werden läßt. Unser Instinkt wird

dadurch zu einer Wahrnehmungskategorie, die unserer Orientierung ein klein wenig schneller und weniger korrumpierbar dient als unser Bewußtsein.

Mit einer Verfeinerung unseres Instinkts beginnen wir auch unsere Werte zu überprüfen und (neu) zu gestalten. Werte, die sich auf diese Weise in uns begründen, wirken als Orientierungsprozesse auf der Grundlage einer in uns und in unserer Umwelt tief beobachteten Bedürftigkeit. Je intensiver wir uns über den Lernprozeß des Beobachtens mit der eigenen Bedürftigkeit befassen, desto leichter stellen sich in uns plötzlich ›Lösungsbilder‹ ein. Je plastischer diese Bilder in uns werden, desto mehr drängen sie nach Vollzug. Plastisch werden Bilder durch in ihnen erlebte Aktionen, die von uns selbst ausgehen. Im obigen Beispiel befaßte sich die Unternehmerin als junge Mutter sehr intensiv mit ihrem Wunsch, für ihre Kinder dazusein und in ihrem Beruf zu arbeiten. Plötzlich kam ihr die Idee einer eigenen Firma, die so etwas auch anderen Frauen ermöglicht. Wenige Jahre später gründet sie ein Unternehmen, in dem sie diese Idee auch unter Erschwernissen verwirklicht. »Mein Vater war reich. Aber er sagte mir, wenn ich nicht fähig sei, selbst das Geld für die Firma zu beschaffen, sei ich auch nicht fähig, eine Firma zu führen. So verhandelte ich mit Banken und besorgte mir die Finanzierung«, erzählte sie.

Die Dynamik der Absicht von Visionen

Das aufmerksame Beobachten unserer Befindlichkeiten zur Pflege unseres Instinkts gemeinsam mit dem intensiven Befassen mit unseren Bedürftigkeiten zum Aktivieren unserer Intuition können einen erfolgversprechenden Auslöser von Visionen ergeben. Auf jeden Fall ist das eine erprobenswerte Alternative zu ›Visions-Workshops‹ oder ›Visions-Seminaren‹. Denn Visionen stellen sich ungefragt ein, nicht auf Bestellung. ›Bedürftigkeit‹ meint das intensive und (manchmal) stille Bedürfnis, das wir empfinden. Es ist ein Sehnen nach elementaren Tätigkeiten des Körpers, des Geistes und dessen, was wir ›Seele‹ nennen.

Solcherart entstandene Visionen fallen dynamisch aus. Das bedeutet, sie entwickeln sich mit fortsetzender Beobachtung weiter. Sie erstarren nicht in einer Ideologie. Die Dynamik wird genährt von der Absicht, die hinter dem Zweck der Visionserfüllung erscheint. Eine Absicht arbeitet wie ein internes Kommunikationssystem. Wie Sie vielleicht noch in Erinnerung haben, ist ein wesentlicher Zweck eines jeden Systems der Systemerhalt. Auf die Vision übertragen, folgt daraus, daß Visionen lernen, sich zu erhalten, und sich somit weiterentwickeln. Dadurch sind Visionen in höchstem Maße realistisch. Das unterscheidet sie von Träumen.

Ziele oder Ergebnisse

Während Visionen durch die oben beschriebene ›Lebensweise der Selbstbeachtung‹ sich in uns von selbst einstellen, müssen wir Ziele bewußt festlegen. Wir entwickeln Kriterien, mit deren Hilfe wir die Ziele beschreiben. Wir benennen Zweck und Absicht der Zielerreichung, den erwarteten Nutzen.

Mich überraschte ein Unternehmer mit der Aussage: »Materieller Gewinn ist für ein Unternehmen ein Ergebnis, aber kein Ziel. Das scheint bei uns häufig verwechselt zu werden.« Die von ihm getroffene Unterscheidung ist in unserem Kontext sehr hilfreich. Ziele verändern sich, ohne ihre Benennung aufzugeben. Ergebnisse sind fix. Wenn Sie einen bestimmten Menschen heiraten wollen, denken Sie dann ziel- oder ergebnisorientiert?

»Wir wollen für die Mobilität in städtischen Agglomerationen technisch umsetzbare, die Umwelt und Menschen schonende und dennoch bezahlbare Konzepte entwickeln.« Oder: »Wir wollen unseren Aktionären eine Kapitalrendite bieten, die sie an unser Unternehmen bindet.« Welche Aussage ist für Sie ergebnis- und welche zielorientiert? Welche Aussage setzt Ihrer Meinung nach mehr Kreativität und unternehmerische Kraft frei? Mit welcher Aussage wird dauerhaft mehr erwirtschaftet?

Das ausschließliche Betrachten von und Sich-Befassen mit Ergebnissen verstellt den Blick für die Handlung insgesamt. Die Aufmerksamkeit ›hakt‹ sich fest an der Genauigkeit, mit der die Ergebnisse erreicht und analysiert werden. Damit gerät der Zweck der Handlung in den Hintergrund, um dessen Willen die Ergebnisse erzielt wurden. Schlimmer noch, die Aufmerksamkeit wird auf das gerichtet, worauf der einzelne den geringsten Einfluß hat. Ergebnisse stellen sich als *Folge* eines bestimmten Handelns ein. Statt sich von dem hypnotisieren zu lassen, was sich erst noch ergeben soll, ist es hilfreicher, sich mit Zielen und den passenden Handlungskonzepten zu befassen.

Wozu sollen sich Aktionäre an ein Unternehmen binden? Steht nur die Kapitalrendite im Vordergrund ihres Interesses, kann dieses für das Unternehmen tödlich sein. Erkennen sie einen weiterreichenden Sinn im Unternehmenszweck, die Absicht hinter dem Zweck, werden sie mit ihrem Kapital nicht immer wieder nervös den Anlageort wechseln. Unternehmerisches wie politisches Handeln werden unmöglich, wenn überwiegend ergebnisorientiert beobachtet und bewertet wird. Visionen und Ergebnisorientierung schließen sich gegenseitig oft aus. Visionen, die sich verwirklichen sollen, brauchen konkrete Ziele. Das ›Ergebnis‹ ist ein Meßergebnis für die Beobachtung der Zielerreichung. Mehr nicht.

Ein Mann im Alter von dreißig hatte die Vorstellung, mit fünfzig Jahren als international agierender Berater für eine bestimmte Branche tätig zu sein. Damals konnte er auf sein Studium und eine zweijährige Berufserfahrung zurückgreifen. Er setzte sich Ziele. Zum einen wollte er innerhalb der kommenden fünf Jahre auf seinem Spezialgebiet jährlich etwa fünfzehn Veröffentlichungen in Fachzeitschriften plazieren. Damit wollte er sowohl in der Fachwelt bekannt werden, als auch ein allgemeines Publikum dazu einladen, sich mit seinen Arbeiten zu befassen. Er nahm sich vor, innerhalb der kommenden zehn Jahre an zwei Hochschulen zu lehren, um auch mit öffentlichen Mitteln seine Forschungsarbeit zu fördern. Einer seiner Leitsätze lautete: »Ich bewege mich unter Menschen so, daß ich immer wieder mit denen zusammenkomme, die sich für meine Arbeit interessieren und von denen ich gleichzeitig lerne.« Sein Ziel war nicht, im Alter von 35 Jahren ein Jahreseinkommen von einer halben Million Franken zu erzielen, und mit vierzig Jahren als Vorsitzender eines Vorstands zu präsidieren. Letzteres wäre lediglich ein Ergebnis und kein Ziel. Die Fähigkeit zur Differenzierung zwischen Ergebnis und Ziel geht einher mit einer weiteren Beobachtung des Lebens, die im folgenden Abschnitt ein wenig beleuchtet wird.

Zum Abschluß dieser Betrachtung noch eine kleine Aufgabe: Ist der Wunsch, erfolgreich zu werden, ziel- oder ergebnisorientiert? Welche Wirkung entsteht in Ihnen, wenn Sie sich vorstellen, reich geworden zu sein? Verweilen Sie eine kleine Weile bei dieser Vorstellung und achten Sie auf Ihre Gedanken und Gefühle.

›Gottvertrauen‹

»Vielleicht verwundert es Sie, wenn ich Ihnen sage, daß ich mein Leben lang von einem unerschütterlichen Gottvertrauen begleitet war. Ich meine, ich gehe nicht in die Kirche. Das hat für mich nichts mit Gott zu tun. Das, was ich meine, sitzt tiefer.« Diese und ähnliche Aussagen hörte ich bemerkenswert häufig in Gesprächen mit erfolgreichen Unternehmerinnen und Unternehmern. Eine Frau beschrieb ihr Erleben folgendermaßen:»Es ist, als wenn für mich alles immer gerichtet ist. Ich beschreite einfach meinen Weg. Ich muß nicht wirklich planen. Irgendwie weiß ich, was als nächstes ansteht.« All diese Aussagen wirkten auf mich glaubhaft, wenn ich sie mit dem jeweiligen für mich beobachtbaren ›Lebenswerk‹ verglich.

Was kann ›Gottvertrauen‹ oder ›tiefer Glaube an Gott‹ bedeuten, wenn in diesem Kontext sowohl Monopolanstalten des Glaubens, wie die verschiedenen Kirchen, als auch religiöse Rituale, wie z.B. der Kirchgang, ausdrücklich ausgeschlossen werden? Mir fiel in diesen Gesprächen die ›Gewaltfreiheit‹ der Aussagen und dieser Menschen auf. Keiner unternahm den Versuch, mich zu überzeugen. Regelmäßig fielen diese Äußerungen eher beiläufig. Sie waren nicht ›laut‹. Und während sie das aussprachen, wirkten diese Menschen glücklich. Ein Mann lächelte, als er sagte: »Wenn ich es mir so recht überlege, bestand mein ›Gottvertrauen‹ in meinem unerschütterlichen Selbstvertrauen.« Folgende Formulierungen fielen wiederholt in den Antworten, die ich auf meine Frage nach dem Erleben des ›Gottvertrauens‹ bekam:

· den eigenen Platz gefunden haben,
· sich eingebunden fühlen in ein größeres Ganzes,
· Respekt vor anderen,
· das eigene Tun als konkreten, sinngebenden Beitrag für eine Gemeinschaft erkennen,
· instinktive Sicherheit in den eigenen Entscheidungen,
· sehr gute, plötzliche Eingebungen,
· eine Art ›Zeitlosigkeit‹ in den eigenen Aufgaben,
· ›Wissen‹ um die eigenen Grenzen.

Die Verwechslung des Seins mit einer Messung – das Phänomen ›Zeit‹

Ziele liegen in der Zukunft, Visionen reichen weit in die Zukunft. Lassen Sie uns also einen Blick auf das werfen, was außerdem noch ›Geld ist‹ und ›verrinnt‹, wovon man meistens ›zu wenig hat‹, oder man einfach ›für etwas aufwendet‹ – ›Zeit‹. Wir gehen mit ›Zeit‹ um, als sei sie ein ›gegenständliches Gut‹ oder ein ›Ort‹. In diesem Verständnis gibt es aber keine Zeit. Ebenso, wie es keine ›Gefühle‹ gibt, sind sie doch nur die Interpretationen unserer Empfindungen. Und dennoch spielen sie in unserem Leben eine große Rolle, wie eben auch die ›Zeit‹.

Physikalisch steht Zeit für die Messung einer Abfolge von Ereignissen. Wie können wir die ›Messung der Abfolge von Ereignissen‹ ›haben‹? Wie kann uns eine Messung ›verrinnen‹? Wie kann sie gar ›Geld sein‹? – In unserem Erleben versuchen wir Zeit an Begriffen wie Vergangenheit, Gegenwart und Zukunft festzumachen. Doch ›ist‹ das Vergangene nicht mehr, das Zukünftige noch nicht und das Gegenwärtige lediglich die flüchtige Grenze zwischen beiden. Kein Wunder, wenn wir sie, die Zeit, dann nicht haben. Und ebenso kein Wunder, weil menschlich, wenn uns etwas so quält, was wir benennen, aber weder sehen noch anfassen können und dadurch auch nicht besitzen können. Kämen Sie auf die Idee, einen anderen Menschen um einige Grad Celsius zu bitten? Bei Zeit sind wir unter Umständen sogar bereit, sie zu schenken, wie mir eine Unternehmerin lachend ›gestand‹.

Vielleicht können auch Sie mit diesem Phänomen lachend und unbeschwert umgehen. Falls nicht, wenn Sie unter ›Zeitdruck‹ leiden oder Ihnen die ›Zeit einfach nicht ausreicht‹, für das, was Sie tun wollen, sollen oder müssen, oder, noch schlimmer, sie Ihnen ›davonläuft‹, biete ich einige Überlegungen an. Nach meiner Auffassung ist all dies auf einen dysfunktionalen Umgang mit Sprache, und dadurch auch mit unseren Handlungskonzepten zurückzuführen. Belastend für uns wird die Zeiterfahrung durch die Gleichsetzung einer Handlung mit der Messung ihrer Abfolge. Zunächst erfolgt die Gleichsetzung sprachlich. Statt zu sagen »Ich habe jetzt etwas anderes zu tun« erklären wir »Ich habe jetzt keine Zeit«. Der Unterschied in der Wirkung ist mehr als nur sprachlich:

- Bei der ersten Aussage geht es um eine Handlung, die von uns vollzogen werden soll, indem wir tun, was anliegt, und unser Tun aufrechterhalten, bis das gewünschte Ergebnis erreicht ist. Im Zweifelsfall kann das Ergebnis auch in der Einsicht bestehen, daß die gewählte Handlungsweise ungeeignet ist, um das gewünschte Ergebnis zu erreichen.
- Bei der zweiten Aussage benennen wir eine nicht näher bestimmte Zeitmessung so, als sei sie ein dingliches Gut, das uns in nicht ausreichender Menge zur Verfügung steht.

›Zeit‹, die Handlung ist

Bei mechanisierten Arbeitsabläufen steht das Ergebnis nicht
mehr zur Debatte. Der Arbeitsablauf ist festgelegt und wird
von Maschinen durchgeführt. Maschinen kennen keine ›Befindlichkeit‹, die sie unberechenbar machen könnte (bis auf
häufige Ausnahmen). Also messen wir den berechenbaren Ablauf.

In nicht-mechanisierten Aufgaben paßt dieses Vorgehen
nicht. Nicht-mechanisiert ist alles Menschliche. Also auch unser Empfinden, Denken und Handeln. Wir können aber beschreiben, wie wir etwas vollbringen. Wenn wir einem anderen sagen ›Ich schenke Dir meine Aufmerksamkeit‹ statt ›Ich
schenke Dir etwas von meiner Zeit‹ wird auch für uns selbst
deutlicher, daß es um eine Tätigkeit geht. Denn Aufmerksamkeit ist ein Prozeß, der aktiv geleistet wird. Statt zu denken ›Verflixt noch einmal, ich habe jetzt soviel Zeit mit dieser Aufgabe
vertan‹, könnten wir den Gedanken formulieren: »Verflixt, ich
habe mir zu dieser Aufgabe soviel überlegt, ausprobiert, Geld
ausgegeben, mit anderen Absprachen getroffen, Verträge durch-
gelesen, geschrieben etc., und immer noch habe ich nicht das gewünschte Ergebnis erreicht.«

Bei der ersten Formulierung richtet sich Ihre Aufmerksamkeit auf etwas, das es nicht gibt – Zeit. Das bewirkt in Menschen häufig das Erleben von Machtlosigkeit, Unvermögen
oder ›Frust‹. Bei der zweiten Formulierung lenken Sie die Aufmerksamkeit auf Ihr eigenes Tun. Sie geben sich selbst die Gelegenheit, zu prüfen, von welchen Handlungsmöglichkeiten
sie noch keinen Gebrauch gemacht haben, was Sie auf andere
Weise erledigen können oder was Sie statt dieser Aufgabe erledigen werden. Sie behalten Ihre Handlungsfähigkeit.

Wenn Sie eine Messung nicht mehr mit der Handlung verwechseln, deren Abfolge Sie messen, erleben Sie in sich andere
Wirkungen. Sie sind Erfahrende eines Geschehens, das Sie selbst
zu einem Geschehen machen. Ihre Vergangenheit, Gegenwart
oder Zukunft sind Ihre Handlungen und Erfahrungen. Wenn
Zeit Ihren Handlungen und Erfahrungen entspricht, dann kön-

nen Sie Geld verdienen oder sich für etwas einsetzen. Aber Ihre Erfahrungen und Handlungen können nicht »verrinnen«, »sich verlieren« oder »sich haben«. Was ich erlebe und tue, kann ich nicht gleichzeitig haben.

»Vielleicht darf ich Sie jetzt dennoch um nur fünf Minuten Ihrer kostbaren Zeit bitten und jetzt gleich weitersprechen.« – Was passiert bei Ihnen, wenn Sie diesen Satz hören? Würden Sie jetzt einfach antworten: »Na gut, dann schießen Sie los.« Oder käme von Ihnen: »Bestimmt brauchen Sie mehr Zeit, wie ich Sie kenne.« In beiden Fällen müssen Sie eine Voraussetzung akzeptieren, damit diese Aussagen Sinn ergeben. Sie müssen in sich die Vorstellung haben, als sei die Zeit ein Produkt, das losgelöst von Ihnen selbst existiert. Genau das ist unsere Falle, die in uns die Meinung entstehen läßt: »Von Zeit kann man nicht genug haben.« Zeit als etwas ›Habbares‹. Doch ist das lediglich eine wenig hilfreiche Vorstellung. Diese Zeit gibt es nicht. Sie können mir lediglich zuhören – fünf Minuten lang. Die fünf Minuten sind eine Messung. Sie können auch die Entscheidung treffen, mir jetzt nicht zuhören zu wollen. Wenn Sie mir zuhören, dann geben Sie keine Zeit, sondern hören zu!

Vorsicht vor dysfunktionalen Konzepten – ›Freiheit‹ und ›Sicherheit‹

In unserer zivilisierten Welt haben zwei Begriffe als ›proklamierte Werte‹ Einzug in Staatsverfassungen gehalten: Freiheit und Sicherheit. Sie werden verteidigt nach innen und außen. Zugegeben, es klingt gut, wenn wir von uns behaupten, ›freie‹ Menschen zu sein. Doch frei wovon eigentlich? Freiheit klingt nach einem ›Wort an sich‹. Doch entfaltet diese Benennung ihre Wirkung erst in differenziert beobachteten Beziehungszusammenhängen. Es genügt nicht zu sagen: »Frei von politischer Unterdrückung.« Um Freiheit gestalten zu können, müssen wir genau benennen können, worin diese Unterdrückung besteht, von wem sie unter welchen Umständen ausgeht, *und* was möglich wird, wenn sie nicht mehr aufrechterhalten wird. Eine

Freiheit an sich gibt es nicht, wir können frei von etwas Bestimmtem und zu etwas Bestimmtem sein. Denn ansonsten sind
wir alle unfrei in dem, wie wir beispielsweise denken, handeln,
beobachten, uns ernähren und die Welt erklären.

Nicht minder unklar ist unser Begriff von ›Sicherheit‹. Sicher wovor sollen wir denn sein? Vor Altersarmut, Kinder-
reichtum, Klimakatastrophen, Mobilitätsverlust, Wahnsinn?
Die Antwort auf die Frage »Sicher wovor?« entlarvt die meisten
Sicherheitskonzepte als unwahr im Hinblick auf ihr Versprechen. Der Blick auf unsere Weise, Sicherheit zu erzeugen, liefert einige Einsichten. Wir erfinden Kriterien, die sprachlich
beherrschbar sind: »Wir sammeln unsere Kräfte, um uns in der
Stunde der Wahrheit vereint der Bedrohung in den Weg zu
stellen.« Wir reden, statt zu leben. Wir reden so, daß wir selbst
nicht wissen, welches Tun mit unseren Worten gemeint ist.
Und auch die Aussage »In unserem Haus betreiben wir ein auf-
wendiges Riskmanagement« verrät nichts über die Effizienz
dieser Arbeit bezogen auf ihren Zweck.

Leben bedeutet auch, sich Unvorhergesehenem auszusetzen.
Das Unvorhergesehene sagt nicht, ob ein Ereignis unvorher-
sehbar war oder ob ich als Beobachter mir einfach keine Gedanken darüber machte. Das Authentische an Menschen wird
gerade im unvorbereiteten Handeln beobachtbar. Was uns sicher ist, ist das Unsichere.

Der Einfluß der Herkunft

Im Laufe meines Berichts erwähnte ich schon die Bedeutung
von Eltern und Großeltern für Verhaltensmuster, die wir entwickeln. Unsere Altvorderen wirken sicher auch in unsere Visionsbildung hinein. Doch vollziehen sich diese Wirkungen auf
ihre eigene Weise, oft anders, als wir vermuten. Ein Unternehmer äußerte mir gegenüber die Befürchtung, sein Sohn werde
es bei der Firmenübernahme sicherlich sehr schwer haben. Als
er meinen fragenden Blick bemerkte, setzte er nach: »Na ja, der
Schatten des Großvaters und des Vaters sind halt sehr groß.« Als

Eltern und Großeltern mögen wir uns zuweilen selbst über-
höhen, indem wir an unsere Kinder und Enkelkinder das Maß
anlegen, das wir an uns selbst anlegten. Nur vergessen wir dabei, es war das für uns bestimmte Maß – nicht mehr und nicht
weniger.

Wer sich im Verhältnis zu seinen direkten Nachfahren für
›groß‹ hält, erfährt von ihnen möglicherweise zuwenig Achtung. Dann würde die Meinung der eigenen ›Größe‹ einer
›blinden Ausgleichsbewegung‹ entsprechen. Diese wirkt auch.
Ein Ausweg für den älteren, zuwenig geachteten Menschen
kann darin bestehen, daß er sich für die Ideen und Vorgehensweisen des jüngeren zu interessieren beginnt. Dadurch wandelt
der Ältere seine Mißachtung gegenüber dem Jüngeren in Achtung. Dem geachteten Jüngeren wird es im Regelfall unmöglich sein, seine Geringschätzung aufrechtzuerhalten. Dieses Geschehen läßt sich mit einem Wechselhebel vergleichen, bei
Kindern als Wippe bekannt. Einer stößt die ›Wippe gegenseitiger Bedeutung‹ an, keiner will auf Dauer oben bleiben.

Für den Jüngeren bietet sich ebenfalls ein Ausweg an, wenn er
erkennt, wie der Schatten der Älteren auf ihm ›lastet‹. Er schaut
die vor ihm waren an und denkt: »Ich achte Euch und Euer
Werk. Und, ich mach es auf meine Weise.« Wenn das nicht nur
gespielt ist, wird damit ein Prozeß ausgelöst, den wir als ›Respekt‹ bezeichnen. Sie ahnen schon den lateinischen Ursprung
dieses Wortes, ›respicere‹, zu deutsch ›wieder zurückschauen‹.
Der Prozeß läßt sich beschreiben mit dem Satz: »Ich schaue auf
den anderen so, wie ich angeschaut werden möchte.« Respekt ist
ein wechselseitiger Prozeß, soll er auf Dauer stattfinden.

Eine dritte Variante, uns den Zugang zu eigenen Zielen und
Visionen zu erschweren, wählen wir beim ›Besorgen fremder
Geschäfte‹. Ein Elternteil setzt den anderen herab. Wir als Kinder beobachten diese Herabsetzung und solidarisieren uns mit
einem Elternteil. Es spielt dabei keine Rolle, mit welchem. Wir
besorgen ein Geschäft, das nicht unseres ist. Ob wir das aus der
Sicht des Kindes oder der Sicht der Eltern beobachten, das Ergebnis ändert sich nicht: Verstrickung. Auf den Ebenen der
Wahrnehmung und der Handlung führt dies zu einer Bindung

von Aufmerksamkeitspotenzial. Unser Nervensystem versucht, zwei Themenbereiche, die nicht zusammengehören, gemeinsam zu managen. Beide Bereiche haben vitale Bedeutung. Das eine berührt unseren Zugang zu unserer Herkunft. Das andere betrifft unseren eigenen Lebensplan.

Als Eltern haben wir unsere Kinder zu entlasten, sobald uns diese Verstrickung selbst auffällt. Es ist unser eigenes Geschäft untereinander, das nur wir lösen können. Unsere Kinder dürfen wir da nicht heranlassen. Fällt uns diese Verstrickung als Kinder auf, schauen wir unsere Eltern an und sagen (in Gedanken): »Was ihr miteinander zu tun habt, geht mich nichts an.« Wem dies nicht reicht, der sucht sich professionelle Unterstützung.

Die Falle ›Ruhm‹

Wer in seiner Vision Elemente von ›Ruhm‹ antrifft, sollte eine Gleichung berücksichtigen. Ruhm ist ein Austauschprozeß, an dem mindestens zwei Parteien beteiligt sind. Die Rühmenden und der Gerühmte. Der Gerühmte ›nimmt‹ den Ruhm von seinen Fans. Die Rühmenden nehmen sich auch etwas, das ›Recht des Urteils‹. Dies bleibt meistens so lange unbemerkt, bis die Fans von diesem Recht einen entgegengesetzten Gebrauch machen. Wer sich rühmen läßt, erklärt sich (unwissentlich) damit einverstanden, von denen, die ihn auf den Sockel stellten, wieder heruntergestoßen zu werden. Prüfen Sie für sich, wozu Sie Ruhm brauchen. Und vergessen Sie nicht, auch hier die Absicht hinter dem Zweck zu beobachten. Möglicherweise erledigt sich der Wunsch nach Ruhm von selbst.

Professional Leadership baut auf einer eigenen Vision auf. Seien Sie gespannt auf Ihre, wenn sie Ihnen noch nicht bekannt ist. Wenn Sie meinen, Ihre bereits zu kennen, beachten Sie, wann Ihnen Ihre Vision erstmalig bewußt wurde, was seitdem bereits realisiert wurde und wie sie sich weiterentwickelte. Wir neigen dazu, zu überschätzen, was in Jahresfrist möglich ist, und unterschätzen, was in zehn Jahren geschah.

11 Wenn schon eine Brille, dann die eigene

In den vorangegangenen Kapiteln haben wir uns unsere ›Brille‹ angeschaut. Ein Gestell gefertigt aus unseren Grundüberzeugungen, ausgestattet mit den Gläsern unserer ganz persönlichen Wahrnehmung aus dem Werkstoff Sprache, eingefärbt mit der Tönung unserer Gefühle, eingestellt auf die Schärfe unserer Werte und versehen mit einem Nasenbügel aus einer Legierung der Elemente »gut und böse«, »angenehm und unangenehm«, »positiv und negativ«, »Himmel und Hölle«, »Gott und Teufel« und »Männer und Frauen«. Wenn wir meinen, zwei Brillen wären gleich, können wir anschließend das Ungleiche beobachten. Und da es eine lebende Brille ist, verändert sie sich – fortlaufend, aber unberechenbar. Verlieren können wir sie nicht. Sie kann erblinden, durch starre Vorstellungen über uns und die Welt, in der wir leben. In solchen Fällen laufen wir so lange blind herum, bis wir sterben oder uns eine neue Brille ›zuwächst‹. Entweder sie entsteht wie von selbst, oder wir entwerfen sie – mit Hilfe unserer Wachheit. Doch es bleibt eine Brille.

Und was wir durch unsere Brille sehen, bleibt erfunden. Denn was wir vorgeben zu beobachten, gibt es so nicht wirklich. Ob es Kategorien sind oder Farben, ein Geschehen oder ein Zustand. Selbst das, was wir Gott nennen, gibt es nicht so, wie wir ihn uns vorstellen. Nicht, weil es Gott nicht geben könnte, sondern weil wir Gott nicht erkennen können. Es ist bemerkenswert, daß in manchen Religionen Gott als das »Namenlose« oder das »Unbenennbare« bezeichnet wurde, und in anderen vom ›Nichts‹ die Rede ist.

Professional Leadership und Religion

Unsere ›Brille‹ wird in diesem Buch als hintergründiger und autonomer Gestalter unseres eigenen Leadership-Systems beschrieben. In einzelnen Kapiteln wurden Sprache, Handlung als System, Gefühle, Geschlechtlichkeit oder Werte zunächst für sich behandelt. Diese Vorgehensweise diente ausschließlich dazu, eine erste Übersicht zu gewinnen. Die beschriebenen Prozesse laufen in uns verwoben ab, im Körper wie im Geist. Gedanken verknüpfen sich wie Nervenzellen, unerwartet und ›neugierig‹ aufeinander, eher analog und simultan (stufenlos und gleichzeitig) als digital und konsekutiv (in Einzelschritten und hierarchisch).

Legen wir als einzelne in unserem Namen gemeinsam mit anderen Menschen Ziele fest, wollen wir dadurch unsere Visionen verwirklichen und bekennen wir uns auch dazu, dann vollziehen wir *professional leadership*. Doch dann sollten wir für uns selbst keinen Wahrnehmungsbereich ausnehmen oder vor uns selbst verbergen. Damit meine ich den Bereich in uns, mit dessen Unterstützung wir uns unsere Grundüberzeugungen und Werte erschaffen.

Der Bereich der persönlichen Religion

Wer die Zuständigkeit für sein Leben anerkennt, kann den Bereich der ›persönlichen Religion‹ nicht ausklammern (lat. *religio* ›gewissenhafte Berücksichtigung, Sorgfalt, Skrupel‹, aus dem Verb *relegere* ›wieder zusammenwickeln, wieder durchwandern‹ oder auch ›wieder lesen‹). In Gemeinschaften beobachten wir uns gerade daraufhin gegenseitig – offen und heimlich. Und ein Teil unserer eigenen Wahrnehmung *wickelt sich wieder zusammen*, um sich auf uns selbst zu richten. Unsere Wahrnehmung *richtet sich gewissenhaft auf uns selbst* und will herausfinden, wie es die eigene ›Seele‹ hält mit dem Unbenennbaren. Manchen Menschen ereilen solche Gedanken erst im Anblick des ›Todes‹, andere wachsen damit auf, und wieder andere befassen sich nur hin und wieder damit, wenn sie meinen, diesem Thema nicht ausweichen zu können.

Die Fragen, woher wir kommen, was mit uns nach ›dem Tod‹ geschieht, wozu dieses Leben gut gewesen sein soll, scheinen in uns mehr oder minder präsent zu sein. Und nicht immer so, wie wir uns darüber in Gesellschaft äußern. Möglicherweise finden Neurologen irgendwann heraus, daß es in unserer Hirnrinde eine Zone gibt, die für dieses Thema angelegt ist. So wie es Bereiche für Sprache und Sprechen oder für das Sehen gibt.

Nach wessen Ebenbild erschuf der Mensch Gott und Götter?

Wir erschufen und erschaffen unterschiedliche Götter, Gottheiten, Dreieinigkeiten und später Eingötter und nicht zu vergessen alle Arten von Dämonen. Wir trachten danach, sie friedlich zu stimmen. Wir schauen nach Zeichen, die sie uns geben – mögen. Wir glauben, ihren Willen zu erkennen, und wir interpretieren für uns Unerklärliches als Ausdruck ihrer Allmacht. Wir bitten sie um Hilfe. Und hin und wieder trachten wir nach einem ›Raum‹, in dem wir vor ihren Blicken geschützt bleiben. Manchmal verstehen wir nicht, warum wir bestimmten Katastrophen ausgesetzt sind. Und bei anderen Gelegenheiten tun wir so, als könnten wir Unglücksfälle als göttliche Strafen erkennen. Wir verlagern unseren eigentlichen Daseinszweck weg – ins Jenseits, indem wir uns unser Leben als vorübergehende Folge eines ›Vergehens im Paradies‹ erklären. Dann sehnen wir uns nach dem ›eigentlichen‹, dem ewigen Leben, dem Leben nach unserem Tod. Wir weigern uns, unsere kindlichen Vorstellungen als solche zu beobachten. Wir schauen auf etwas, das wir nicht sehen können, benennen und verehren es, und nebenbei verpassen wir unser Leben. Und so liefern wir uns aus an andere Menschen, die vorgeben, zu diesen Gottheiten einen privilegierten Anschluß zu unterhalten.

Was wir auch in unserem Geiste erschaffen, ist durch eben

diesen Geist limitiert. So können wir auch nur einen Gott (und ebenso die Gestalt des Teufels) erschaffen, der *uns* ähnlich ist. Und dann drehen wir am Rad unseres Geistes so lange, bis sich die Aussage so verändert: *»Gott hat uns Menschen nach seinem Ebenbild geschaffen.«* – Aber was wäre das für ein Gott, dessen Abbild wir sein sollen? Meinen wir damit unseren Körper, der so vielen Beschränkungen unterliegt – Geschlecht, Hautfarbe, Alterung und Krankheit eingeschlossen? Denken wir dabei an unseren ›korrumpierbaren‹ Geist, der uns zwischen verschiedenen Wirklichkeiten hin und her springen läßt, die wir mit anderen dann nicht gemeinsam erleben können? Oder soll es die ›Seele‹ sein, die sich unserer Beobachtung doch immer wieder entzieht? Nicht einmal unser bevorzugtes Medium ›Sprache‹ verdient im Hinblick auf Eindeutigkeit bei so vielen Auslegungsmöglichkeiten das Prädikat ›göttlich klar‹.

Aufgabe von Gottheiten

Doch wenn Menschen so hartnäckig an ihrer Vorstellung von Göttern arbeiten, müssen wir unserer Erfindung dieser ›Wesenheiten‹ wohl einen wichtigen Zweck und eine ebenso bedeutungsvolle Absicht unterstellen. Wer sich in ›der‹ Bibel orientieren möchte, um mehr Klarheit zu finden, erlebt sein ›blaues‹ Wunder. Dem Interessierten in dieser Frage empfehle ich die Lektüre des Buches *Was dachte sich Gott, als er den Menschen erschuf?* von Kenneth C. Davis.

Unserer eigenen Schöpfung ›Gott‹ unterstellen wir den Wunsch, ständig umjubelt und gepriesen zu werden. Doch vielleicht ist dieser Wunsch Menschen zuzurechnen, die für sich selbst Anerkennung forderten, die sie nicht bekamen. Oder wir ordnen dieser Gottheit das Bedürfnis nach Rache und Vergeltung zu. Doch wessen Bedürfnis ist das wirklich? Wir lobpreisen seine schöpferische Leistung. Doch gleichzeitig wird der biblische ›Gott‹ bis auf die sechs Schöpfungstage nicht als ›Gestalter‹, sondern als ›Verwalter‹ beschrieben. Dauernd – über einen Zeitraum von mehreren tausend Jahren – erläßt er

Gesetze, droht bei ihrer Nichtbeachtung damit, das Geschaffene wieder zu zerstören – wie ein trotziges Kind. Wahrlich ›göttlich‹, oder?

Will ich hinter diesen nach unserem Ebenbild geschaffenen Göttern einen Sinn erkennen, sehe ich zunächst eine große Not unserer Vorfahren: die Selbstorganisation von Lebensgruppen in einer oft unwirtlichen und bedrohlichen Umgebung. Wie konnte ein einzelner andere dazu bringen, ein Mindestmaß an Regeln einzuhalten, die das Überleben der Gruppe sichern sollten? Der aufwendigste Weg, der am Anfang der einfachste zu sein schien, war die physische Unterwerfung. Doch die mußte mit großem Aufwand immer wieder von neuem geleistet werden. Hier schien die Schaffung ›außerhalb‹ des Menschen angesiedelter Autoritäten eine wirksame Abhilfe zu bieten. Mit ›ihrer‹ Hilfe wurde langsam mehr oder minder Ordnung im Zusammenleben der Menschen geschaffen. Aufgebrauchte und abgenutzte Gottheiten wurden durch neue ersetzt. Kulturelle Konkurrenz beschleunigte diesen Austausch.

Wer den besten Gott sein eigen nannte, hatte gewonnen – oder fast. Bis heute hat sich daran nicht wirklich etwas geändert. In unserem Kulturkreis lassen wir heute die Waffen nicht mehr segnen, aber wir bemühen immer noch unseren jeweiligen Glauben und die ihn kultivierenden Kirchen. Wir erklären einen ›heiligen Krieg‹ im Islam, wir unterscheiden zwischen ›gerechten‹ und ›ungerechten‹ Kriegen im Christentum, wir erschlagen uns gegenseitig, wegen unterschiedlicher Gottesbekenntnisse. Wir richten uns nötigenfalls auch selbst als ›Gottesopfer‹ in Selbstmordattentaten oder ritualisierten ›Gruppenmorden‹. Wir arbeiten mit feinen Differenzierungen gegenseitiger Herabsetzung, wie ›Kirche‹ und ›Sekte‹, ›Christen‹ und ›Heiden‹. Und wir meinen, das eine sei besser als das andere. Dabei leitet sich das Worte ›Heide‹ über seine gotische Wurzel aus dem Altgriechischen ab, wo es in seiner Pluralform ›die Völker‹ bedeutet. Es wurde von Juden auch in Abgrenzung zu den Nichtjuden verwendet. Bei all dem bemühen wir auf unterschiedliche Weise unsere Meinungen über unser Verständnis von ›Gott‹, als Symbol des ›absolut Guten und Richtigen‹.

Die ›Paradiesfalle‹

Bei so viel erforderlichem Organisationsaufwand für das Leben, bei den vielen Lebensgefahren und der Flut an nichteinzuordnenden, beängstigenden Ereignissen benötigten wir Menschen offensichtlich eine tröstende Vorstellung, verkörpert durch ›Gott‹. Für irgend etwas mußten diese ganzen Leiden doch gut sein. So erfanden wir in den Kulturen unterschiedliche Modelle für ein Leben nach dem Tod. Unserem Einfallsreichtum waren keine anderen Grenzen gesetzt als die unserer eigenen Kreativität. Manche Kulturen ließen ihren Toten sofort himmlische Entspannung zuteil werden, andere verordneten zuerst unterschiedliche Läuterungsphasen bis hin zu weiteren Durchgängen in diesem ›Jammertal‹, wie im buddhistischen und hinduistischen Reinkarnationsmodell. Im Christentum wurden statt dessen die ›Hölle‹ mit der ewigen Verdammnis designed und als Vorzimmer zum Paradies das Fegefeuer geschaffen. Der Zutritt ins Paradies bleibt noch heute bis auf weiteres verwehrt. Dafür ist nämlich im Anschluß an das ›Jüngste Gericht‹ ein Einlaß für alle auf einmal vorgesehen – bis auf die, die für immer draußen bleiben müssen.

Ein weiteres, zusätzliches Angebot für die Zeit ›danach‹ wird Ihnen hier nicht unterbreitet. An dieser Stelle soll lediglich die Wirkung der Idee des Paradieses auf uns Lebende betrachtet werden: Wenn das, was wirklich wesentlich ist, erst nach dem irdischen Leben stattfindet, dann kommt es doch in diesem Leben nicht so drauf an! Das ganze Sein auf Erden bewußt und ›freiwillig‹ als leidvolle Prüfungsphase abzudienen leistet ohnehin kein gesunder Mensch. – Damit setzt eine spannende Strukturierung in unseren Gehirnen ein. Wir lernen zu unterscheiden zwischen dem ›wirklich Wichtigen‹ und allem anderen. Allerdings unterscheidet unser Nervensystem nicht zwischen ›Leben auf Erden‹ und ›Leben im Himmel‹. Wenn unser Gehirn eine Strukturierungsweise erlernt hat, wendet es sie auch an – für unser ›Leben auf Erden‹. Es operiert mit der Strukturierungssteuerung *wirklich wichtig – kommt nicht so drauf an*. Wirklich wichtig ist der Feierabend. Also ist die Arbeitszeit nicht so wichtig. Wirklich wichtig ist der Beginn der Altersrente, dann geht's richtig los. Dann können wir endlich das machen, was wir schon immer machen wollten. Wirklich wichtig ist die ›schönste Zeit im Jahr‹, in der übrigen Zeit – kommt's nicht so drauf an. Wirklich wichtig ist der ›schönste Tag im Leben‹, der Rest ist zwangsläufig weniger schön. Jede dieser Aussagen kann ebensogut auch umgekehrt formuliert sein.

Der Prozeß in unseren Gehirnen, der dadurch gefördert wird, wird in der Psychologie ›Entfremdung‹ oder ›Spaltung‹ genannt. Denn die Verlagerung der Bedeutung des Seins auf immer ›das Sein, das gerade nicht ist‹, führt dazu, daß Menschen ihre Aufmerksamkeit von sich und ihrem ›gegenwärtigen‹ Tun ablenken. Sie beginnen, sich selbst fremd zu werden. Es befremdet sie schließlich, wenn sie mit Eigenem in Berührung kommen. Am ›Feierabend‹ oder in der so wichtigen ›Freizeit‹ – frei von was? – führt dieser Prozeß dazu, die innere Ruhe und damit Aufmerksamkeit für sich und die eigene Bedürftigkeit zu verhindern. Ob das durch extensives Sporttraining, durch Wellness-Aktionismus, durch sexuelle Gefräßigkeit, durch geistigen Mengenkonsum (z.B. von Filmen oder am PC) oder durch überhöhten Alkoholkonsum geschieht, bleibt in der Wirkung gleich: nämlich die eigene Bedürftigkeit nicht beobachten zu müssen. Lediglich die Verschleißerscheinungen als Folge der diversen Ablenkungen unterscheiden sich möglicherweise.

Das Leben mit Erfolg verhindern

Um das ›wirklich Wichtige‹ zu erlangen, müssen wir eine weitere Operation kultivieren – das Planen. Wir planen, was wir irgendwann später haben, tun oder sein wollen. Und wir unterschätzen, wie auch diese Operation in unserem Nervensystem wirkt, wenn sie fast unaufhörlich eingesetzt wird. Unser Nervensystem ›schult sich‹, die Aufmerksamkeit auf das ›Nicht-Jetzt‹ gerichtet zu halten. Der Preis für dieses immerwährende Planen ist eigenartig: Sobald wir das haben, tun oder sind, was wir einmal planten, haben wir keine Zeit für eine ausgiebige Freude daran. Letzten Endes planen wir nämlich gerade unser Begräbnis, unser Testament oder das ›Denkmal‹, das nach unserem Tod an uns erinnern soll. Auf effiziente Weise verhindern wir mit dauerndem Planen unser eigenes Leben.

Wir planen auch, was wir tun müssen, um am Leben zu bleiben. Wir müssen das planen, aus Angst vor dem Tod. Und diese Angst vor dem, von dem wir nicht wissen, was es ist, organisieren wir als Selbsthypnose. Und auch diese Angst hilft uns, unsere Lebendigkeit zu unterdrücken. Denn eigentlich ist die Angst vor dem Tod die Angst vor dem Leben mit all dem Unplanbaren.

Das Messen – die Verlagerung der Bedeutung im Leben

Während wir Tätigkeiten frönen, die unsere Selbstbeachtung zerstreuen, sucht sich diese Aufmerksamkeitskraft ein anderes Ziel. Die reine Beobachtung einer der obigen Aktionen unserer Abspaltung reicht nicht aus für unser anspruchsvolles, lebendiges Nervensystem. Und so finden diese Nerven dann eine ergänzende Aufgabe, die zur jeweiligen Tätigkeit paßt: das Messen und das Vergleichen. Wir messen, wie wir abnehmen, wie schnell wir auf dem Fahrrad sind, wie viele Biere wir verkraften. Wir messen, wie viele ›Moorhühner‹ wir am PC erlegt haben. Wir messen, wie oft wir wo unseren Urlaub verbrachten.

Eine besondere Kostprobe diesen Messens wurde mir als relativ jungem Mann zuteil, als mich eine Bekannte aufforderte, ihre Brust anzufassen. Sehr kurz nur überlegte ich, ob sich jetzt unerwarteterweise eine besonders erotische Situation ergäbe. Aber es gab keine Überlegung, von diesem Angebot keinen Gebrauch zu machen. Und ich packte eine volle, feste Brust. Noch ehe diese Empfindungen sich in mir zu einem reifen sexuellen Reiz entfalten konnten, sagte diese Dame zu mir: »Ist das nicht eine wundervoll feste Brust!« Dann nahm sie meine vielleicht begehrliche Hand von dem Teil ihres körperlichen

Stolzes und fuhr fort: »Ich mache Bodybuilding. Das lohnt sich.«

Schließlich messen wir nicht mehr nur die persönliche Leistung, wir messen auch die Leistung von Geräten, die wir kauften, leasten oder uns nur nahmen. »Ich war mit 240 Sachen unterwegs.« Und in uns scheint es so, als hätten wir physisch selbst diese Leistung vollbracht. Und alles Messen ergibt seinen besonderen Sinn im Vergleichen. Wir vergleichen unsere gemessenen Leistungen mit denen anderer Menschen. Und wenn wir aus dieser emotionalen Verfassung heraus bilanzieren, dann ›hatten‹ wir x Partner, Autos, Häuser, Kinder, Millionen, Affären ... Doch ›hatten‹ wir von alledem womöglich nichts. Wir lebten mit dem ersten Partner fünf Jahre, dem nächsten fünf Monate und dem dritten begegneten wir ganze 20 Mal an gemeinsam verbrachten Wochenenden beim Frühstück und im Bett. Wir bewohnten ein Haus, besuchten jährlich einmal im Frühjahr und ein weiteres Mal im Herbst unsere Ferienwohnung, ärgerten uns über das viele Geld, das nutzlos in dieser Immobilie gebunden war, und schließlich verkauften wir sie. Bei unserem ersten Kind hatten wir Angst, ob es eine schlimme Krankheit überlebt. Die ersten Schuljahre waren überlagert durch eine lange eigene Erkrankung, die Zeit danach durch die immer noch andauernden Scheidungsauseinandersetzungen. Das zweite Kind wollte ... So kann das ›Haben‹ als Erleben aussehen.

Selbsthypnose

Die oben geschilderte Weise, unser Leben zu messen, induziert gleich den nächsten Prozeß, der unsere Wahrnehmung nachhaltig beeinflußt: Über das Auf- und Abzählen unserer ›Leistungen‹ geben wir es auf, unsere Sinne wach zu halten. Denn unsere ›Leistungsschilderungen‹ laufen in einer selbstinduzierten Trance ab, die das gleichzeitige Aufrechterhalten von Aufmerksamkeit ausschließt. In unserer Selbsthypnose können wir Kontakt nur zu den Menschen aufnehmen, die sich selbst in ihrer eigenen Hypnose gefangen halten. Denn andere Men-

schen schwingen in einem wacheren Takt, der einen ›Kontakt‹
mit Hypnotisierten unterbindet. Den Kontakt von Selbsthypno-
tisierten untereinander nennen wir dann ›Massenhypnose‹. Dieses Wort unterstellt in seinem dramatischen Gewand, irgendein
anderer hätte die Massen hypnotisiert.

Dieses Phänomen hat auch politische Bedeutung. Es entsteht
in unserem persönlichen Lebensfeld und wirkt auf alle Bereiche, in denen wir existieren. Das, was es z.B. im Dritten Reich
in Deutschland oder am Ende des 20. Jahrhunderts in Nord-
korea, während einer Fußballmeisterschaft oder beim Open-
Air-Konzert zu einer Massenerscheinung macht, ist, daß sich
andere Einzelpersönlichkeiten in einer ähnlichen Selbsthypnose bewegen und dabei miteinander in Kontakt treten. Nur
wenn wir historische oder politische ›Gruppen-Ereignisse‹ auf
die einzelne Person zurückführen, ist es sinnvoll, nach persönlicher Verantwortung zu fragen. Dann können wir die Zuständigkeit, auch die politische, des einzelnen ansprechen.

Die Illusion über den persönlichen Aufwand

In einem Gespräch über Wahrnehmung, Aufmerksamkeit und
Handeln sagte ein Gesprächspartner: »Es ist sicher auch leichter,
nicht aufmerksam zu leben.« Ich wollte schon heftig nickend zustimmen, als mir der Gedanke in den Kopf schoß: »Leichter im
Verhältnis wozu?« Es wäre dann leichter, wenn wir unsere Ziele
mit weniger Aufmerksamkeit, also mit geringerem Aufwand,
verwirklichen würden. Nur, verwirklichen wir unsere Ziele
tatsächlich mit wenig Aufmerksamkeit? – Weniger Aufmerksamkeit bedeutet auch weniger Leben.

Rituale – die Mode der Ersatzhandlung

Mit den Religionsideologien wurden auch bestimmte Rituale
in das Leben aufgenommen. *Ritus* als lateinische Vokabel für
den ›fixierten, religiösen Brauch‹ geht auf die indogermanische

Wortwurzel *ar'* ›zusammenfügen‹ zurück. Rituale hätten bei
genauem Einhalten eines festgelegten Ablaufs von Tätigkeiten
die Aufgabe, die vollzogene Handlung mit etwas ›Nicht-Offen-
sichtlichem‹ zusammenzufügen. Dieser Vorgang erfordert ein
sehr hohes Maß an Abstraktionsfähigkeit und Bewußtheit während des Vollzugs eines Rituals, soll dieses Zusammenfügen gelingen. Alles ›Nicht-Offensichtliche‹ ist für den menschlichen
Geist eine Herausforderung, die sehr viel geistige Disziplin
verlangt. Für viele Menschen zu viel. Das führt dazu, daß als
Rituale ausgewiesene Handlungen sehr leicht das Schicksal des
›chinesischen Schattenvögels‹ ereilt – sie degenerieren zu Ersatzhandlungen. Ersatzhandlungen entsprechen in ihrer Wirkung nicht dem, was sie ersetzen sollen. Für das ›*Eigen*-tliche‹
gibt es keinen Ersatz. Wer sich dennoch um einen Ersatz über
Rituale bemüht, und damit sind alle Arten von Ritualen gemeint, leistet einen nicht zu unterschätzenden Beitrag zur sogenannten ›Sinnentleerung‹ von Handlungen.

Hilfreiche Beobachtungen in Religionsausübungen

Wer Religionen in ihren Anwendungen beobachtet, kann dennoch wirksame Anregungen für die eigene Lebensführung gewinnen. So beschreibt der ›Prozeß der Andacht‹ eine Weise der
inneren Achtsamkeit, die zu einem natürlichen Erkennen eigener Bedürftigkeit führt. Mit dem ›Prozeß der Demut‹ läßt sich
die Einsicht in vorgegebene Regeln gewinnen. Über ›Kontem-
plation‹ gewinnen wir eine Beobachtungsweise, die uns auf
ruhige Art über unsere persönliche Bedürftigkeit hinausführt
und mit unserer Umwelt verbindet.

Über Verzeihen

Als Erwachsene geben wir uns kindlich, wenn wir auf ein ›Verzeihen‹ der Natur oder des Lebens hoffen. ›Beten‹ wir in einer
Situation darum, noch einmal ›glimpflich davonzukommen‹,

können wir dieses Phänomen gut beobachten. Vielleicht ist es hilfreicher, wenn wir statt dessen einräumen, daß wir nicht wissen, was alles zu einem ›Ergebnis‹ oder ›Ereignis‹ beiträgt. Unabhängig davon, ob dieses Ergebnis von uns als Glück oder als eine Katastrophe bewertet wird. Das Zusammenwirken verschiedener Prozesse, die gemeinsam zu einer bestimmten Wirkung führen, ist für uns oft zu komplex, um von außen erkannt zu werden. Trat eine erwartete (befürchtete) Wirkung nicht ein, haben bestimmte von uns nicht erkannte Einflüsse gefehlt. Trat unerwartet ein Ereignis ein, gab es – von uns ebenfalls nicht erkannt – bestimmte Einflüsse.

Im Zusammenleben mit Menschen erscheint es mir sinnvoll, dem Verzeihen weitere Gedanken zu widmen. Verzeihen ist ein aktiver Prozeß, der mit Selbstschutz einhergeht. Wenn wir verzeihen, lassen wir etwas ›zeihen‹ oder wie wir heute sagen ›ziehen‹. Indem wir etwas ziehen lassen, entscheiden wir uns dafür, diesem ›etwas‹ keine weitere Aufmerksamkeit mehr zu schenken. Bitten wir darum, daß uns verziehen wird, bedeutet es, wir bitten darum, daß andere uns ziehen lassen. Während die selbstgefertigte Entschuldigung (»Ich entschuldige mich«) eine Anmaßung in sich trägt, liefert man sich mit der Bitte um Verzeihung aus. Sich zu entschuldigen heißt, sich aus eigener Kraft mit Worten zu entschulden. Wer der Auffassung ist, daß es ausreicht, über das eigene Tun sein Bedauern auszudrücken, sollte sich den Satz »Es tut mir leid.« vor Augen führen. Ist dieser Satz ernst gemeint, trägt er die Kraft der Einsicht in sich. Und sei es die Einsicht, eine gute Möglichkeit im Leben verspielt zu haben.

So kommt eins zum anderen

»Als Vierzigjähriger saß ich in einem Café. Neben mich setzten sich vier junge Frauen an den Nachbartisch. Sie waren deutlich jünger als zwanzig. Eine von ihnen schaute mich kurz an. Ich schaute etwas länger zurück. Sie erwiderte den Blick, und wir lächelten uns spontan zu. Dieser Vorgang wiederholte sich mehrere Male und blieb auch nicht auf die eine Frau beschränkt. So ein wenig gewann er die Qualität eines Flirts ohne Gespräch. Schließlich bezahlten sie und standen auf. Wir lachten einander zu und verabschiedeten uns winkend voneinander. Als ich ihnen nachschaute, tauchte in mir plötzlich die Frage auf, was da gerade passiert war – bei mir. Ich sagte zu mir selbst: ›Hey, Du bist ein vierzigjähriger Mann. Diese jungen Frauen waren nicht einmal halb so alt wie Du. Du hast mit ihnen geflirtet wie ein Gleichaltriger. Du bist doch nicht ganz normal.‹ Und plötzlich war es mir klar. Derjenige, der gerade geflirtet hatte, war der achtzehnjährige junge Mann in mir.«

Ich möchte Ihnen jetzt nicht die Geschichte von der Puppe in der Puppe in der Puppe verkaufen. Ich wollte Sie nur auf einen Umstand unseres Nervensystems aufmerksam machen: Es gibt kein ›verdrängendes Lernen‹. Wir lernen aufsattelnd. Wir lernen auf die gleiche Weise, wie unser Gehirn im Evolutionsprozeß zu dem wurde, was es heute ist. Auf das Stammhirn sattelte das ›Limbische System‹ mit seinen Funktionen auf. Darauf setzte sich dann irgendwann später die Hirnrinde, auf die wir Menschen besonders stolz sind. Hat sie uns doch zur Krönung der Schöpfung gemacht, wie wir zumindest immer wieder sehr gerne behaupten – und nicht nur in der Bibel. Das Bemerkenswerte an diesem ›Aufsattelungsprozeß‹ ist, daß erst die alten Teile zufrieden sein wollen, bevor die jüngeren, aufgesattelten Teile ihre Bedürfnisse stillen können. So wenig, wie unsere Denkfähigkeit unsere Triebhaftigkeit ersetzt hat, so wenig werden in uns frühere Erfahrungen einfach ersetzt oder durch ›reifere‹ Erfahrungen ausgetauscht. Unsere Weise zu lernen entspricht einer Anreicherung.

So können Sie dieses Buch lesen, Gedanken und Betrachtungen eines anderen, als Anreicherung für Ihr eigenes Denken und Beobachten. Sie können dann auch beobachten, wieviel in Ihrem Leben sich auf indirekte Weise vollzieht. Widmen Sie Ihren Werten und Handlungsmustern Aufmerksamkeit, schauen Sie auf Ihre ›geheimen‹ Grundüberzeugungen, dann können Sie gewahr werden, welch schöpferischer Akt mit welch ungeheuerlichen Folgen in Ihnen abläuft. Völlig undramatisch, ruhig und unbeirrbar.

Statt die eigene Aufmerksamkeit auf das ›Nicht-Erkennbare‹ zu richten, kann sie auf unsere wahrnehmbare Umgebung und unsere eigene unmittelbare Bedürftigkeit gerichtet werden. Vermutlich erkennen wir auf diese Weise mehr von unseren Zuständigkeiten. In ihnen finden wir unsere Gestaltungsmöglichkeiten, und möglicherweise erkennen wir dabei auch eine dem Leben verpflichtete Gestaltungsweise. In gewisser Weise mag diese Betrachtungsweise zunächst unbequemer scheinen: Ein illusioniertes Paradies nach dem eigenen Tod gegenüber der Einzigartigkeit des eigenen Lebens – Warten gegenüber Gestalten. Dennoch könnte letzteres unserem Leben mehr entsprechen.

Das Geschenk unseres eigenen Lebens vergüten wir denen, von denen es kommt, am besten mit einer Lebensführung, die den Vorangegangenen zeigt, daß ihre Leistung, uns auf die Welt zu bringen und großzuziehen, nicht umsonst war. Wem es ein besonderes Bedürfnis ist, dem unbenennbaren Schöpfer zu danken, der könnte beispielsweise ›etwas aus dem eigenen Leben machen‹.

Inhaltsbeschreibung für Sprungleser,

die am Ende beginnen, am Anfang fortsetzen, in der Mitte blättern, um schließlich wenig überzeugt, aber dennoch gespannt das Ganze von Anfang bis Ende zu ›photoreaden‹.

1 Leadership, Führung, Führung

Lizenz zum Genuß

Die Themen dieses Buches entspringen vielschichtigen Beobachtungen. Diese bieten auch die Möglichkeit, zu einem Zugang zum Grundgedanken des Buches zu finden. Es ist wie bei einem Menu. Was wird serviert? Wie wird serviert? In guten Restaurants erhalten wir – zuweilen auch unaufgefordert – zusätzliche Information zur Zubereitung der Speisen und zur angemessenen Weise des Verzehrs. Ein Buch wird auf der ›Tafel der Aufmerksamkeit‹ des Lesers serviert. Hier können Leser und Autor in eine sehr persönliche Beziehung treten. Beim Genuß des mehrgängigen Menus ›Buch‹ erfahren die Leser über dessen Zutaten und die Zubereitung, während sie gleichzeitig den Grad der Bekömmlichkeit spüren. Der Genuß bleibt dem einzelnen überlassen. Bon appétit.

2 Praxis, Theorie und . . .

Über einige Voraussetzungen unseres Denkens

Unsere Aufgaben lösen wir häufig mit Hilfe ›geistiger Gerüste‹. Dabei handelt es sich um gedankliche Konstrukte, die uns aus unserer Erziehung und Bildung so vertraut erscheinen, daß wir regelmäßig darauf verzichten, ihre ›Konstruktionselemente‹ und ihre ›Bauweise‹ zu prüfen. Nicht jedes Gerüst unterstützt uns dabei, um auf angemessene Weise zum Ziel zu gelangen. Manches scheinbare Werkzeug erweist sich als gedankliches Gefängnis. Doch zwingen allenfalls wir uns selbst, in diesem Gefängnis zu verharren.

Auf den folgenden Seiten können Sie einige erprobte und zulässige Methoden kennenlernen, die Sie selbst möglicherweise auch zum ›eleganten Ausstieg aus geistiger Umklammerung‹ verwenden werden.

3 Das Medium des Brillenmenschen

*Die Sprache ist unsere ›Hörbrille‹ und damit eine eigene
Wahrnehmungskategorie.*

Wie beobachten wir? Woher wissen wir, was wir sehen? Was zu erkennen fällt uns schwer? Vielleicht ahnen Sie bereits, daß es mehr
sein muß als der Aspekt des physiologischen Sehens. Sprache und Beobachten haben mehr miteinander gemeinsam, als wir es üblicherweise annehmen. Sprache gestaltet, gibt Handlungsweisen vor. Die
gleiche Sprache läßt uns im Alltag halluzinieren, ohne daß es uns weiter auffällt. Sprache verbirgt, indem sie scheinbar offenlegt. Sprache
wirkt nachhaltiger, indem sie flüchtiger ist. Wie eine verschleierte
Schönheit unserer Träume, die wir nicht zu fassen bekommen und
nach der unser Sehnen noch im morgendlichen Erwachen gerichtet
ist. Aufgrund unserer Erziehung und unserer Kultur fällt uns kaum
noch auf, unter welchen zwanghaften Vorgaben wir gestalten. Davon
können wir uns nicht einfach befreien. Dennoch eröffnen wir uns in
diesem Kapitel neue Wege, indem wir lernen, unser ›Sehen‹ zu erweitern.

4 Handeln und Handlung

Wer handelt hier wirklich?

Um Handlungen zu organisieren und durchzuführen, benutzen wir
Sprache. Doch handeln andere, weil wir ihnen sagen, was sie tun sol-
len? Wenn es sich anders verhielte, was könnte auf unser Handeln
Einfluß nehmen? Wie groß ist unser bewußter Einfluß auf das, was
wir selbst und andere auf unsere Anweisung hin tun, tatsächlich?
    Dieses Kapitel gilt den Akteuren und den ›Hintermännern der
Aktion‹.

5 Über Glück und andere unglückliche Umstände

Wie wir beobachten müssen, um erfolglos zu bleiben.

Zugegeben, Glück gehört dazu. Wie sonst sollen einem auf Dauer
solche Vorhaben wie *professional leadership* gelingen. Doch welche
Macht bestimmt unser persönliches Glück? Müssen wir uns fügen,
damit es sich fügt? Ist dieses Glück dann auch wahr? Welche Tat-

sachen benötigen wir zur Wahrheitsfindung, damit wir die Wirklichkeit von der Lüge unterscheiden können?

Wenn es uns gelingt, durch Entscheidungen für etwas Bestimmtes unsere Freiheit zur Unentschiedenheit aufzugeben, überwinden wir die Barrieren der Gegenwart und schöpfen Kraft aus der Vergangenheit. Dann aber erliegen wir nicht mehr den Folgen positiven Denkens und müssen nicht darauf warten, bis andere uns einen Sinn bereitstellen.

Wie wir uns die ›Barriere der Gegenwart‹ und die Fallen ›positiven Denkens‹ selbst gestalten, wird Ihnen im folgenden Kapitel vor Augen geführt.

6 Empfindungen, Gefühle und Emotionen

Hilfreiches unserer eigenen Biologie

Spüren Sie es auch? Nach so viel Geist schreit unser Körper nach Gefühl. Ohne Gefühle geschieht fast nichts. Doch wie nutzen, was uns immer wieder überkommt? Unsere Gefühls- und Stimmungswelt können wir als unser persönliches Führungssystem zwischen den Elementen Körper und Geist beobachten. Nutzen wir es aufmerksam, schult sich dieses System selbst. Unsere Wahrnehmung wird dadurch erweitert. Unsere Entscheidungsfähigkeit wird gestärkt.

Je einfacher und klarer unser Zugang zu unseren Gefühlen ist, desto leichter fällt es uns, ›Atmosphärisches‹ im Zusammenleben und Zusammenarbeiten mit anderen mitzubekommen. Das ›Klima‹ in Unternehmen entspricht auf der Ebene der einzelnen Persönlichkeit unserer Stimmung und unseren Gefühlen. Beides gibt es nicht materiell, und dennoch wirkt es.

7 Sex, Gender, Lust und Liebe

Effizienz oder Verstrickung

In unserem Leben spielt die Sexualität eine wesentliche Rolle. Sie zeigt sich uns auf zweierlei Weise, als ›Sex‹ und als ›Gender‹. Möglicherweise haben Sie den Unterschied zwischen beiden Betrachtungsweisen nicht weiter beachtet. Für Leadership und für das Kommunikationssystem Führung eröffnet diese differenzierende Betrachtung zusätzliche Handlungsmöglichkeiten.

Sogar unbekleidet können wir unser größtes Geschlechtsorgan nicht erkennen. So ergibt es dann offensichtlich auch keinen Sinn, aus Nicht-Erkanntem Schlüsse über Fähigkeiten zu ziehen?

8 Unbarmherzige Werte

Wie Wertekonflikte wirken

Ohne Werte gewinnen wir keine Orientierung in Handlungsräumen. Sie sind wichtig, aber sie sind nicht gut. Sie sind auch nicht schlecht. Was sind dann diese Werte, um derentwillen manche Menschen bereit sind zu sterben? Schauen wir uns an, wie sie sich bilden, wie Wertprozesse ablaufen und wie sie wirken. Denn der Himmel des Menschen ist sein Wertehimmel, und manchem fällt nicht auf, daß er sich in seiner eigenen Hölle bewegt. Werte sind Beziehungsprozesse und nicht nur Worte. Mit ihrer Hilfe bewerten wir. Bewertungen sind Operationen. Wie alle Operationen sind diese spezifisch, lösungsorientiert, zeitlich befristet und dienen einem Zweck. Werte an sich gibt es nicht.

Wir müssen wissen, wozu wir etwas bewerten wollen. Ist uns das nicht klar, sind Werte wie eine gefährliche Waffe in der Hand eines Ungeübten oder Unerfahrenen. Und manches gesetzliche Verbot entpuppt sich ungewollterweise als Wert.

9 Führung – Das System ist nicht seine Operation

Unterwerfung oder Kommunikation

Bislang dienten Kirche und Militär als Vorbilder für das Führen von Menschen. Bedauerlicherweise wurden diese Vorgehensweisen dann auch auf Führung übertragen. Jetzt haben wir den Salat, jetzt sollen Führungskräfte ihre Mitarbeiter auch noch motivieren. – Ausgerechnet die Mitarbeiter, die sich weigern, sich zu unterwerfen.

Wenn es anders gehen soll, ist allerdings sehr viel anders. Dann ist Führung auch nicht mehr das, was sie angeblich einmal war.

10 Visionen und Ziele

Wenn es ein sinnvolles Danach gibt, gewinnt das Jetzt an Kraft

Führung bedarf einer langfristig gültigen Richtung. Das unterscheidet dieses Kommunikationssystem von anderen Kommunikationsformen. Erreicht wird eine Richtungsbestimmung zunächst über Ziele. Je konkreter und detaillierter wir ein Ziel formulieren, desto weniger können solche Leitvorstellungen die jeweils gültigen Rahmenbedingungen eines weit in der Zukunft liegenden Geschehens berücksichtigen. Rahmenbedingungen entscheiden darüber, was sich in der jeweiligen Situation als ›gangbar‹ herausstellt.

Neben der Zielbestimmung benötigen wir also eine weitere Vorgehensweise, mit der wir diesem Aspekt der Langfristigkeit entsprechen. Es gibt eine andere Möglichkeit, die mit der Unberechenbarkeit des Lebens auf lange Sicht angemessener umgeht: die Vision.

Visionen sind nichts Elitäres, das nur wenigen Auserwählten vorbehalten bleibt. Visionen sind etwas Natürliches, und damit sind sie für jeden Menschen möglich. Wie sie in uns ›entstehen‹, aus welchen Elementen sie sich zusammensetzen, soll in diesem Kapitel betrachtet werden.

11 Wenn schon eine Brille, dann die eigene

Optiker – ein Beruf mit Zukunft

Was geschieht, wenn wir einen Optiker aufsuchen? Wir bekommen Linsen mit verschiedenen Sehstärken vor die Augen gehalten. Der Optiker kann einige Messungen vornehmen, und er kann uns auch zusätzliche Angebote unterbreiten. Er zeigt uns die verfügbaren Brillenmodelle – im Katalog oder gegenständlich. Ohne seine Hilfe können wir die Klarheit unseres Sehens wohl nicht herstellen, wenn wir auf eine Brille angewiesen sind.

Aber entscheiden, welche Gläser und welches Gestell wir nehmen, müssen wir selbst.

Klaus Doppler

Dialektik der Führung

Opfer und Täter

136 Seiten. Gebunden
ISBN 3-932425-15-4

»Für dieses Buch sollte sich der Leser
viel Zeit nehmen. Der Inhalt ist so
bemerkenswert, daß jeder Unternehmer,
Manager und Angestellte sich in Ruhe überlegen
sollte, wie es um seinen Betrieb oder
um seine Position im Unternehmen bestellt ist.
Klaus Doppler versucht nicht, den Leser
mit erhobenem Zeigefinger auf Mißstände
hinzuweisen oder ein anderes Verhalten von ihm
zu fordern. Statt dessen schildert er in Form
eines Tagebuchs, wie die Kunst
der Menschenführung aus Sicht jener
Personen aussieht, die geführt werden.«
»Buch des Monats«, Markt und Mittelstand

Udo Lütgenbruch

Kampf um Talente

Führungskräfte finden,
fördern, binden

131 Seiten. Gebunden
ISBN 3-932425-35-9

»Ist der für teures Geld ge-headhuntete
Mitarbeiter wirklich der oder die
Richtige? Gibt es so etwas wie
Loyalität heute überhaupt noch?
Der Autor spricht in seinem Buch
aus der Praxis für die Praxis. Dennoch
ist in seinen Betrachtungen Zünd-
stoff enthalten, der sich oft unter-
schwellig einschleicht und zum
Denken anregt.«
Handelsblatt

Heijo Rieckmann

Führungs-Kraft und
Management Development

248 Seiten, mit zahlreichen Abbildungen
Gebunden
ISBN 3-932425-30-8

»Management-Verhaltensweisen hängen
von vielen Kontextfaktoren ab und
werden in hohem Maße von Ereignissen
bestimmt, auf die Manager nur
geringen Einfluß haben. Deshalb muß
professionelles Management mit
Führungskraft – statt Durchwursteln
mit technokratisch-bürokratischer
Scheinkompetenz – der Erfolgsfaktor
Nummer eins werden. Der Autor
entwickelt in dieser Studie Leitlinien,
was Management-Professionalität bedeutet.«
Handelsblatt